슈리 푼자와의 삿상 3
그저 고요하라

The Truth Is
by
Sri H.W.L Poonja

Copyright © 1998, Sri H.W.L Poonja
Reprinted by special arrangement with Prashanti de Jager
through Shinwon Agency Co., Seoul
Korean translation copyright © 2003 by Sri Krishnadass Ashram Publishing Co.

이 책의 한국어판 저작권은 신원 에이전시를 통해
저작권자와 독점 계약을 맺은 출판사 슈리 크리슈나다스 아쉬람에 있습니다.
저작권법에 의해 한국 내에서 보호받는 저작물이므로
무단 전재와 복제를 금합니다.

슈리 푼자와의 삿상 3

그저 고요하라

장미는 말이 없지만 매혹적이다

슈리 푼자 지음
프라산티 편집

김병채 옮김

슈리 크리슈나다스 아쉬람

일러두기

1. 이 책은 인도 럭나우와 하리드와르에서 1990년 1월부터 1991년 4월 사이에 열린 슈리 푼자와의 삿상에서 오간 대화를 엘리 잭슨 베어가 엮은 것이다. 누구에게나 개방된 이 삿상은 완전하게 나를 깨달은 참 스승인 슈리 H. W. L. 푼자의 집에서 열렸다. 여러 참석자들의 질문이 여기에서는 한 목소리로 제시되어 있다.

2. 이 책의 초판은 1998년 하남출판사에서 나왔다. 이번 판에서는 번역상의 오류나 모호한 점을 바로 잡았으며, '슈리 푼자의 삶'에서 저자의 깨달음의 여정을 독자들에게 자세히 드러내 보이고자 하였다. 그리고 '옮긴이의 말'도 새롭게 다듬어 선보이고 있다. 이러한 것들이 이 책에 신선함을 불어넣을 것이다.

바가반 슈리 라마나 마하리쉬
Bhagavan Sri Ramana Maharshi

차례

서문   8
개정판 서문   13

1장 박티 : 신을 향한 사랑   21
   1. 성모   61
   2. 복종   69

2장 그대가 어디에 있든 나는 그대와 함께 있습니다   93

3장 세상은 환영입니다   129
   1. 나라야나: 환영의 창조   132
   2. 마야: 환영의 샥티   140
   3. 마음: 환영의 움직임   168
   4. 꿈: 환영의 본질   175
   5. 카르마: 환영의 대본   182

4장 빈집에 온 도둑들   199

    1. 욕망   203
    2. 마음, 생각, 그리고 마음의 짐   219
    3. 집착과 과거   248
    4. 두려움, 그리고 죽음에 대한 두려움   260
    5. 분노와 불만족   274

5장 자유   289

    1. 깨달음   292
    2. 자비와 봉사   334
    3. 사랑: 너머의 너머   346

파파지의 삶   361
용어 풀이   385

서문

이 책은 1990년부터 1997년까지 북인도에 살았던 슈리 H.W.L 푼자가 제자들과 함께 하는 동안 그의 입에서 자연스럽게 흘러나온 노래들을 모은 것이다. 이 노래들은 가장 숭고하면서도 가장 단순한 진리에 대한 완전한 경험으로부터 흘러나온 것이다. 그 진리란, 우리가 순수 의식이며 존재 전체라는 것이다.

그를 사랑하는 사람들은 그를 파파지(Papaji)라 부른다. 파파지는 1910년, 인도에서 가장 존경을 받고 있던 성자의 한 사람인 스와미 라마 티르타의 누이를 어머니로 하여 1910년에 펀잡 지방에서 태어났다. 그는 8세 때 진리를 깨달았다. 이 깨달음은 그가 30대 초반의 나이에 아루나찰라의 성자인 그의 스승 바가반 슈리 라마나 마하리쉬를 만났을 때 무한히 꽃피워졌다. 그때 이후, 그는 현명한 언어와 바라봄, 접촉으로, 그리고 자신의 현존에서 흘러나오는 고요한 영적 힘으로 이 아름다움을 다른 이들과 함께 나누기 시작하였다. 1997년 9월에 그가 몸을 떠나자, 이 힘은 폭발하여 이제 이전보다 더욱 강하게 이 세상에 느껴지고 있다.

파파지 같은 존재가 타협하지 않는 절대 진리의 스승의 모습으로 세상에 나타난 것은 흔치 않은 일이다. 그는 말한다.

내면을 바라보십시오.
그곳에는
그대, 나, 구루 사이에
아무런 차이가 없습니다.
그대는 늘 자유롭습니다.
거기에는
스승도
제자도
가르침도 없습니다.

우리가 우리의 진정한 성품을 잊고 자신은 유한하고 미미한 존재라고 믿고 있을 때, 그는 잘 설명될 수 없는 것들을 이해시키기 위해 고대의 지혜로운 말들을 들려준다. 동이 트면 밤이 그러하듯이 의심이 사라지고 환영이 도망을 갈 때, 그의 말들은 한없는 자유와 사랑을 찬양하며 춤을 춘다. 실제로 그는 종종 삿상(Satsang)에서 사람들에게 일어나 노래하고 춤추라고 말한다.

이 아름다운 스승은 표현할 수 있는 가장 뚜렷한 언어로 얘기하지만,

동시에 모든 말들은 진리를 가리키는 지시물에 불과하다고 얘기한다. 그는 날마다 부지런히 이 지시를 따르되 말들에 얽매이지는 말라고 권한다. "세상의 말들은 잊어버리고, 내 말이 가리키는 것을 깨달아라. 진리는 알 수 있는 것이 아니다. 진리는 지식을 초월하여 존재한다. 진리는 분석하고, 해석하고, 나누고, 파악하는 마음의 능력 너머에 있다."라고 웃음을 머금은 이 붓다 같은 분은 점잖으나 단호히 말한다.

1918년부터 지금에 이르기까지 파파지는 진리는 우리의 나와 다르지 않은 가장 숭고한 불가사의라는 것을 많은 사람들에게 직접 보여 주었다.

그는 우리 참존재의 지혜에 복종하도록, 우리가 바로 그 진리임을 알도록 인도한다. "그대는 변치 않는 자각이다. 그리고 이 자각 속에서 모든 활동이 일어난다. 항상 평화 속에 휴식하라. 그대는 묶여 있지 않고 나뉘어 있지 않은 영원한 존재이다. 그저 고요하라. 모든 것이 다 좋다. 지금 여기에서 고요하라. 그대는 행복이며, 평화이며, 자유이다. 자신이 고통 받고 있다는 생각은 하지 말라. 그대 자신을 친절히 대하라. 그대의 가슴에게 열리고, 그냥 존재하라."

그는 수많은 방법을 사용하여 그대의 마음을 멈추게 하고, 진정으로 그대가 누구인지를 탐구하도록 돕고, 그대의 자각을 자각으로 직접 돌리고, 그리고 그대를 이 순간이라는 영원 속으로 들어가게 하는 진정한 스승이다. 이와 같은 귀중한 지혜를 우리가 접할 수 있다는 것은 굉장한 행운이다. 그는 말한다.

"이것을 아는 사람은 모든 것을 압니다.
그러나 이것을 모르는 사람은
설령 그가 아무리 많은 것들을 알고 있을지라도
그는 아무것도 모르고 있습니다."

힌두 박타, 기독교 신비가, 선 스승, 산 속의 샤먼, 도교의 현자, 죠젠 라마, 아드바이타 갸니, 수피 성자, 아고라 요기, 베다 학자 또는 그 무엇이라고 부르든지, 그 자신의 지식의 깊이에 의해, 경험의 폭에 의해, 그리고 명료한 설명에 의해, 그는 이 모든 전통의 스승이라는 점이 명확해진다.

현자들의 가르침은 시간 없음이 특징이므로 이 노래들은 시간 순서와는 상관없이 내용에 따라 편집되었다. 또한 어떤 단어가 하나의 궁극적인 나를 가리킬 때는 의미를 명확히 전달하기 위해 '참'이나 '진정한'이라는 말을 단어 앞에 붙이기도 하고 작은따옴표로 묶기도 했다. 진정한 자유의 즐거운 문법이 그대의 마음을 멈추게 할 수 있을 것이다.

이 책을 엮는 데 도움을 주신 분들에게 감사드린다. 유디슈타라는 전반적인 후원과 지도를 해 주었다. 프라샨티는 이 책의 바탕이 된 슈리 푼자와의 삿상들을 녹음하고 녹취하고 집계하고 편집했다. 비디야바티는 타이핑과 편집을 했고 교정을 보았다. 캐롤 왓츠는 책과 표지를 디자인하고 교정을 보았다. 또한 책에 실린 많은 사진들을 찍어 준 분들에게 감사드린다. 그리고 물론 스승님은 침묵 속에서 이 모든 계획을 인도해 주셨다.

우리 모두에게 너무나 많은 것들을 주신 사랑하는 삿구루에게 사랑과 감사를 드린다. 이 책을 여러분에게 드리는 것은 우리의 기쁨이다.

유디슈타라, 비디야바티와 프라샨티
샌 안셀모, 캘리포니아
1998년 10월 13일

개정판 서문

진리는 생각 너머에 있다.

개정판을 내고자 다시 이 책을 보니 진리로 가게 하는 보석들이 가득 담긴 바구니이다. 세상에 이런 책이 있다니······

역자는 행복을, 자유를, 진리를 찾는 삶을 산 것 같다. 어떤 직업이 그것을 주지 않을 것 같으면 그냥 그만두었다. 그래서 많은 직업들을 가지게 되었다.

종교 생활도 하였다. 처음에는 스승을 예수로 한 종교였다. 나중에는 스승을 붓다로 한 종교를 알고자 하였다. 명상이 궁금하였다.

그렇게 대구로, 서울로, 수덕사로, 서귀포로, 부산으로, 창원으로, 송광사로 방황을 하다가 명상을 제대로 알고자 40대 초에 인도로 가게 되었다. 그곳은 생활 그자체가 명상이었다. 뉴델리로, 알란디로, 푸네로, 이

가타푸리로, 붓다가야로, 콜카타로, 티루반나말라이로, 오로빌로, 샨티니케탄으로, 켈커타로, 하리드와르로, 다람살라로 몇 달을 다녔다. 그곳의 수행의 역사와 깊이들을 보고 놀랐다. 그래서 이번 생애에 목표에 이르기가 어렵다는 것을 알고 포기하였다.

고국으로 돌아오고자 뉴델리로 왔다. 붓다의 나라에서 다시 돌아온다는 것이 너무나 애석하였다. 수첩을 뒤적이다가 한분의 이름을 찾아냈다. 그 다음 날 그분을 만나기 위하여 하리드와르로 가고 있었다. 하리는 신 크리슈나의 다른 이름이다.

그때 나는 진리에 목이 말라 있었다. 나는 그러한 상태에서 깨달음을 얻은 스승을 만나러 가고 있는 것이었다. 10시 30분경에 그곳에 도착하였다. 파파지께서는 깨끗한 모습으로 침상에 홀로 앉아 계셨다. 나는 그분의 발 아래로 바로 들어가게 되었다.

"어디를 다녔습니까?"
"여러 곳들을 다녔지만 라마나스라맘에 오래 머물렀습니다."

라마나스라맘을 이 분은 아실까 하는 생각이 들기도 하였다. 이곳은 남쪽의 아루나찰라 산기슭이 아니라, 북쪽의 갠지스 강가가 아닌가……

"저는 쉬고 싶습니다."

"그렇다면 이 아래에 호텔이 있는데 거기로 가서 여장을 풀고 목욕하고 쉬십시오."

그때쯤 나는 마음이 나의 존재의 중심이 아니라는 것을 어렴풋이 아는 정도로는 성숙되어 있었다. 그렇다고 마음 너머의 무엇을 경험한 것도 아니었다. 인도에서의 구도 여행은 고되다. 몸은 물론이고 마음은 진리에 대해 알지 못하여 너무나 피곤하였다.

"저는 몸이 피곤한 것이 아니라 마음이 피곤합니다." 깊은 눈동자를 나에게 주시면서 "그대는 마음이 아닙니다."라고 하셨다. 마음 너머에 계시는 분이 진리를 말씀하셨다. 그분의 말씀은 말씀이 아니라 바로 은총이셨다. 진정한 스승을 나는 만난 것이었다.

나는 내가 마음이 아니라는 말씀을 듣고 그것을 이해했다. 그래서 그것을 완전히 받아들였다. 내가 마음이 아니니 앞의 분이 사라졌다. 그 방도 사라졌다. 세상도 사라졌다. 나는 마음 너머에 있는 다른 차원으로 갔다. 끝이 보이지 않는 빛나는 바다, 황홀경의 바다만이 있었다. 나는 그것이었다.

얼마나 시간이 흘렀는지 나는 모른다. 그 상황을 지켜보고 계시든 스스님께서는 웃으시면서 되돌아온 나에게 말씀을 하시다.

"그대는 붓다입니다. 그것이 끝입니다. 구도의 길을 접고 당장 고국으로 돌아가십시오."

내면을 바라보십시오.
온 헌신으로 나아가십시오.
그리고 가슴으로 머무르십시오.
진리는 그저 존재하고 있습니다.

우주의 모든 존재들에게 평화와 사랑이 있어라.
평화가 있어라. 평화가 있어라.
옴 샨티, 샨티, 샨티.

1장
박티 : 신을 향한 사랑

궁극의 진리를 사랑해야 합니다.
나를 지혜롭게 경배하면
나를 얻을 것입니다.
오직 나를 경배하십시오.
그대의 나를 숭배하고 찾으십시오.
나머지는 절로 돌봐질 것입니다.
쓸데없는 활동과 쾌락을 멀리하십시오.
오로지 고요하십시오.
이것이 사하자 바바(Shaja Bhav)입니다.
타파스가 끊임없이 계속되고,
모든 것이 없어지고
마음과 감각, 지성이 파괴될 때
그대는 진정한 자유와 하나가 될 것입니다.

타파스는 언제나 아트만을 향합니다.

타파스는 나에 대한 전적인 헌신이며,

모든 것을 불태워 없애는 것이며, 사랑으로 녹아드는 것입니다.

이 순간을 가장 잘 사용하는 법은

'그것' 속으로 가라앉는 것입니다!

이것이 헌신입니다.

경배하려면

경배에 앞서 그대가 존재해야 합니다.

그래야 경배라는 개념을 일으킬 수 있을 것입니다.

그러니 오직 그대의 나만을 경배할 수 있음을 아십시오.

그것에 헌신하면 그것이 됩니다.

이 감로를 맛보는 사람은

누구나 감로가 됩니다.

자유는 늘 여기에 있습니다.

놓치고 있는 것은 신성입니다.

그대의 가슴을 다른 것에 내어 주고 있다면,

지고의 존재에게 무엇을 주려 합니까.

아무도 향기를 맡은 적 없는 순수한 꽃만을 신에게 바치십시오.

필요한 것은 나에 대한 사랑뿐입니다.

겸손하십시오.

그리고 나에게 헌신하십시오.

침묵은 포도주이며 그대는 영원히 이 술에 취할 것입니다.

이 침묵 속에서 그대는 모든 존재를 알고 사랑합니다.

그대는 어디에서나 이 포도주를 마실 수 있으며

마신 뒤에는 말을 할 수 없습니다.

이 경험 안에 머무르십시오. 그것에 복종하십시오.

희열을 맛보려면

다른 맛 모두를 기억에서 지우십시오.

그리고 내면에서 주어지는 포도주를 마십시오.

나에 이끌리고 나를 사랑하는 것,

그것은 누가 가르칠 수 있는 것이 아닙니다.

그것은 오거나 오지 않는 것이 아닙니다.

이 빛이 어디에서 나오는지 보기 위해 손전등을 켤 필요는 없습니다.

그대가 그 빛입니다!

오직 의심과 부정한 교제가 그대를 무감각하게 합니다.

분리의 아픔과 눈물은 축복입니다.

연인과 분리되어 느끼는 이 아픔은

연인과의 합일보다 낫습니다.

그 아픔은 아름답습니다.

의심을 없애고

평화와 지혜와 자기를 다스림으로

불멸의 나를 경배하십시오.

모든 것을 다 바치는 진정한 헌신자는
신성의 가슴입니다.

스승님께서 가르치시는 것과 박티 요가와의 관계에 대해 말씀해 주시겠습니까?

갸나(jnana)와 박티(bhakti)는 아무런 차이가 없습니다. 사랑으로 신에게 다가가는 것이 박티입니다. 큰 헌신과 사랑으로 박티 요가를 해 보십시오. 그러면 어떤 일이 일어나는지 알게 될 것입니다. 그대가 사랑할 때, '연인'은 그대에게 보물을 드러낼 것입니다.

사랑하면 지식 또한 갖게 됩니다. 그대가 어떤 사람을 알게 되면, 그 사람 역시 그대를 사랑하게 됩니다. 그러므로 갸나와 박티는 새의 양 날개인 것입니다. 사랑이 있는 곳에 지식이 있고, 지식이 있는 곳에 사랑이 있습니다. 만약 그대가 누군가를 사랑한다면, 그 사람은 비밀을 감추지 않을 것입니다. 그러므로 그대는 지식을 얻을 것입니다. 그대가 누군가를 잘 안다면, 그 역시 그대를 사랑할 것입니다. 그러므로 둘은 하나이며 같은 것입니다. 사람들은 그것들이 다르다며 싸우고 논쟁합니다. 그러나 둘 사이에 차이가 있다고 생각하는 사람은 무지한 사람입니다. 그대가 '그것(That)'을 가장 사랑하면, 그대의 마음속에는 다른 이가 없게 됩니다. 그러면 '그것'이 보여 주는 보물을 갖게 될 것입니다.

나를 아는 다른 방법들은 무엇입니까?

지식에 관한 책들에 따르면, 세 가지 방법이 있습니다. 첫째는 갸나 요가, 지식의 길입니다. 둘째는 박티 요가, 헌신의 길입니다. 셋째는 카르마 요가, 행위의 길입니다. 지성적인 사람들은 숲 속의 리쉬(rishi)를 찾아가서 "코함(Ko Ham)", 즉 "나는 누구입니까?"라고 묻습니다. 스승들은 "탓 밤 아시(Tat Vam Asi)", 즉 "그대는 그것이다."라고 말할 뿐입니다. 이 말을 들은 뒤에야 제자는 "아함 브람마스미(Aham Brahmasmi)", 즉 "나는 그것이다."라고 말할 수 있습니다. 이것은 지적인 사람들, 말을 귀로만 듣지 않고 그 뜻을 이해하는 사람들을 위한 길입니다. 그것은 '그것'을 뜻합니다. 스승이 '그것'을 말할 때 제자는 '그것'을 바라보고, "나는 그것입니다."라고 하며 스승의 말에 수긍합니다. 그러면 스승은 "행운이 있기를. 이제 가십시오."라고 말합니다.

둘째는 헌신이며, 내면에 있는 지고의 힘에게 복종하는 것입니다. 그 힘을 공경하고 바라보면, 그대는 그 힘이 됩니다. 그대의 마음을 그 힘에게 바치고, "나는 분리된 존재다."라는 자아를 버리십시오. "나는 지고의 존재다."라는 사실을 깨달으십시오. 지성이 아니라 사랑으로 그리해야 합니다.

이해를 통해서든 헌신을 통해서든 '그것'으로 존재하는 데는 차이가 없습니다. 아기는 젖을 빨기 위해 어머니에게 갑니다. 아기는 누가 자기의 어머니인지 알고, 어머니도 누구에게 젖을 물려야 하는지 알기 때문입니다.

셋째 방법은 카르마 요가입니다. 카르마 요가는 무엇을 하든지 행위의 결과를 구하지 않는 것입니다. 그대는 그냥 행위를 할 뿐이며 결과는 지고의 존재에게 맡깁니다.

실제로는 지식, 박티, 카르마 이 셋이 함께 움직입니다. 그대가 이들 중 어느 하나를 붙잡아도 나머지 둘은 저절로 따라옵니다. 누군가를 알면 그대는 그를 사랑하게 됩니다. 그를 사랑하면 그대는 그를 알게 됩니다. 그리고 그대의 행위는 서로에게 같습니다. 아무런 차이가 없습니다.

저는 박티를 하고 있습니다. 박티 수행자도 탐구할 수 있습니까?

사랑의 길인 박티에서는 신이 헌신자를 사랑합니다. 비차라(vichara, 탐구)에서는 헌신자가 신에게로 갑니다. 이것이 차이점이며, 그대는 한 가지를 선택해야 합니다. 신이 그대와 사랑에 빠진다면, 그것은 박티입니다. 그대가 신과 사랑에 빠진다면, 그것은 갸나입니다.

탐구 즉 비차라를 하는 사람들에게는 그것이 어렵습니다. 왜냐하면 그들은 신이 어떤 분인지를 모르기 때문입니다. 그들은 신의 모습을 알지 못하며 그래서 실수할 수 있습니다. 그러나 신은 자신의 헌신자를 사랑할 때 결코 실수하지 않을 것입니다. 흔히 말하기를, 신은 헌신자를 한 발짝 뒤에서 따라가며 필요한 것들을 채워 주고 그가 바라지 않은 것들까지도 준다고 합니다.

태어날 때부터 장님인 한 성자의 이야기가 있습니다. 어느 날 그가 숲속을 걷고 있었는데, 그의 앞에는 연못이 있었습니다. 그가 막 연못에 빠지려는 순간, 사실 한 발은 벌써 연못 위에 있었는데, 어떤 사람이 와서 그를 붙잡으며, "바바, 선생님 앞에 연못이 있습니다. 이쪽으로 오시지요!"라고 말했습니다.

너무나 부드럽고 섬세한 이 접촉은 그가 평생 경험해 본 여느 느낌들과는 사뭇 달랐습니다. 온몸의 털들이 전율로 일어섰습니다. 그는 감격에 목이 메어 "누구신지요?"라고 물을 수도 없었습니다. 그는 그가 누구인지 볼 수 없었지만, 그러한 접촉을 줄 수 있는 존재는 자신의 가슴속에 있는 아트만(Atman)뿐이란 것을 알았습니다. 그래서 그는 이렇게 노래했습니다.

저는 눈 멀고 힘없는 늙은이.
당신은 젊기에 지금 저를 비켜 세우셨나이다.
저는 비록 약하나,
당신이 저의 가슴에서 도망칠 수 있나이까.
당신의 강한 힘은 산을 들어올릴 수 있음을
추호도 의심치 않으나
당신이 진정 용감하다면
저의 가슴에서 달아날 수 있는지
말해 보소서.

이것은 전에 내가 어떤 여성에게 이를 악물고 주먹을 불끈 쥔 채 '그것'이 도망갈 수 있는지 보라고 말하면서 얘기한 그런 결심일 것입니다. 그만한 힘이 있을 때에야 그대는 삼사라(samsara)의 바다를 건널 것입니다. 그렇지 않으면 한쪽에는 악어들이 있고 다른 쪽에는 상어들이 지키고 있을 것입니다! 그것들을 다룰 수만 있다면 문제될 것도 없고 뗏목도 필요 없습니다. 그러나 뗏목 위에 있는 편이 더 안전합니다. 이 뗏목은 삿상(Satsang)이며, 그대를 건너편으로 데려다 줄 것입니다. 그곳에 도착한 뒤에는 이 삼사라로 다시 들어올 필요가 없을 것입니다.

대부분의 사람들은 상어의 입 속으로 뛰어들기를 더 좋아합니다. 그러나 그대는 강한 결심으로 뗏목 위에 머물러 있어야 합니다.

중요한 것은 얼마나 오랫동안 삿상에 참석했느냐가 아니라 바른 이해입니다. 그대는 평생 이해하지 못할 수도 있습니다. 아니면 바로 이 1분, 1/2분, 1/4분 안에 얻을 수도 있습니다.

나는 날마다 같은 말을 합니다.
그대는 의식입니다.
그대는 아트만이며 아름다움이며 사랑입니다.

이것을 이해한다면, 우리는 이 삿상 홀의 임대료를 더 이상 지불할 필요가 없을 것입니다!

깨달음을 얻는 과정이 수행자나 수행법에 따라 다릅니까?

아닙니다! 과정을 통해서 깨달은 사람은 깨달은 것이 아닙니다.

진리에는 어느 누구를 자각으로 이끄는 방법이 없습니다.
과정이 있는 곳에는 마음이 있으며,
마음은 무지일 뿐 진리를 얻음이 아닙니다.

신의 뜻이 이 자아를 부수고 있습니다. 저는 박티와 갸나의 중간에 있는 것 같습니다.

전적인 박타들은 이 세상에서 활동할 수 없습니다. 갸나에 전적으로 전념한다면 자만심이 너무 강해집니다. 따라서 이 둘을 절반씩 갖는 편이 좋습니다.

진리를 알고 싶다면,
진리를 완전히 사랑하십시오.
그러면 사랑의 길과 지식의 길 사이에
아무런 차이가 없을 것입니다.

알기 위해서는 사랑이 필요하며
사랑하는 상대를 아는 것이 필요합니다.

서로 다른 사람들이 서로 다른 길을 선택하는 것처럼 보일 수 있습니다. 지적인 사람은 지식의 길에 흥미를 느낄 것입니다. 가슴속에 사랑이 있는 사람들은 신을 사랑 자체로서 보고 싶어 할 것입니다. 신은 사랑입니다, 신은 진리입니다.

만약 그대가 지성적이라면, 그대의 지성을 닦아서 모든 지성이 어디에서 나오는지 찾아보십시오. 지성이 가슴에서 나온다는 것을 알게 될 것입니다. 가슴은 사랑입니다. 그대가 사랑을 할 때, 그대는 자신의 가슴을 사랑하고 있습니다.

제가 이 사랑에 준비가 되어 있는지 모르겠습니다.

준비되었는지 안 되었는지를 묻지도 마십시오. 오직 강이 바다를 향해 돌진하듯이 사랑을 향해 돌진하십시오. 강은 "나는 바다가 받아들일 만큼 준비되지 않았어."라고 말하지 않습니다. 그러니 근원인 바다를 향해 밤낮으로 돌진하십시오. 다른 생각들을 일으키지 마십시오. 밤낮으로 계속 돌진하십시오.

> 파파지, 저는 낮에는 스승님을 생각하고, 밤에는 스승님 꿈을 꿉니다.

좋은 현상입니다. 이것은 가장 좋은 가르침입니다. 잠을 잘 때는 사랑하는 이의 꿈을 꾸십시오. 낮에는 사랑하는 이에 대해 생각만 하지 말고 사랑하는 이 앞에 앉으십시오. 그러면 그대는 결코 잠들지 않을 것입니다. 꿈을 꾸든지 깨어 있든지 아무런 차이가 없을 것입니다. 사랑하지 않는 이들에게만 이런 차이가 있을 뿐, 사랑하는 이들에게는 차이가 없습니다. 사랑하는 이에게는 밤도 낮도 없습니다!

> 헌신에 대하여 말씀해 주시겠습니까?

헌신은 그대가 누군가를 사랑하기 시작하는 것이 아닙니다. 그대 자신의 나에 대한 헌신은 어떠합니까? 이것이 유일한 헌신입니다. 그대는 그대의 나에게 내맡기고 헌신해야 합니다. 이렇게 해 왔다면 그대는 누구에게나 사랑을 나누어 준 것입니다. 다른 존재, 심지어 신을 헌신적으로 사랑하는 것조차 그대에게 도움이 되지 않을 것입니다. 왜냐하면 나 외의 모든 것은 그대의 창조물이기 때문입니다! 그대조차도 누군가의 창조물입니다. 누가 그대를 창조하였는지를 찾아내십시오. 그것은 누구입니까? 이 '그것'이 그대를 창조한 그것입니다. 그래서 그대는 '그것'에게 헌신해야만 합니다. 그러면 이 헌신은 이 세상의 모든 존재들에게 평화를 줄 것입니다. 어느 누구도 그대와 다르다고 여기지 마십시오. 그대는 하나로서 걷고 말해야만 합니다. 그때서야 그대는 헌신이 무엇인지를 알게 될 것입니다. 그대가 말할 때는 온 우주가 말하고 있습니다! 이것이 헌신입니다. 그대에게 그만한 믿음과 신뢰가 있어야 합니다. 그대가 먹을 때는 온 우주가 그대와 함께 먹고 있습니다. 그때 그대는 차이를 볼 수 있을 것입니다. '내가'도 아니고 '그들이'도 아닙니다. 그런 것은 도움이 되지 않을 것입니다. 헌신자가 되고 싶다면 그대 자신에게 완전히 헌신하십시오.

파파지, 제가 아주 특별한 공간에 있는 꿈을 꾸었습니다.

대부분의 사람들은 꿈을 잊어버리는데 그대는 꿈을 기억하고 있습니다. 그대가 기억하고 있는 이 공간은 무엇이었습니까? 이 공간은 한계가 없어서 깨어 있거나 꿈꾸거나 잠자는 상태로 제한될 수 없습니다. 그것이 무엇이었는지 찾아내십시오. 이 공간을 찾아내십시오. 그것이 그대를 여기로 데려왔습니다. 이 공간을 사랑하십시오. 이 공간을 찾기 위해 다른 곳을 보지 마십시오. 왜냐하면 그것은 그대의 나이며, 그것이 그대를 여기로 데려왔기 때문입니다.

왜 스승님께서는 "내가 누구인지를 알라."는 마하리쉬의 충고를 진지하게 받아들이지 않고 크리슈나에 대한 명상을 계속하셨습니까?

나는 그분의 말씀을 매우 진지하게 받아들였습니다. 그분은 크리슈나를 사랑하지 말라고 말한 적이 없습니다. 크리슈나와 마하리쉬는 차이가 없습니다. 모두들 헌신이 지식과 다르다고 생각합니다. 내가 마하리쉬 곁에 머물고 있을 때, 브린다반에서 온 크리슈나 헌신자들이 미낙쉬 사원으로 가는 길에 마하리쉬를 뵈러 잠시 들렀습니다. 그들이 크리슈나가 그려진 그림을 마하리쉬께 드리자, 그분은 북받치는 헌신의 감정으로 눈물을 흘렸습니다. 그 모습을 보고서 나는 마하리쉬를 능가하는 헌신자가 없다는 것을 알게 되었습니다. 헌신은 몇몇 표시들이 있는데, 그 가운데 하나는 눈물입니다. 그밖에 목이 멘 목소리, 경이로움에 사로잡혀 마음이 완전히 멈추는 것, 온몸의 털이 곤두서는 것과 같은 표시들이 있습니다.

저는 제 가슴속에 있는 신을 원합니다. 저의 나와 사랑에 빠지고 싶습니다.

그대의 나와 사랑에 빠지고 싶다면 생각하지 말아야 합니다. 만약 그대가 생각하고 있다면, 그대는 다른 사람과의 연애에 대해 생각하고 있는 것입니다. 그것은 직접적인 경험이 아닙니다. 자신의 나와 사랑하고자 하는 사람들은 달리고 또 달릴 것이며, 멈추지 않을 것이며, 생각하지 않을 것입니다. 그들의 가슴속에는 오직 사랑하는 연인만이 있으므로 그들은 생각할 수 없습니다. 생각한다면 그대는 연인을 찾을 수 없습니다. 생각하는 것은 자기 옆에 있는 사람을 찾기 위하여 바깥에 있는 덤불 속을 뒤지는 것과 같습니다. 연인은 그대 안에 있습니다. 이 사랑하는 이를 보는 것은 자신의 눈을 보려는 것과 같습니다. 자신의 눈은 너무 가까이 있어 눈으로 볼 수 없습니다. 그대가 볼 수 있는 것은 몸처럼 그대의 외부에 있는 것뿐입니다. 그대가 보거나 사랑하는 것은 다른 무엇입니다. 그렇다면 그대가 어떻게 그대의 나를 사랑할 수 있겠습니까?

사랑하는 이가 사랑받는 이입니다.
찾고 있는 주체가 찾고자 하는 대상입니다.
그러므로 그대는 결코 그 대상을 찾지 못할 것입니다.
나를 사랑하는 유일한 방법은
나로 존재하는 것입니다.

그대가 수백만 년 동안 찾고 있는 바로 '그것'으로 존재하십시오. 다른 누구를 생각하지 않는다면 이것은 한순간에 이루어집니다. 그것은 삿구루의 발아래 앉아 있는 성스러운 사람에게 드러날 것입니다.

저를 저의 연인에게 소개해 주시겠습니까?

지난 60년 동안 나는 이 포옹을 주선하는 중매의 일을 해 오고 있습니다! 여기에서 그대는 영원히 함께 할 애인을 찾을 수 있습니다. 그는 모든 창조물들을 받아들이기에 그대를 받아들일 것입니다. 그대가 그를 보지 못한 까닭은 다른 것을 찾고 있었기 때문입니다. 다른 것들은 모두 잊으십시오. 그러면 순수한 사랑으로만 얻을 수 있는 이 참된 친구가 그대를 늘 껴안고 있었다는 것을 알게 될 것입니다.

다른 사람을 보고 있다면 그대는 현명하지 않습니다. 왜냐하면 곧 사라질 존재를 사랑하는 것은 소용없는 일이기 때문입니다. 땅에 발을 딛고 있지 않은 사람을 찾겠다고 결심하십시오. 다른 모든 것들이 사라질 것입니다. 그대 자신까지도. 그러나 그는 사라지지 않을 것입니다. 영원하지 않은 것들은 모두 멀리하십시오.

영원한 것은 오직 진정한 사랑뿐입니다.

이 진정한 사랑은 사랑받는 자이며 동시에 사랑하는 자입니다. 그대가 이 둘을 분리하지 않는다면, "그대는 어떤 것에서도 분리된 적이 없다."라는 비밀을 알게 됩니다. 그대가 할 일은 이것뿐입니다. 이 비밀을 이해했습니까?

그렇습니다! 스승님의 은총으로, 스승님을 뵐 때마다 저는 울음을 터뜨립니다. 저를 휩쓸어 가는 무한한 아름다움과 사랑이 있습니다.

이런 상황에서는 우는 것이 고요를 지키는 것보다 나을 것입니다. 이 울음은 사랑하는 이와 함께 하지 못해 우는 것과는 다릅니다. 이 울음은 신을 위한 것이며, 이 사랑은 말로 표현할 수 없습니다. 그러므로 밤낮으로 계속 우십시오. 이 비가 내려 그대를 목욕시키게 하십시오. 신을 위해 울기는 무척 힘듭니다. 누가 그렇게 합니까? 사람들은 늘 자기를 거부하는 사람 때문에 눈물을 흘립니다. 신과의 사랑을 위하여 눈물을 흘려 본 사람만이 그 달콤함을 압니다. 신의 모습을 한 연인이 생겼기에 이제 그대는 더 많이 울 것입니다. 그러므로 계속 우십시오. 그대가 울 때, 그분은 그대 앞에 앉아 그 울음을 즐기고 눈물을 닦아 줄 것입니다.

파파지, 저는 너무 많이 우느라 며칠 동안 잠도 자지 못했습니다!

이 울음은 잠자는 것보다 낫습니다. (웃음) 그렇지 않습니까? 이 울음은 이별의 고통으로 생긴 울음이 아닙니다. 지구에 살고 있는 60억의 사람들 중 그들 자신의 사랑을 위해 우는 사람은 거의 없습니다. 그들은 다른 사람과 헤어질 때 울 뿐, 지극히 아름다운 것을 대할 때는 울지 않습니다. 그대가 다음에 내 방에 오면, 나는 그대와 같이 울 것입니다. 첼로(Chello). 아름답습니다.

나는 연인과 물리적으로 분리되어 있는 것이 아주 소중하고 서로 만나는 것보다 낫다고 생각합니다. 그러니 계속 떨어져 있으면서 연인과 만나기를 열망하십시오. 그러면 어느 날 이 분리가 그대를 불태울 것입니다! 이 분리는 만남보다 더 달콤합니다.

진정한 사랑은 누군가에게 무엇을 받는 것이 아닌 것 같습니다.

진정한 사랑은
받을 것을 생각하지 않고
그대가 가진 모든 것을 주는 것입니다.

그러나 세상 사람들은 '다른 존재'로부터 무엇인가를 얻으려 합니다! 신에 대한 사랑조차 보답을 기대하는 마음이 섞여 있습니다. 사람들은 아들을, 돈을, 무엇인가를 신에게 요구합니다. 그러나 뭔가를 요청하려면 자유를 요청하십시오. 모든 의심이 사라지기를 요청하십시오. 그러면 그대의 가슴이 맑고 사랑스럽고 아름다워질 것입니다.

제 가슴은 충만하지만 제 마음은 비어 있지 않습니다.

그대의 가슴이 사랑으로 가득 차 있다면 어떠한 생각도 그대의 마음에 머물 수 없습니다. 의자 하나에는 한 번에 한 사람만 앉을 수 있습니다. 다른 사람은 앉을 수 없습니다.

그러나 제 마음은 너무나 바쁜 듯 보입니다.

그대의 마음이 삿구루와 함께 바쁘다면 계속 바쁜 것이 좋습니다. 그대의 마음을 삿구루에 대한 봉사로 항상 바쁘게 하십시오. 하루 24시간 마음과 신체 활동을 삿구루에게 헌신하는 법을 찾으십시오. 그러면 마음이 그대를 방해할 기회가 없을 것입니다. 기도와 헌신이 마음을 고요히 하는 것보다 더 낫습니다. 마음을 고요히 하려 애쓰면, 마음은 그대를 더욱 괴롭히기 때문입니다. 마음이 스승의 연꽃 발치로 달려가게 하십시오. 이렇게 하면 누구에게도 혼란을 주지 않을 것입니다. 그렇지 않으면 마음이 어지러워질 것입니다.

참스승을 섬기지 않으면
목샤, 깨달음, 해방,
그 밖의 어느 것도 소용이 없습니다.
참스승이 그대에게 주는 보상은
이 세상의 어떤 저울로도 잴 수 없습니다.

마음이 고요할 수 없는 까닭은 마음의 속성이 바로 떠돌아다니는 것이기 때문입니다. 우파니샤드에 다음과 같은 말이 있습니다.

마나브 무니샤르남 카르남 반목샤

(Manav Munisharnam Karnam Vanmoksha)

마나(Mana)가 무니(Muni), 침묵, 현자의 거처로 들어갈 때, 마나는 목샤(Moksha)가 됩니다. 이것이 깨달음입니다. 산스크리트로 '마나'라고 하는 마음은 항상 무엇인가를 생각합니다. 그것은 결코 고요할 수 없습니다. 그러므로 고요하지 않은 것을 마음이라 부릅니다. 이 단어는 영어로 알맞게 번역할 수 없습니다.

제 마음이 바쁜 이유 가운데 하나는 마음이 늘 모든 사람과 경쟁하려 하기 때문입니다. 어떻게 해야 할지 모르겠습니다. 저에게 조언해 주시겠습니까?

그렇다면 신과 경쟁하십시오. 신이 그대를 사랑하는 것보다, 다른 이들이 신을 사랑하는 것보다 더 신을 사랑하십시오. 사랑으로 신을 패배시키십시오. 그러면 신은 패배를 받아들일 것입니다. 신과 경쟁하고 싶지 않다면 신의 발아래 놓인 티끌이 되십시오. 둘 다 아주 좋은 방법입니다. 이 운 좋은 티끌에게는 자만이나 자아가 없습니다. 그러니 자아 없이 티끌이 되거나 아니면 자아나 자긍심으로 가득 차서 어느 누구보다 더 신을 사랑하십시오.

예전에는 예수님과 더 가까이 있기를 바랐습니다. 그러나 이제 저는 스승님과 더 가까이, 몸으로 가까이 있기를 원합니다.

그대의 말을 들으니 스페인의 젊은 여인이 생각납니다. 그녀는 예수와 가까이 있기를 원했습니다. 그녀의 이름은 아빌라의 성녀 테레사였습니다. 그녀는 몸을 입고 있는 예수를 만나기를 간절히 열망했습니다. 어느 날 그녀가 숭배하던 예수의 조각상이 살아나서 그녀에게 미소를 지었고 그녀에게 입을 맞추었습니다. 인도에서는 이런 이야기가 놀랄 만한 것이 아닙니다. 이와 비슷한 이야기가 아주 많기 때문입니다. 그러나 서구에서는 이런 일을 잘 받아들이지 않습니다. 그래서 그녀가 스승인 십자가의 성 요한을 찾아가 이 일을 말하자, 그는 예수님은 웃거나 입을 맞추지 않으므로 그녀에게 입을 맞춘 자는 틀림없이 악마일 것이라고 말했습니다. 또 그는 예수님은 행복하지 않기에 웃지 않는다고 말했습니다. 교회에 있는 모든 조각상들이 불행한 모습을 한 이유는 이 때문입니다. 성 요한 자신이 예수의 비전을 한 번도 보지 못했는데 어떻게 그녀의 경험을 판단할 수 있겠습니까?

이끌림이란 무엇이며 그것은 저를 어디로 데려갑니까? 저 자신이 고피(gopi)처럼 느껴집니다.

고피들은 크리슈나와 너무나 가까워서 그 둘은 고피 크리슈나라 불렸는데, 이는 아트만과 파라마트만(Paramatman)의 결합을 뜻합니다. 고피들은 진리를 찾는 구도자들이며, 오직 크리슈나만이 진리를 드러낼 수 있습니다. 그는 자신과 아주 가까이 있는 이들, 자신에게 너무나 사랑스러운 이들에게만 자신을 드러냅니다. 크리슈나에게 온 고피들은 다시 돌아가지 않습니다. 크리슈나를 만난다는 것은 모든 분리의 끝, '달아남'의 종말을 의미합니다. 그의 눈에는 굉장한 마법이 있어 그는 눈으로 말할 수 있었습니다. 그가 피리로 고피들의 이름을 부르면, 고피들은 이 아름다운 피리 연주자에게 저항하지 못하고 그에게 나아왔습니다. 옛날에 한 여인이 음식을 요리하고 있었습니다. 남편은 우유를 팔러 나가고 아이들은 학교에 간 사이였습니다. 활활 타오르는 아궁이 속에 장작 대신 팔을 올려놓고도 알아차리지 못하는 며느리를 보고서 시어머니가 달려왔습니다. 며느리는 도취된 채 눈을 감고 있었고 눈에는 눈물이 흘러내리고 있었습니다. 시어머니는 얼른 그녀의 팔을 불에서 꺼낸 뒤 며느리에게 물었습니다. "얘, 아가야, 뭘 하고 있니? 팔이 타고 있는 것도 몰랐니?"

그녀는 대답했다. "어머니, 저는 이 집에 더 머물 수 없어요. 꼭 가야 해요."

"어디를 간다는 말이냐? 여기 살면서 네 남편과 아이들에게 밥을 해 주어야지."라고 시어머니가 말했습니다.

그녀는 대답했습니다. "누군가가 저를 부르고 있어요. 여기 있지 못하겠어요."

그래서 모든 친구들이 그녀를 만류했지만, 그녀는 마을을 벗어나 걷기 시작했습니다. 가슴속에서 부드럽게 연주하는 그것을 찾아 야무나 강을 건넜습니다. 드디어 밤이 되자 그녀는 신의 사랑에 도취되어 앉았습니다. 사람들은 보통 자신의 가족이나 집을 생각하는 법이지만, 그녀는 아직 보지도 못한 참된 친구만을 생각했습니다.

그대는 만나는 사람을 통해서, 보는 대상을 통해서, 마음속에 머무르는 개념을 통해서 욕망을 충족시킬 수 있습니다. 그러나 신에 대한 갈망은 그대 자신이 갈망의 대상이 되기 전에는 충족될 수 없습니다. 여기에서 주체와 객체는 같은 것이 됩니다. 크리슈나가 그녀에게 와서 어깨를 어루만지며, 주 크리슈나가 왔다고 말했습니다. 그러자 그녀가 대답했습니다.

크리슈나는 두 사람이 아닙니다.
크리슈나는 하나입니다.
참된 제가 바로 크리슈나입니다.

이야기는 여기에서 끝납니다. 진정으로 친구가 되고 싶다면, 보이지 않는 사람과 친구가 되십시오. 보이는 사람과 만날 수 있는 기간은 한계가 있고, 그 기간이 끝날 때 그대는 고통을 받을 것입니다.

사라지는 것과 친구가 되지 마십시오.
사라지지 않는 그것과 친구가 되십시오.

그런 우정을 지닌다면
그대 역시 사라지지 않을 것입니다.
이것이 고피 크리슈나, 신과 영혼의 합일입니다.

저는 삿(Sat)과 칫(Chit)을 경험하지만 아난다(Ananda)는 경험하지 못합니다.

사실은 사티얌 아난담 브람만(Satyam Anandam Brahman), 다시 말해 '진리는 희열'입니다. 이 희열은 매우 귀합니다. 진리를 경험한다고 해서 희열이 오는 것은 아닙니다.

희열은 이해가 아니라 헌신에서 옵니다!
희열은 그분을 섬기는 자에게 주어지는 구루의 축복입니다.
이것을 줄 수 있는 참스승은 매우 드뭅니다.

저는 영원히 자유롭고 희열이기를 원합니다.

그러면 분리를 던져 버리고 가슴속에 있는 이와 사랑에 빠져야 합니다. 그분에게 서서히 다가가다 보면, 어느 순간 갑자기 그분이 그대를 받아들일 것입니다. 일단 그분과 함께 있게 되면 다시 되돌아가지 마십시오. 과거를 기억하지 말라는 뜻입니다. 그분을 계속 바라보십시오. 그러면 그분은 그대의 바라봄에 응답할 것입니다. 이 하나됨의 맛은 어떠할 것입니까?

그 하나됨이 영원하기를 원한다면, 그대 자신의 아트만과 완전히 사랑에 빠지십시오. 그것과 완전히 사랑에 빠진 뒤, 그것이 영원한 사랑인지 혹은 일시적인 사랑인지 말해 보십시오.

저는 항상 행복을 원합니다.

그렇다면 무엇인가를 바치십시오. 왕이나 성자, 사원에 갈 때는 빈손으로 가지 마십시오. 복숭아나 무화과, 사과가 아닌 그대 가슴의 열매를 신에게 바치십시오. 신이 원하는 것은 오직 아름다운 얼굴과 가슴뿐입니다. 하지만 조심해야 합니다. 그렇지 않으면 신이 그대의 가슴을 훔치고, 그대는 그의 릴라(lila)의 일부가 될 것입니다.

이미 그런 일이 일어났습니다!

그런 일이 일어나면 그대는 사랑으로 미치거나 제정신을 잃을 것입니다. 사실은 미치거나 제정신을 잃은 것이 아닙니다. 하지만 가슴속의 그것에 대한 완전한 사랑을 묘사할 적당한 영어가 없습니다. 그대의 가슴 속에 살고 있는 존재가 그대의 가슴을 훔칠 때 이런 일이 일어납니다.

이 릴라에 대해 읽지만 말고 직접 참여하십시오. 그러면 그것을 읽는 것이 정말 즐거울 것입니다. 이 게임을 더 보고 싶다면 브린다반으로 가십시오. 브린다반의 모든 흙 알갱이는 아직도 사랑을 발하고 있습니다. 대부분의 도시에서 사람들은 청소부들이 청소하는 곳을 피해 갑니다. 그러나 브린다반에서는 사람들이 청소부들에게 가서 머리에 먼지를 뒤집어씁니다! 그곳은 거룩하기 때문입니다. 삿상에 참석했던 누군가가 그곳으로 가게 되면 그대들도 함께 가 보십시오.

저는 분리되어 있다고 느끼는데, 그것은 친숙한 느낌입니다. 저는 나를 어렴풋이 보았으며 자유롭기를 간절히 열망합니다.

이것들은 모두 같은 것을 뜻합니다. 자유롭고자 하는 갈망, 나를 어렴풋이 보는 것, 그대에게 친숙한 어떤 것을 보는 것, 이것들은 모두 같은 것을 뜻합니다. 이 친숙함은 그대의 나 아닌 다른 무엇일 수 없습니다. 이것은 우연히 거리에서 아는 사람을 만나 과거로 돌아가 예전의 만남을 기억할 때 느끼는 그런 친숙함이 아닙니다. 이 친숙함은 더 이상 과거로 돌아가지 않을 것입니다. 흔히 말하는 친숙함을 느끼려면 그대는 그들이 얼마나 친숙했는지를 들추기 위해 과거로 돌아가야 하며, 그 친숙함은 그대가 그 사람이나 대상에 관심을 가졌기 때문일 것입니다.

그러나 이 친숙함은 그대의 나이며, 그 앞에 서 있으면 친숙해 보일 것입니다. 그 동안 나를 보지 못한 까닭은 그대가 다른 사람이나 대상을 바라보고 있었기 때문입니다! 그래서 그대는 나를 바라보는 것을 잊었습니다. 그러니 이제 나를 향해 얼굴을 돌리고 이 친숙함 속으로 녹아드십시오. 그러면 친숙한 이 사람과 그대 사이에 아무런 차이가 없을 것입니다. 그대는 하나가 될 것입니다! 그때 그대는 벌거벗을 것이며 또한 그래야 합니다. 셔츠나 바지를 입고 있다면 나를 보지 못할 것입니다. 모든 것을 벗어야 합니다. 생각이라는 옷을 입지 않아야 한다는 뜻입니다. 그러면 벌거벗게 될 것입니다. 그때 그대는 그대가 오랫동안 찾아 헤매던 그 친숙한 사람이 됩니다.

벌거벗었다는 느낌조차 지니지 마십시오. 이 느낌조차 뒤로하여야 합니다. 느낌이 없을 때 그대는 이 아름다운 사람을 봅니다. 이 사람은 그대에게, 모든 이에게 친숙한 아름다운 사람입니다.

제가 왜 복종을 두려워하고 복종에 저항하고 있는지 모르겠습니다.

그렇다면 그대는 벌거벗고 있지 않습니다! 그대는 저항이라는 옷을 입고 있습니다. 그대는 벌거벗고 싶어 하지 않습니다. 그대는 자유롭고 싶다고 말합니다. 그러나 그대가 이 자유에 저항하고 마음속에 두려움이 있다면, 어떻게 자유로울 수 있겠습니까? 그러면 연인을 볼 수 없습니다. 이 두려움을 벗으십시오. 그대는 벌거벗을 것입니다. 마음속에서 두려움과 저항을 몰아내십시오. 그러면 복종이 있을 것입니다. 생각들로부터 자유로워지지 않으면 이렇게 할 수 없습니다.

제가 나를 볼 수 있도록 도와주시겠습니까?

나를 보려면 그대가 빛이 되어야 합니다.
다른 누구도 대신 보여 줄 수 없습니다!

눈을 감고 있는 동안 그대는 그대 자신의 빛을 보아야 합니다. 빛은 항상 거기에 있습니다. 다른 빛을 보지 않으면 이 빛이 그대 앞에 나타날 것입니다. 잠시라도 시도해 보십시오. 여기도, 저기도, 어디도 바라보지 마십시오. 그러면 이 빛을 볼 것입니다.

저는 라마나 마하리쉬를 너무나 사랑하지만, 선생님에 대한 사랑은 느끼지 못합니다.

괜찮습니다. 그대가 나의 진정한 아버지를 사랑한다면 나와도 사이가 좋은 것입니다. 나의 진정한 아버지를 사랑하는 모든 이들은 나 역시 사랑하고 있습니다.

> 그러나 저 자신 안에 헌신의 느낌이 생기기를 원합니다.

누구의 자신 안이란 말입니까? 나는 '이' 나 자신과 '저' 나 자신 사이에 아무런 차이도 보지 못합니다. '이 나 자신'과 '저 나 자신'이 어떻게 다른지 내게 설명해 줄 수 있습니까? 형상을 가지고 있다가 언젠가는 죽어 버리는 시체 안에서만 차이점이 있습니다.

영원하지 않은 것에 대한
헌신의 감정을 키우지 마십시오.
나, 라마나의 나, 그대 자신의 나는
영원하며 사랑할 가치가 있습니다.

모든 사람을 사랑한다면
자신의 나를 먼저 사랑한 것입니다.
모든 것은 그 나 안에 있기 때문입니다.
나를 찾아 사랑하십시오.
그러면 그대는 세상의 모든 사람을 사랑한 것입니다.

> 선생님께서 저의 참스승인지 아는 것이 제게는 중요합니다.

내가 그대의 스승이든 그대가 나의 스승이든 그런 것은 중요치 않습니다. 쓸데없이 문제를 만들지 마십시오! 오직 고요를 지키며 모든 것을 사랑하십시오.

어떻게 하면 저의 진정한 성품으로 돌아갈 수 있습니까? 저는 10년 전에 불교 승려가 되었지만, 아직도 자유롭지가 않고 메마르고 억압되어 있다고 느낄 뿐입니다. 어떻게 하면 규제와 억압을 버리고 참 성품으로 돌아갈 수 있습니까?

그 동안 내가 본 불교 승려들은 모두 메말라 있었습니다. 불교는 사랑을 잘 가르치지 않기 때문입니다. 그대에게는 사랑이 필요합니다. 자신의 나를 사랑한다면 신을 볼 것입니다. 그대의 참 성품으로 돌아가는 길은 사랑뿐입니다. 신은 오직 사랑만을 요구합니다. 그러니 그대는 신을 사랑해야 합니다. 그대의 이름은 무슨 뜻입니까?

'보는 자'라는 뜻입니다.

그러면 그대는 보이는 대상이 아니라 보는 자가 되어야 합니다. 그대가 보는 것은 모두 보이는 대상이며, 그대는 그러한 대상일 수 없습니다. 보는 자는 오로지 볼 뿐, 보이는 대상이 아닙니다. 그러니 보이는 대상을 버리십시오.

우선 그대 자신의 몸에서 시작하십시오. 몸은 보이는 대상입니다. 이제 나는 그대를 모든 대상들 뒤로 데려갈 것입니다. 그대가 보고, 생각하고, 맛보고, 듣고, 냄새 맡고, 만지는 것들은 모두 대상입니다. 온 우주가 여기에 해당합니다. 다섯 가지 원소들은 그대가 보는 대상이며, 그대는 그것들 너머에 있습니다. 이제 보는 자가 누구인지 보십시오. 누가 이것들을 보고 있습니까? 이것들 너머를 바라보십시오.

참 존재(I Am)입니다.

참 존재는 주체도 대상도 아닙니다. 이 참 존재는 참 존재인 그것입니다. 이제 이 참 존재를 그 너머에 있는 그것으로 향하게 하십시오.

이해하지 못하겠습니다.

나의 말대로 할 수 없기에 그대는 이해하지 못합니다. 이해는 마음으로 하는 것이며, 나는 그대를 마음 너머로 데려가고 있습니다. 그러니 이해를 포기하십시오. 이해하려 애쓰지 말고 이해가 무엇일까 하고 생각하지도 마십시오. 그리고 나서 그대가 누구인지 말해 보십시오. 참 존재라고 말하지도 말고, 이해하려 하지도 마십시오. 그냥 그것을 바라보십시오. 모든 노력을 내려놓으십시오.

이것뿐입니다. 있을 뿐입니다!

바로 이 '있음(Isness)'이 진정한 깨달음입니다. 그것은 모든 감각들 너머에 있기 때문입니다. 오직 '있음'입니다. 이것을 넘어서고 싶습니까, 아니면 '있음'으로 충분합니까?

'있음' 너머로는 갈 수 없습니다.

그렇게 말하면 그대는 넘어설 수 없습니다. 그대는 그것에 한계를 짓고 있습니다. 그것은 아주 가까이 있습니다. 너무나 가까이 있다는 것이 문제입니다. 그것은 어느 것보다도 가까이 있기 때문입니다. 왜 눈의 망막을 볼 수 없습니까? 내일 대답해 보십시오. 그러면 최고의 게송이 주어질 것입니다.

신도 이보다 더 가까이 있지는 않습니다. 그대는 신의 이름을 부르거나 신의 모습을 그릴 수 있기 때문입니다. 너무나 가까이 있는 것은 어떤 단어나 기호나 생각이나 노력으로 한정지을 수 없습니다. 그것이 무엇인지 알기는 아주 쉽습니다.

그렇다면 사랑은 어디로 들어옵니까? 스승님께서 말씀하시는 것들은 대부분 이미 불교에서 수행하고 있는 것들입니다.

수행을 하려면 마음과 몸이 필요합니다. 육체를 사용하면 안 됩니다. 육체적 수행으로 얻는 것은 육체적이며, 마음의 수행으로 얻는 것은 정신적이기 때문입니다.

내가 그대를 데려가려는 곳은 육체 너머, 마음 너머, 영혼 너머에 있습니다. 이것이 자유입니다.

어떻게 마음을 초월할 수 있습니까?

초월하려면 계속 명상해야 합니다. 우선 대상들에 대해 명상하십시오. 이것은 집중입니다. 다양한 신상(神像)들이 있는 까닭은 이 때문입니다. 그것은 마음을 훈련하는 것입니다. 물론 승려인 그대는 이미 오랜 세월 마음을 훈련해 왔습니다. 이제는 눈을 감고서 어떤 대상도 마음속으로 들어오지 못하게 하십시오. 아무런 대상도 없다면, 그대는 뭐라 말할 수 없는 공간 속으로 들어갑니다. 이것이 초월입니다.

이제 이 상태와 사랑에 빠져야 합니다. 그렇지 않으면 다른 무엇을 사랑하게 될 것입니다. 이것만이 그대에게 지속적이며 영원한 사랑을 줄 것입니다. 이것을 원하는 사람은 극히 적습니다. 누구나 육체적이고 정서적인 즐거움을 원합니다. 이런 것들을 초월할 때 그대는 그것과 사랑에 빠질 것이며, 그것은 그대와 사랑에 빠질 것입니다! 그대는 그것과 친밀한 관계를 가질 것입니다. 어렵지 않습니다. 단지 이것을 온전히 갈망하기만 하십시오. 그것은 항상 여기에 있었다는 것을 알게 될 것입니다.

그대가 다른 것을 원했을 뿐입니다.

∽

스승님을 통해서 제게 가슴이 있다는 것을 처음 알았습니다.

전에는 그대에게 머리만 있다고 알았지만 이제는 가슴도 있다는 것을 알게 되었습니다. 머릿속에는 두통이 있지만 가슴에는 넘쳐흐르는 아름다움이 있습니다. 하지만 어느 누구도 가슴을 보려 하지 않습니다. 그들은 머리만 볼 뿐입니다. 머리만을 바라보는 사람은 얼굴을 보면 알 수 있습니다. 그들의 얼굴은 고뇌와 고통으로 가득 차 있습니다. 가슴을 바라보면, 가슴은 그대를 통해 미소 지을 것입니다.

참스승에게 가면 스승은 이름과 모습을 없앱니다. 그러면 사랑이라는 좁은 길만이 있습니다. 이 길은 칼날처럼 날카롭기에 이 길을 걸을 수 있는 사람은 매우 드뭅니다. 여기저기 한눈을 팔다가는 칼에 베어 둘로 나뉠 것입니다. 만약 그대가 앞만을 바라본다면, 칼날처럼 날카로운 이 길은 꽃길로 변할 것입니다. "나는 연인을 만나고 싶다."라는 갈망에서 눈을 떼지 마십시오.

∽

저 자신을 완전히 알지 못하는 까닭은 무엇입니까?

성스러운 사랑, 나에 대한 사랑이 결여되어 있기 때문입니다. 그래서 그대는 자신의 나를 알지 못합니다. 사랑이 없이는 아무 일도 일어나지 않을 것입니다. 자신의 나를 사랑할 수 없다면, 다른 존재도 사랑할 수 없습니다. 그 결과는 고통입니다. 그대의 나를 사랑하십시오. 그러면 모든 존재를 사랑하게 될 것입니다. 나를 사랑하는 법을 배우십시오. 나를 사랑하십시오. 그대의 나를 항상 사랑하십시오. 그러면 이 나도 더욱 더 그대를 사랑할 것입니다. 그대가 나를 향하여 한 걸음 다가가면, 나는 그대를 향하여 두 걸음 다가올 것입니다!

파파지, 저를 바다 속으로 던져 주시지 않겠습니까? 이렇게 하는 데 방해되는 것이 있습니까?

그대가 스스로 그렇게 할 수 없다면, 고요를 지키십시오. 내가 해 줄 것입니다. 그대가 스스로 하고자 한다면 나의 도움은 필요 없습니다. 스승에게 완전히 복종한다면, 스승은 자신을 사랑하는 이를 돌보아야 할 책임이 있습니다. 그러나 그대가 자아를 지닌 채 자신이 모든 것을 한다고 믿는다면, 스승은 침묵할 것입니다. 그대가 고요하면 스승이 그대를 도울 것입니다. 하지만 고요하지 않으면, 그대가 스스로 해야 할 것입니다. 옛날 신의 대단한 헌신자가 돌진하고 있는 코끼리의 습격을 받게 되었습니다. 아내와 함께 앉아 있던 신은 그 헌신자를 돕기 위해 자리를 박차고 일어나 그를 향해 달려갔습니다. 하지만 신은 곧 되돌아왔다. "왜 이렇게 일찍 오셨어요?"하고 아내가 물었습니다.

"그는 돌멩이와 대나무 막대기를 집어 들었으니 스스로를 돌볼 것이오. 그는 내가 필요치 않소."라고 신이 대답했다.

그러니 오직 고요를 지키십시오. 그러면 모든 이가 와서 그대를 도울 것입니다.

그렇게 하는 데 방해되는 것이 있습니까?

그렇습니다. 그대는 완전히 복종하겠다고 결심하지 않았습니다. 이것은 자만입니다. 그대 스스로 그것을 하려 하기 때문입니다. 나에 복종해야 합니다. 그러면 나가 그대를 돌볼 것입니다. 그대에게 순디야(Sundhya)라는 이름을 주겠습니다. 이것은 신에 대한 복종을 뜻합니다.

어디에서 이 홀리(Holi)를 축하해야 합니까?

이 '나'는 브린다반에 가서 홀리 축제에 참여해야 합니다. 거기에서 홀리 축제가 시작되었습니다. 색이 칠해질 수 없는 존재와 홀리 놀이를 하십시오. 아무도 그분을 만질 수 없는 곳에서 홀리 놀이를 하십시오. 그분과 홀리 놀이를 하십시오. 손에 물감을 들고 가서 그대가 색칠할 수 없는 사람을 찾으십시오. 색, 형태, 이름 너머에 있는 그분을 찾으십시오. 그분을 찾아내십시오.

몇몇 헌신자들은 마두반(Madhuban)에서 그분을 찾아내어 그분과 더불어 홀리 놀이를 하였습니다. 소치는 처녀들이 홀리 놀이를 하러 갔다가 되돌아오지 않았습니다. 그분은 유일자입니다. 그대는 그대 자신의 나와 홀리 놀이를 해야 합니다. 그것은 최고의 축제일 것입니다. 이것은 연인과 홀리 놀이를 하여 자유를 얻게 된 젊은 처녀들의 축제입니다.

저의 이름은 차이타니야(Chaitanya)입니다. 저는 스승님과 옛 스승님을 사랑합니다. 여자 친구, 가족, 친척들도 사랑합니다. 저는 이 모든 사람들로부터 자유로워지고 싶습니다. 진정한 사랑을 찾으려면 어떻게 해야 합니까?

차이타니야를 안다면 그가 했던 것처럼 사랑해야 합니다. 그대의 이름처럼 늘 행동해야 합니다. 차이타니야는 진정한 사랑의 화신입니다. 400여 년 전에 그는 여기 인도에서 살았습니다. 그는 사랑 자체였으며 모든 사람들에게 사랑을 전해 주었습니다.

어느 날 그는 지금은 파트나(Patna)라고 불리는 팔리타나(Palitana) 거리를 걷고 있었습니다. 당시 그곳은 살로우딘 칸이라는 술탄이 다스리고 있었습니다. 코끼리를 탄 술탄의 행렬이 도로를 지나고 있을 때, 차이타니야는 길 한가운데서 신의 이름을 부르며 춤을 추고 있었습니다.

이 광경을 보고 화가 난 술탄은 왕인 자신이 지날 수 있도록 그를 두들겨 패서 쫓아 버리라고 대신에게 명령했습니다. 대신은 그의 등짝을 때리며 비키라고 말했습니다. 그러나 차이타니야를 만지는 순간, 그 자신이 노래하며 춤추기 시작했습니다.

술탄은 대신이 장난치는 것이라고 생각했습니다. 그러나 그는 춤을 멈추지 않았습니다. 그래서 왕은 신의 이름을 부르며 노래하고 춤추고 손뼉 치고 있는 대신에게 호통을 치려고 코끼리 몰이꾼에게 코끼리를 세우라고 했습니다. 그러나 대신을 붙잡자마자 왕도 역시 노래하고 춤추기 시작했습니다.

이것이 그대 안에 있어야 할 변화입니다. 그대 자신이 행복해야 할 뿐만 아니라, 그대와 접촉하는 사람도 행복하게 해야 합니다.

차이타니야의 이야기는 길고 아름답습니다. 그는 파트나에서 푸리로 가고 있었습니다. 그는 철학 선생님이었지만 결국 철학에서 사랑으로 바뀌어 버렸습니다. 자가나트 푸리(Jagannath Puri)에 가면, 그가 마지막으로 앉아서 신의 이름을 찬미했던 동굴을 보게 될 것입니다.

여기 올 때는 질문할 것이 많았는데, 이제는 모두 쓸모가 없어졌습니다.

무슨 일이 일어나고 있습니까? 많은 사람들이 그처럼 선명한 마음으로 여기에 오고 있습니다. 이 움직임은 무엇입니까? 나는 같습니다. 그대는 나의 나입니다. 어떻게 이런 일이 생깁니까? 나는 자신이 선택하는 사람들에게 자신을 드러냅니다. 그대가 선택하여 나를 아는 것이 아닙니다. 나가 그대와 사랑에 빠져서 자신을 드러낼 만큼 그대는 아름다워야 합니다. 나는 그렇게 표현합니다. 그대는 아무것도 할 필요가 없습니다. 그것이 그것에게 매료되어 자기에게 자기를 드러낼 수 있도록 그대는 대단히 아름다워야 합니다.

1. 성모

성모께 헌신하는 최고의 방법은 무엇입니까?

성모를 공경하는 최고의 방법은 그분의 성스러운 자녀가 되는 것입니다.

금세기에는 많은 구루들이 여성을 후계자로 지명하고 있습니다. 이 경향이 의미하는 바는 무엇입니까?

오랜 세월 남성이 지배해 왔지만, 이제 남성들은 그 동안 여성들에게 가했던 무수한 고통과 억압에 대한 대가를 치러야 합니다.

여성을 후계자로 삼는 부분에 관한 한, 나는 이 부류에 속하지 않으며 나의 스승도 그러합니다. 사실 아디 샹카라차리야의 스승인 가우디 파다 아차리야(Gaudipada Acharya)에서 시작된 이 계보에서 여성이 계보를 이은 적은 한 번도 없었습니다. 비록 많은 여성들이 깨달음을 얻었지만, 이 계보에서는 어느 누구도 여성을 후계자로 지목한 적이 없습니다.

사람은 남성과 여성 에너지를 모두 가지고 있습니까?

그렇습니다. 아르다나레스와라(Ardhanareshwara)로서의 쉬바조차 반쪽은 여성이고 반쪽은 남성입니다. 타인에 대해 자비를 느끼는 것은 여성에너지의 작용입니다. 어떤 사람이나 어떤 것을 보호하고 싶다고 느끼는 것은 남성 에너지의 작용입니다. 사실은 두 에너지 모두 하나의 근원에서 나오며 서로 다른 것이 아닙니다.

남자가 성모로 나타날 수 있습니까?

물론입니다. 성모는 남자도 여자도 아닙니다.

지구를 어머니 대지라고 일컫는 이유는 무엇입니까?

대지는 진정한 어머니입니다. 그녀가 없이는 아무도 탄생할 수 없기 때문입니다. 대지는 진정한 어머니이기에 숭배해야 합니다. 그대가 참회하기 위해 앉을 때 그대는 대지의 가슴 위에 앉습니다. 그러므로 무엇을 하고 있든지 그대는 대지에게 경의를 표해야 합니다. 아침에 잠에서 깨어나면, 대지에게 경배해야 합니다. 모든 것이 그녀에게서 나오고 그녀에게로 되돌아갑니다. 그녀는 진정한 어머니입니다.

성모의 어떤 모습을 좋아하십니까? 스승님께서 좋아하시는 성모의 모습을 말씀해 주실 수 있으신지요?

처음부터 나의 성모는 어머니 강가(Ganga, 갠지스 강)였습니다. 강가는 강일 뿐 아니라 어머니입니다. 그녀의 자비로 그녀는 이 땅에 넘쳐흐릅니다. 1910년부터 지금까지 나는 벵골 만에서 우타르카시에 이르는 그녀의 강변을 밟아 왔습니다. 우리 가족은 매년 하리드와르를 방문합니다. 어머니 강가 마의 얘기를 들려주겠습니다. 그 당시 나는 프라약에서 열리는 마하 쿰바멜라에 참석 중이었는데, 마하 쿰바멜라는 144년마다 한 번씩 열립니다.

멜라가 열리면 수많은 전통들과 단체들이 참여하여 하루 24시간 자신들을 선전합니다. 어느 날 그곳이 너무 붐빈다고 느낀 나는 강 하류 쪽으로 걷기 시작했습니다. 야무나, 사라스와티, 강가 강은 그곳에서 하나로 합쳐져 벵골 만으로 흘러갑니다. 5킬로쯤 걸었을 때 한 소녀가 달려오더니 나의 발아래에 엎드렸습니다. 주위를 둘러보았지만 그녀의 가족은 보이지 않았습니다. 인도에서는 젊은 처녀가 혼자서 밖으로 돌아다니지 않는 법이라 이상한 일이었습니다.

"부모님은 어디에 계시지?"하고 물어보았습니다.

"저는 부모님이 안 계십니다. 저는 혼자입니다."라고 그녀가 대답했습니다.

"왜 여기에 있지?" 나는 계속해서 물었습니다. "왜 쿰바가 열리고 있는 프라약으로 돌아가지 않지? 왜 여기에 혼자 나와 있지?"

그러자 그녀는 이렇게 답했습니다. "이 멜라 때면 모든 사람들은 성스러운 세 강이 합류하는 곳에서 죄를 씻고자 목욕하러 옵니다. 모두들 자신의 죄들을 맡깁니다. 하지만 제가 그 죄들을 어찌할 수 있겠습니까? 저는 사람들의 죄들을 없애 주겠다고 맹세했고, 그렇게 하고 있습니다. 그러나 저는 진정한 성자의 발아래 그들의 죄들을 맡기고 그것들로부터 자유로워져야 합니다. 7일 동안 멜라를 찾아다녔지만 이 죄들을 가져갈 수 있는 분을 찾지 못했습니다. 그러나 이제 이 죄들을 맡길 수 있는 유일한 분이신 당신을 찾았습니다. 저는 강가입니다!"

나는 그녀의 아름다운 눈을 바라보았습니다. 그 눈은 사람의 눈이 아니었습니다. 그녀의 몸은 투명하여 관통하여 볼 수 있을 정도였습니다. 그녀는 일어나 강으로 들어갔고 서서히 물과 하나가 되었습니다. 나는 방금 무슨 일이 일어난 것인가, 강가의 실제 모습을 보다니 내가 얼마나 축복받은 사람인가 하고 놀라워하며 몇 시간 동안 그 자리에 서 있었습니다. 그녀는 천상의 나라에서 살았지만 바기라타의 고행에 응답하여 자비롭게도 이 지상으로 내려왔습니다. 이제 강가 강은 자신을 보고 맛보고 만지는 모든 이들을 축복하고 있습니다. 이것이 진정한 어머니에 대한 나의 경험입니다.

나는 사라다 데비(Sarada Devi) 역시 사랑합니다. 사라는 본질을 뜻하며, "나는 형상과 무형의 본질이다. 나는 모든 것의 본질이다."라는 뜻입니다. 사라다는 지성을 뜻합니다. 나의 말을 이해하려면 사라다의 은총이 필요합니다. 그대가 이미 깨달았고 아무것도 할 필요가 없다는 것을 알려면 사라다의 은총이 필요합니다. 그대가 의심을 품으면, 여신 사라다는 은총을 내리지 않습니다. 참스승이 말할 때는 "예, 그렇습니다."하고 즉시 따라야 합니다. "파파지는 고요하라고 말씀하셨다."라며 단순히 앵무새처럼 되풀이하지 마십시오. 그대는 내가 말하는 것의 본질을 알아야 합니다.

어떻게 성모의 은총이 나를 깨닫도록 도울 수 있습니까?

나를 깨달으려면 성모나 스승의 은총이 필요합니다. 자유롭고자 하는 충동이나 갈망은 바깥이 아니라 내면에서 옵니다. 이 내면이 성모입니다. 성모가 그대에게 이 갈망을 주는 것은 그녀의 자비 때문입니다.

삿상에 있는 사람은 모두 성모의 은총을 입고 있습니다.
그대가 이곳에 온 것은
성모와 그대의 어머니 덕분입니다.
이웃의 어머니는 그대를 여기로 보내지 않았습니다.
하지만 그대의 어머니는 그대를 이곳으로 보냈으며
그대가 입고 올 수 있는 형상까지 주었습니다.

어머니 대지, 그대의 진정한 어머니,
성모 사이에는 차이가 없습니다.
그들은 모두 같습니다.

진정한 어머니와 관련된 곳으로서 제가 방문해야 할 곳이 있습니까?

있습니다. 라마나 아쉬람으로 가십시오. 그곳에서 사람들은 라마나의 발에 경배하며, 성스러운 산 아루나찰라의 주위를 걷습니다. 하리드와르와 프라약에 가서 강가를 방문해도 좋습니다. 그곳에서 쿰바멜라가 곧 열릴 것입니다.

그대에게 신의 아내의 이름인 툴시(Tulsi)를 주겠습니다. 그대는 온 인도인들이 숭배하는 성스러운 식물의 모습으로 숭배될 것입니다. 매일 툴시 한 잎씩 지니면, 툴시가 그대를 정화하고 거룩하게 할 것입니다. 잠에서 깨어날 때마다 성모를 기억하십시오. 그녀에게 엎드려 절하고 그녀의 이름을 반복하십시오. 성모를 생각하지만 말고 이렇게 하십시오. 성모가 자신의 삶을 헌신했듯이 그대의 삶을 그녀에게 헌신하십시오. 그녀의 이름을 반복하면 누구나 툴시다스(Tulsidas)처럼 축복을 받습니다. 그렇지 않으면 그대는 지금처럼 고통을 받을 것입니다.

럭나우에는 두르가 사원이 많은 것 같습니다. 스승님은 붓다, 크리슈나와 연관이 있는 것으로 알고 있습니다. 두르가에 대해 말씀해 주시겠습니까?

그대의 무지를 없애는 존재를 두르가라 합니다.

그대로 하여금 붓다, 크리슈나 혹은 두르가를
알게 해 주는 내면의 에너지, 그 샥티가 두르가입니다.

뱀 채찍을 손에 들고 사자 등에 올라타고 있는 두르가를 모신 사원이나 성소들을 보았을 것입니다. 이 에너지 혹은 힘이 두르가입니다. 두르가 없이는 어떤 것도 이해할 수 없습니다. 그러므로 먼저 그대 자신의 에너지를 기쁘게 해야 합니다. 그러면 그대가 무엇을 하고 있는지 이해할 것입니다. 그대의 에너지를 기쁘게 하지 못한다면, 그대는 잘못된 길로 빠질 것입니다. 대부분의 사람들은 어느 길로 가야 하는지도 모릅니다. 그대의 에너지와 열망이 오점 없이 순수할 때, 그대는 길을 알게 될 것입니다. 그러니 여신이 그대를 옳은 길로 안내하도록 그대 안에 있는 여신 두르가에게 기도하십시오.

사자에게 지배받는 대신 두르가가 되어 사자를 타려면 어떻게 해야 합니까?

그녀가 타고 있는 사자는 마음을 상징합니다. "나는 두르가가 아니다."라고 생각하면 사자가 그대의 등에 올라탑니다. 마음이 자신의 사자임을 안다면, 그때 그대는 두르가입니다. 대부분의 사람들은 사자의 탈 것이 되지만, 그대는 사자를 타고 있습니다. 이것을 두르가라 합니다. 그녀는 일어나는 생각들을 모조리 베어 버리기 위해 손에 칼을 쥐고 있습니다. 또한 목에 해골들로 엮은 화환을 걸고 있습니다. 이 해골들은 오래된 생각들, 이미 죽은 사람을 의미합니다. 대부분의 사람들은 과거의 생각 속에 살지만, 그대는 이 생각들을 그대의 화환으로 이용할 수 있습니다. 지나간 생각들을 더 이상 기억하지 마십시오. 이 죽은 사람들은 그대를 괴롭혀 온 생각들입니다. 죽은 생각 말고는 어떤 생각도 그대의 목 주위로 오지 않습니다. 그녀의 칼은 양날로 서 있어 뒤에서 오는 생각조차 베어 버릴 수 있습니다. 이런 강인함을 가지십시오. 그러면 누구도 그대를 괴롭히지 못할 것입니다. 이것이 두르가가 되는 방법입니다. 사자를 타고, 칼과 삼지창을 손에 쥐십시오. 그리고 "나는 두르가다."를 아십시오.

　마음의 힘을 이용하지 않으면 고통 속으로 떨어집니다. 도움을 주지 않고 문제들을 일으키는 것이 무엇인지를 알려면 그대의 지성을 사용해야만 합니다. 일의 결과들을 미리 보는 데 지성을 사용하십시오. 사람들은 지성을 사용하지 않고 휩쓸려 버립니다. 마음의 본능에 휩쓸립니다. 그대의 나를 구하고, 자유로워지고, 다른 사람들도 도와줄 수 있는 유일한 방법은 지성을 사용하는 것입니다.

2. 복종

복종하십시오.

침묵이 그대를 차지하게 하십시오.

근원에 복종하십시오.

자각에 복종하십시오.

그대가 보호받을 수 있는 유일한 장소는 여기입니다.

그대의 가슴에 복종하십시오.

그러면 모든 것을 알게 될 것입니다.

의식과 희열에 복종하십시오.

복종이란 굴레를 내맡기고

그냥 자유로 존재하는 것을 의미합니다.

복종이란 자아가 근원에게 엎드려 절하는 것입니다.

아무것도 요구하거나 명령하지 않고

모든 것을 근원의 손에 맡기는 것입니다.

의식과 희열에 항복하십시오.

그러면 그대는 행복해질 것입니다.

감각에 대한 탐닉을 복종시키십시오.

그대는 그것들을 그만두지 않아도 되지만

완벽히 통제할 필요가 있습니다.

자아는 이들 다섯 말을 부리는 불쌍한 마부입니다.

그러나 마부 아트만은 실수하지 않을 것입니다.

그대 감각들의 고삐를 아트만에게 맡기십시오.

강이 바다에게 복종하듯이

그대를 나인 근원에게 복종시키십시오. 그리고 자신이 여전히 바다

표면 위에서 수영하고 있다면

수영을 멈추십시오.

그러면 그대는 깊은 사랑 속으로 가라앉을 것입니다.

사랑이란

신에게 복종하여 고요히 있는 것입니다.

지혜란

신을 탐구하며 고요히 있는 것입니다.

복종에 대하여 계속 듣고 있습니다만, 그것이 무엇인지 모르겠습니다.

복종시켜야 할 단 하나는 자아입니다. 복종이란 "나는 당신께 이것을 넘겨 드립니다. 그러면 이제 그것은 나의 것이 아닙니다."라는 뜻입니다. 내가 그대에게 사과를 주면 그대는 그것을 먹습니다. 내가 사과를 다시 달라고 하면, 그대는 사과를 돌려줄 수 없습니다. 이것처럼 "나는 몸이다."라는 개념인 자아를 복종시켜야 합니다. 그러면 그대는 신입니다. 그대의 자아를 복종시키십시오. 그대가 그렇게 하겠다면, 나는 그것을 여기 내 손안에 올려놓으라고 얘기할 것입니다. 그러면 그대는 평생 그리고 삶이 끝난 후에도 행복할 것입니다. 복종이란 그대의 어리석음과 악함을 신의 의지에 내맡기는 것입니다. 그것이 전부입니다. 그것은 마치 강이 바다 속으로 흘러 들어가는 것과 같습니다. 이것을 복종이라 합니다. 바다 속으로 들어간 강은 무엇이 됩니까?

바다가 됩니다.

그렇습니다. 바다 속에서는 강물을 볼 수 없습니다. 강물이 바다에 닿는 순간, 강은 바다가 됩니다. 그처럼 그대 자신의 나에 복종하고 다른 것은 모두 잊으십시오. 그대의 자아와 마음을 나에게 복종시키십시오. 그렇게 하십시오! 귀로 듣지만 말고. 복종이란 무슨 일이 일어나든 그 일이 일어나도록 놓아두는 것입니다. 그대 자신을 위해 나서지 마십시오. 이것이 신의 의지에 복종하는 것입니다.

그러나 저희는······

'그러나'는 의심입니다. 이것은 마음의 장난이지 복종이 아닙니다! "주여, 저는 제 성격, 제 개별성, 제 자아를 당신께 드립니다."라고 말하는 것, 이것이 복종입니다. 그대는 결정해야 합니다. 나는 그대에게 강요하지 않을 것입니다. 복종할 수 있는 사람들은 매우 드뭅니다. 세상에서 소수의 사람들만이 복종하였습니다.

요즘 생존에 관한 수많은 문제들이 두려움과 더불어 밀려오고 있습니다. 숨길 것이 아무것도 없습니다. 모든 것을 스승님의 발아래에 내려놓습니다. 스승님께 모든 것을 맡깁니다.

복종은 말이나 글로 하는 것이 아닙니다.
복종은 실제로 행해야 합니다.
강이 바다에 복종하여
자신의 실체, 자신의 맛,
그리고 자신의 모든 한계들을 잃듯이.
강이 연인인 바다를 만날 때,
모든 것은 완전히 변합니다.

말로만 복종하지 말고 실제로 복종하십시오.

> 제 유일한 갈망은 깨어나서 '나'의 근원을 발견하는 것뿐입니다. 미래를 위한 계획이나 야망은 없습니다. 복종하는 법을 알려 주십시오.

미래의 계획이나 야망이 없을 때, 그때 그대는 어디에 있습니까? 계획이 없다고 말하기는 아주 쉽지만, 그대는 이것을 정말로 잘 이해해야 합니다. 진정 그대에게 아무런 계획도 없을 때, 죽음에 대한 계획조차 없을 때, 그때 그대는 '나'라는 것의 근원 안에 있습니다. 그러므로 그대의 답은 이미 그대의 요청 속에 있습니다. 그대에게 아무런 계획도 없다면 그대는 이미 깨어 있으며, 따라서 이런 질문을 하지 않을 것입니다. 럭나우에 와서 나에게 이 질문을 하겠다는 것 또한 하나의 계획입니다. 그러므로 아무런 계획도 없을 때, 그대는 근원에 있습니다. 그저 고요하십시오. 노력하지 말고, 계획하지 말고, 야망도 갖지 마십시오. 그때 그대는 붓다처럼 깨닫게 됩니다.

처음에 붓다는 많은 계획을 세웠지만, 그것들 가운데 어느 하나도 이루어지지 않았습니다. 그래서 그는 모든 계획들을 버리고 보리수나무 아래에 앉았습니다. 깨달음이 왔습니다! 그는 그저 고요히 앉았습니다. 그대도 이렇게 할 수 있습니다. 그것은 어렵지 않습니다. 한순간만이라도 여기에 머무르십시오.

여기 럭나우에서 경험하고 있는 것은 말로 표현할 수 없습니다. 나인 사랑에게, '타인'으로 있는 자기인 사랑에게 복종할 때, 저는 제가 결합이라고 부르는 것을 경험합니다.

결합은 함께 만나는 두 사람 사이에 늘 있으며, 그들은 결합합니다. 둘이 하나로 합쳐질 때, 그것을 결합이라 합니다. 따라서 그대는 이것을 결합이라 부를 수 없습니다. 왜냐하면 그것은 이미 하나로서 홀로 존재하기 때문입니다. 결합이 아닙니다. 그것은 두 강이 합류하는 것과는 다릅니다. 그것은 하나입니다. 그러므로 이 하나로부터 다른 것들을 제거하지 않는다면 그대는 이 하나를 경험할 수 없습니다. '다른 것들'이란 자아, 마음, 몸, 감각들, 그리고 세상에 있는 모든 대상들을 의미합니다. 이 모든 것들을 곁에 둔 채 하는 경험은 경험이 아닙니다. 이것은 말로 설명할 수 없습니다. 왜냐하면 그것은 경험이 아니기 때문입니다. 그대는 그것을 알아야 합니다. 이 지식은 특별한 지식이라 불립니다. 그대가 이것을 알 때, 그대의 혀는 말을 할 수 없고 그대는 경험할 수 없습니다. 왜냐하면 경험은 경험자와 경험의 대상이 필요하기 때문입니다. 그러나 이것은 주체도 아니고 대상도 아닙니다. 보는 자도 아니고 보이는 대상도 아닙니다. 나 역시 설명할 말이 없습니다.

이것은 전적인 고요입니다. 사랑에 복종할 때 제 마음은 멈춥니다. 이 경험들은 지속되지 않습니다. 왜냐하면 '나'라는 생각이 다시 나타나기 때문입니다. 저는 이 다시 나타남을 의심이라고 보는데, 이 의심은 자신을 가치 없다고 느끼는 마음에서 나오는 것 같습니다. 하지만 이것은 자아일 뿐입니다. 가치가 없고 유한한 것은 바로 이 '나'라는 생각입니다. 그러나 '나'라는 생각 이전에 오는 그것은……

아, 그대가 옳습니다! 그대는 '나'라는 가치 없는 생각이 더 이상 존재하지 않을 때까지 기다려야 합니다. 그리고 다른 것에 대해서는 아무도 모릅니다. 그것은 생각이 아니며 '나'조차도 아닙니다. '나'라는 생각은 어떻게든 그대를 떠날 것입니다. 나는 이제 그대에게 아무것도 하지 말라고 충고하고 제안합니다. 그대에게 머물 만한 가치가 없다고 느끼면, '나'라는 생각은 그대를 떠날 것입니다. 이해하겠습니까? 전에는 그대가 그것에게 무가치하다고 말했지만, 이제는 그것이 그대에게 무가치하다고 말할 것입니다. (웃음) 그것은 그대 곁을 떠나 다른 사람에게 가서 그와 함께 밤을 보낼 것입니다. 따라서 그대는 아무것도 할 일이 없습니다. 이 한계, 이 무가치함을 건너기 위해 해야 할 노력은 없습니다. 그대가 해야 할 노력은 없습니다. 그저 고요를 지키십시오. 그것이 나타나면 나타나도록 놓아두십시오. 그것이 사라지면 사라지도록 놓아두십시오. 그대의 자리를 벗어나지 마십시오. 그냥 일어나는 일을 즐기십시오. 그냥 즐기십시오. 매우 훌륭합니다. 아주 좋습니다.

복종하고 싶습니다. 하지만 저는 심하게 저항하고 있습니다. 갈망은 깊지만 그렇게 할 수 없습니다.

사실, 그대는 복종을 갈망하지 않습니다. 행복해지려고도 하지 않습니다. 그대는 자신의 나에게 복종하기를 바라지 않습니다. 이미 다른 것에 복종하고 있기 때문입니다! 그대는 다른 것에 이미 헌신하고 있습니다! (화난 목소리로) 그대는 이미 다른 사람과 사랑에 빠져 있습니다! 어떻게 그대가 복종할 수 있겠습니까? 한 개의 칼집에 두 개의 칼을 넣을 수는 없습니다. 한 마음에 두 사람을 간직할 수는 없습니다. 오직 한 사람만 간직할 수 있습니다. 다른 사람에게 매달린다면 그것은 순결한 갈망이 아닙니다. 나를 사랑하든가 아니면 다른 사람을 사랑하든가, 둘 중 하나입니다. 그대는 결정해야만 합니다! 그대에게 행복을 줄 사람을 갈망하십시오. 안에 있는 사람이건 바깥에 있는 사람이건 그 사람을 갈망하십시오. 그대는 결정해야만 합니다.

저는 두렵습니다. 어떻게 하면 두려움을 극복할 수 있겠습니까?

그대 자신을 사랑함으로 두려움을 극복하십시오. 그대 자신의 나를 사랑할 때는 아무런 두려움이 없습니다. 지금이든 언제든 그대를 도와줄 유일한 친구는 그대의 나입니다. 언제 어디서나 늘 그대의 나는 그대를 도와줄 것입니다. 다른 사람은 누구도 그렇게 하지 않을 것입니다. 암흑

이 찾아올 때, 온 우주의 어느 누구도 그대를 도울 수 없을 것입니다. 아무도 그대를 돕지 않을 것입니다. 이런 말이 있습니다. "암흑의 날에는 그대의 그림자조차 그대 곁에 머물지 않으리라. 그것조차 떠나리라." 두려운 암흑의 날에는 아무도 그대 곁에 머물지 않을 것입니다. 그러므로 그대는 빛 그 자체인 어떤 것을 보아야 합니다!

태양을 바라볼 때는 그림자와 어둠이 그대 뒤에 있습니다. 그러나 그대가 빛에 등을 돌리면, 그림자는 그대 앞에 있습니다!

저는 왜 이다지도 불안정합니까?

(웃으며) 왜냐하면 그대가 안전하지 않은 것에 의존하고 있기 때문입니다. 그래서 그대는 행복할 수 없습니다!

옛날에 어떤 사람이 깊은 숲 속에서 한 자세로 오랫동안 명상을 하고 있었습니다. 어느 날 그는 옆에 있는 담쟁이가 자기 대신 작은 나무 위로 기어오르는 것을 보았습니다. 그래서 그는 다음과 같이 생각했습니다. '이 보잘것없는 담쟁이조차 나를 믿지 않고 나무를 더 신뢰한다. 왜냐하면 나는 움직이고 나무는 움직이지 않는다는 것을 알기 때문이다. 내가 일어나면 담쟁이는 부러질 것이다. 그래서 담쟁이는 이 작은 나무 위를 올라가는 편이 더 현명하다. 왜냐하면 나무는 움직이지 않고 정지해 있기 때문이다.' 세상에 있는 어떤 사람도 이 담쟁이만큼 현명하지 않습니다. 사람들은 사라지는 것들을 신뢰합니다. 그들은 자신들의 몸과 생명을 잃을 것입니다. 그대는 담쟁이에게 배워야 합니다. 그대가 안전할 수 있도록 영속하는 것에 의지하십시오. 불안정이란 안전하지 않은 것, 죽거나 사라질 것에 의존하는 것입니다. 불안정한 사람에게 의존하지 마십시오. 안전하기를 원한다면 그대 안에 있고 그대 가까이 있는 영원한 행복을 간직하십시오. 항상 자유만을 갈망하십시오. 그러면 그대는 항상 빛 속에 있을 것입니다.

저는 왜 다른 것들을 더 좋아합니까?

좋은 질문입니다. 늘 자신에게 이 질문을 던지십시오. 그러면 언젠가 그대는 나와 사랑에 빠져 모든 것을, 심지어 그대의 몸까지도 버릴 것입니다. 그대는 그대의 몸과도 교제할 수 없을 것입니다! 몸은 70년, 80년 혹은 90년 동안만 머물 것입니다. 그러므로 몸에 의존하지 마십시오. 다른 것들은 그냥 내버려두십시오!

저 자신을 사랑하기가 왜 이리도 어렵습니까?

(웃으며) 그대 자신을 사랑하는 것은 어렵지 않습니다. 아주 쉽습니다! 그대가 다른 사람을 사랑하기에 자기 자신을 사랑하기가 어려울 뿐입니다. 나는 지금 여기에 있습니다. 가까운 것들 가운데 가장 가까운 것이며, 귀중한 것들 가운데 가장 귀중한 것입니다. 그러나 그대는 다른 사람

을 사랑하고 있기에 그대 자신의 나를 사랑할 수 없습니다. 그뿐입니다.

스승의 은총에 복종해야 한다는 것을 알고 있습니다. 그런데 스승에게 복종한다는 것은 무슨 뜻입니까? 사랑은 제 뜻대로 할 수 있는 것이 아닌 것 같습니다.

복종이란 그대의 마음을 그대의 가슴에 복종시켜야 한다는 뜻입니다. 그러면 자아가 그대를 떠날 것입니다. 강이 바다를 만날 때 하는 것, 그것이 복종입니다. 그때 강은 남아 있지 않으며 끝나 버립니다. 이와 같이 스승의 은총에 복종하고 고요를 지키며 일어나는 일을 지켜보십시오. 강이 바다에 복종하여 모든 정체감을 잃듯이 스승에게 복종하십시오. 그대에게 말해 줄 수 있는 것은 이것이 전부입니다. 바다에는 강이 없습니다. 은총에 복종할 때 개별성이란 것은 없습니다. 구루에게 다가가는 전통적인 방법은 강가의 강물을 떠 가지고 가서 구루에게 다음과 같이 세 번 말하는 것입니다.

"저는 당신께 제 마음을 드립니다. 저는 당신께 제 마음을 드립니다. 저는 당신께 제 마음을 드립니다."

그리고 구루 주위를 세 바퀴 돕니다. 그러면 관계가 맺어집니다. 내가 그대에게 말해 줄 수 있는 것은 이것이 전부입니다!

개인의 의지를 신의 의지에 복종시키는 방법을 말씀해 주시겠습니까?

복종이란 자아를 나에 복종시키는 것입니다. 돈이나 소유물들을 복종시키는 것은 복종이 아닙니다. 왜냐하면 그것은 그대에게 속하지 않기 때문입니다. 그대의 자아를 복종시킨다면 그대는 모든 것을 벗어나게 됩니다.

옛날 인도에 매우 훌륭하고 선량한 왕이 있었습니다. 그는 나이가 들자 왕국을 아들에게 물려주고 깨달음에 전념하고자 했습니다. 히말라야 산으로 가거나 많은 수행을 하기에는 시간이 없었기에 왕은 5,000여 명의 성자와 현자들을 궁전으로 초청했습니다.

그들이 모두 왕 앞에 모이자, 왕은 자신의 말안장에 달려 있는 발판에 한 발을 얹고서 다음과 같이 말했습니다. "만약 내가 다른 발판에 발을 디딜 때까지 나에게 깨달음을 주는 사람이 있다면, 나는 그에게 뿔에 금화를 걸어 놓은 황소 31,000마리와 왕국의 절반을 주겠다."

성자들은 마음속으로 이렇게 생각했습니다. "이 왕은 얼마나 어리석은가! 우리는 모두 깨달음으로 인도하는 온갖 수행들을 행하느라 수염이 허옇게 세었다. 그런데 왕은 어찌하여 한순간에 깨닫기를 바라는가. 우리에게도 깨달음은 아득히 멀리 있는데!"

그때 미친 듯한 소년이 걸어 들어왔습니다. 그는 벌거벗었고 몸은 뒤

틀려 있었습니다. 모든 성자들과 현자들이 그를 보고 비웃으며 나가라고 말했습니다.

"어리석은 자들이여, 무엇을 보고 비웃고 있는가?"라고 불구인 소년이 물었습니다. "그대들은 나의 가죽과 뼈만을 볼 수 있는 가죽 장수와 도살자들에 불과하지 않은가?"

그리고 그는 왕에게 말했습니다. "저는 당신께서 말에 오르는 사이에 깨달음을 주겠습니다. 그러나 이것은 구루와 시샤야, 즉 스승과 제자 사이에 일어나야 합니다. 저는 당신의 구루가 아닙니다. 당신도 저의 제자가 아닙니다. 지식은 구루가 제자에게 프라사드(prasad)로서만 주는 것입니다. 따라서 당신은 저의 제자가 되어야 하며, 당신께서 저의 제자임을 증명하는 선물을 제게 주어야 합니다."

왕이 대답했습니다. "알았다. 나는 그대에게 뿔에 금화를 달아 놓은 황소 31,000마리와 왕국의 절반을 주겠다."

"왕이시여, 이 황소들과 금화와 왕국은 당신의 것이 아닙니다. 당신의 것이기 전에 그것들은 누구의 것이었습니까?

"아버지의 것이었다." 왕이 대답했습니다.

"아버지 전에는 누구의 것이었습니까?"

"할아버지의 것이었다." 다시 왕이 대답했습니다.

"그러므로 이 모든 것들은 당신의 것이 아닙니다. 이제 당신께서는 그것들을 아들에게 물려줄 것입니다. 당신은 이 모든 것들의 관리자일 뿐입니다. 그것들은 모두 백성들의 것입니다. 당신의 것을 주십시오."

그래서 왕은 잠시 생각한 뒤에 이렇게 말했습니다. "나는 그대에게 나의 몸을 주겠다."

그러자 그 미친 듯한 소년이 물었습니다. "당신께서는 몇 분의 왕비를 두셨습니까?"

"넷이다."라고 왕이 대답했습니다.

"그렇다면 그 몸은 왕비들에게 각각 4분의 1씩 속해 있습니다. 당신의 몸은 백성의 왕으로서 그들에게, 남편으로서 왕비들에게, 그리고 아버지로서 자식들에게 주어졌습니다. 당신의 몸은 당신의 것이 아닙니다. 당신의 것을 주십시오!"

현명했던 왕은 자신의 것으로 줄 수 있는 것이 하나밖에 없음을 깨달았습니다. "나는 그대에게 나의 마음을 주겠다."

"좋습니다." 소년이 말했습니다. "여기에 강가의 물이 있습니다. 이제 나에게 당신의 마음을 주었다고 세 번 말하십시오."

서약이 행해졌습니다. 왕은 한 발을 발판에 올려놓았습니다. 그러나 소년은 무리들을 빠져나와 떠나 버렸습니다.

이제 모든 사람들이 웃고 있었습니다. 왕은 어찌할 바를 몰랐습니다. 그러나 곧 자신이 자유롭지 않다는 것을 알아차렸습니다. 문득 그는 "나는 자유롭지 않다."라는 생각이 마음속에 있음을, 또 그가 자신의 마음을 그 미친 소년에게 주었음을, 그래서 자신이 서약을 지키지 않고 있음을 알아차렸습니다. 자신의 서약을 지키려면 그는 생각할 수 없어야 합니다!

이 순간, 소년이 다시 걸어 들어와서 왕의 어깨를 툭 치면서 물었습니다. "당신은 무엇을 원합니까? 다른 발은 뭘 하고 있습니까? 그 발을 발판에 올려놓지 않을 겁니까?"

왕은 말할 수 없었습니다. 그는 끝나 버렸습니다. 그는 깨달았습니다. 이 왕은 자나카였고, 소년은 현자 아슈타바크라였습니다.

그대가 해야 할 일은 이것입니다. 그대는 그대의 마음, 자아, 생각들을 지고의 힘에게 복종시켜야 합니다. 그러면 그 힘이 그대를 돌볼 것입니다. 이 왕은 이후로도 왕위에 있었습니다. 그러나 그는 왕의 의무를 수행하고 있던 '그것'에게 복종하였습니다.

신의 의지에 대한 믿음을 더욱 키우려면 어떻게 해야 합니까?

믿음은 이제 필요 없습니다. 신의 의지도, 개인의 의지도 필요가 없습니다. 그대는 그 의지 없이도 무엇이든 할 수 있습니다. 그것은 저절로 일어날 것이기 때문입니다. 믿기 위해서는 믿어야 할 다른 사람이 필요합니다. 그 사람이 누구입니까? 그대는 바닥에 깔 때 쓰는 것과 동일한 대리석으로 신상(神像)을 만들고 그것을 공경합니다. 그것은 같은 돌입니다. 그대는 돌에게 은총을 요청하고 있습니다! 그러므로 이 모든 의지들은 그대 의 마음속에 있는 개념들에 불과합니다.

신의 의지조차도 개념입니까?

신은 없습니다. 그대가 그것을 창조했습니다. 그런 개념은 교회의 사제들이 그대에게 주입한 것입니다. 그러므로 그대의 믿음은 다른 누군가로부터 빌려온 것입니다!

신은 그대의 창조물입니다. 신에 대해 말하기 위하여 그대는 분리된 존재인 자신까지 창조합니다. 신은 대상화될 수도 없고 보일 수도 없습니다. 신은 대상들 너머에 있는 '보는 자'입니다. 그 지고의 힘에게 돌아가십시오. 그것이 바로 그대입니다. 그것이 진정한 나입니다.

죽음 이후에 지옥이나 천국을 준다는 신의 개념으로부터 벗어나십시오. "나는 그것이다."를 앎으로 지금 여기에서 천국을 누리십시오.

한순간, 저는 어떤 분리도 느끼지 않았습니다.

이 분리의 부재는 그것에게 복종하는 것입니다. 그것에게 복종할 때 그대는 그것이 됩니다. 분리는 없습니다. 지바(jiva)도 태어난 적이 없고, 개체도 태어난 적이 없습니다. 둘은 없습니다. 이원이 있는 곳에는 거짓이 있습니다. '그것' 안에는 이원이 나타나지 않습니다. 왜냐하면 '그것'만이 홀로 존재하며 그 있음이 바로 나이기 때문입니다!

존재가 자나카 왕을 돌보았듯이 저를 돌보고 있음을 느낍니다.

이것이 최고의 믿음입니다. 그 존재는 어머니처럼 그대를 돌보고 있습니다. 그러므로 존재에게 완전히 복종하십시오. 편안히 쉬십시오. 두려움은 없을 것입니다. 이런 휴식은 그대 자신의 나를 알 때에만 옵니다. 다른 것을 볼 때는 편안한 휴식이 없습니다. 그러나 자신의 나를 볼 때는 편안한 휴식이 있습니다. 두려움이 없습니다.

소용돌이가 저를 끌어당기고 있고 빠져나갈 길이 없습니다. 파파지, 제발 도와주십시오.

사람들은 소용돌이를 두려워합니다. 왜냐하면 소용돌이 속으로 빨려 들어간 배들은 다시 나오지 않기 때문입니다. 그래서 나는 그대에게 한마디 조언을 하겠습니다. 만약 그대가 소용돌이를 보게 되고 또 그대가 강인한 사공이라면, 노들을 던져 버리고 돛대를 부러뜨리십시오. 그대의 배는 매우 안전할 것입니다. 노를 젓는 것도, 사공도, 노들도, 돛대도 더 이상 없습니다. 그때는 이 소용돌이가 그대를 돌볼 것이며, 다른 누구도 그대를 돕지 않을 것입니다. 그러나 그대는 이 모든 것들을 버려야 합니다. "나는 노를 저어 건너가야 한다.", "나는 소용돌이를 벗어나야 한다."라고 말하는 자아를 버려야 합니다. 그대의 손, 팔, 노, 사공의 솜씨와 같은 이 상상들과 갈망들을 버려야 합니다. 이제야 그대는 자신이 얼마나 안전할 것인지를 알게 될 것입니다. 모든 것을 이 소용돌이에 복종시킨다면, 소용돌이가 그대를 돌볼 것입니다. 이제 그대는 밑으로 내려갈 수 없습니다. 소용돌이는 그대를 자신의 가슴에 간직할 것입니다.

이 우주는 소용돌이입니다. 모든 사람이 곤경에 처해 있습니다. 이 삼사라는 소용돌이입니다. 모든 사람, 알렉산더 대왕처럼 가장 솜씨 있는 사공조차 모두 가라앉았습니다. 물에 빠지지 않는 유일한 방법은 자신의 힘을 사용하지 않는 방법과 복종하는 방법을 알고 있는 사람을 찾아가서 그에게 배우는 것입니다. 그것이 그대를 구해 줄 것입니다.

> 희열이 방해받지 않고 빛나게 하려면 어떻게 해야 합니까? 저는 몇 시간째 고요한 행복 속에서 지내고 있습니다. 하지만 끊이지 않는 복종이 필요합니다. 나에게 완전히 복종할 수 있도록, 그리고 자만이라는 뱀의 독이 해를 끼치지 못하도록 저를 도와주십시오.

삿구루에게 복종하는 것이 절대적으로 필요합니다. 그대는 새끼 고양이처럼 복종해야 합니다. 어미 고양이는 새끼 고양이를 물고 어디로든 데려갑니다. 새끼 고양이는 그저 가만히 있을 뿐입니다.

반면, 새끼 원숭이는 태어나자마자 그 스스로 어미에게 매달려야 합니다. 새끼는 어미의 허리에 매달려 있으며 늘 두려워합니다. 새끼 원숭이들의 눈을 보면 알 수 있습니다. 어미가 이 가지에서 저 가지를 건너뛸 때, 새끼 원숭이는 떨어질까 봐 두려워합니다. 나는 새끼 원숭이들이 떨어지는 것을 몇 번 보았습니다. 그러므로 새끼 고양이처럼 복종하십시오.

이 복종은 시간이 걸리지 않습니다. 한순간밖에 걸리지 않습니다. 수백만 년 동안 저지른 모든 잘못들이 이 짧은 시간에 씻깁니다. 삿상에 참여하면 이런 아름다움이 있습니다. 삿상은 그대를 태워 삼사라의 바다를 건너게 하는 뗏목입니다. 그대를 삼키려고 기다리는 상어들을 걱정하지 마십시오. 이 뗏목은 매우 안전하고 확실한 운반 수단입니다. 어떤 재난도 그대에게 닿지 않을 것입니다.

> 완전한 복종과 그냥 가만히 있는 것 사이에는 큰 차이가 있는 것 같습니다. 저는 사랑과 진리, 근원에게 완전히 복종하고 싶습니다. 이 우주 내에서 그 외의 것에는 관심이 없습니다. 완전히 복종할 수 있도록 저를 이끌어 주시겠습니까? 스승님의 눈을 바라봄으로써 영원히 변해 버린 이 가슴에서 우러나오는 감사를 받아 주십시오.

한 사람만을 사랑하고 동시에 다른 사람을 사랑하지 않는다면, 이것을 완전한 복종이라 부릅니다. 한 처녀에게 모든 돈을 주고 혼약과 정절을 약속하지만 사실은 이웃집 부인에게도 같은 것을 준다면, 이것은 절반의 복종입니다. 이것은 부분적인 복종입니다. 어느 날 밤, 그대의 애인들은 함께 만나게 되고 그들이 그대를 공유하고 있음을, 그대의 약속들이 거짓임을 발견합니다. 이것은 부정직함입니다.

적어도 그대의 나에게는
항상 정직하십시오.
왜냐하면 나는
깨어 있고, 꿈꾸고, 잠자는
이 모든 상태에서 일어나는
모든 일들을 분명히 알고 있기 때문입니다.
모든 행위들을 보고 있는 유일자에게
그대의 죄들을 어떻게 숨길 수 있겠습니까?
그러므로 정직하십시오.
그리고 "당신의 뜻이 이루어지소서."라고 말하십시오.
오로지 그 뜻에 따라
그대의 마음, 감각들, 행위가 일어나게 하십시오.

어떻게 하면 그대의 나에게 정직할 수 있는지 이제 알겠습니까?

저는 제 무지를 스승님께 복종시킵니다.

만약 그대가 그대의 자아와 무지를 복종시킨다면, 그대가 할 일은 이것이 전부입니다. 더 이상은 할 것이 없습니다. 그러면 은총이 즉시 그대를 껴안을 것입니다. 대부분의 사람들은 복종할 수 없습니다. 그들은 입으로만 복종을 말할 뿐, 실제로는 복종하지 않습니다.

어떤 사람이 자아를 복종시키는 문제에 관해 마하리쉬에게 질문한 것이 기억납니다. "헌신자가 나를 알려면 완전히 복종해야 합니까? 저는 맡은 책임들이 있어 완전히 복종할 수 없습니다. 저는 여기 티루반나말라이에 있지만 마음은 집에 있습니다." 마하리쉬가 대답했습니다. "그대가 완전히 복종을 할 수 없다면, 부분적인 복종이라도 소용이 있을 것이다."

그러므로 부분적인 복종도 효과가 있으며 부분성 역시 서서히 사라질 것입니다! 그때 그대는 프라사드, 즉 스승의 선물을 받을 것입니다. 그분이 그대를 축복할 것입니다. 그러나 그대는 스승의 가르침에 대하여 티끌만치도 의심이 없어야 합니다. 그러면 그것은 화약처럼 작용할 것입니다. 이것이 완전한 복종입니다. 부분적 복종은 젖은 나무에 성냥불을 붙이는 것과 같습니다. 젖은 나무를 노력으로 말리려면 수많은 성냥갑을 사용해야만 합니다. 그 나무도 언젠가는 불이 붙겠지만, 많은 연기를 낼 것이며 그대는 연기 때문에 기침을 하게 될 것입니다. 그때 그대는 완전한 복종이 연기를 내는 복종보다 더 좋다는 것을 알게 될 것입니다.

드넓음의 경험이 찾아오지만 아직은 자아에게 쉽게 이끌리는 것 같습니다.

이 드넓음 속으로 깊이 들어가십시오. 노력하지 마십시오. 생각하지 마십시오.

있는 그대로 머무르십시오.
생각이 일어나도록 허락하지 않는다면
모든 것이 훌륭할 것입니다.
이것이 영원한 참사랑입니다.
여기에 머무르십시오.
모든 것이 저절로 행해질 것입니다.
어떤 무엇이 그대를 떠맡게 하십시오.
어떤 무엇이 내면에서 일어나게 하십시오.
그것이 일할 것입니다.
그저 그것이 일어나도록 내버려두십시오.
이것이 의식 안에서 일할 것입니다.
아무것도 하지 말고, 생각하지 말고, 계획하지 마십시오.

존재로 머무르십시오.
존재가 일하게 하십시오.
자연은 그대의 마음과 생각 없이도 일할 것입니다.

작용과 반작용만 있을 뿐

행위자 의식도 없고 자아가 없는 것.

이것이 고통의 끝입니다.

"내가 행하고 있다." "내가 이루었다." "내가 할 것이다."

이것이 현상이고 고통입니다.

그러나 그대가 그것을 정말로 지켜본다면,

그대는 자신이 아무것도 한 적이 없음을

알게 될 것입니다.

그러나 무(無)로부터

그대는 행위에 대한 보상을 바라지 않고

무엇이든 할 수 있습니다.

모든 행위는 무위일 것입니다.

그래서 그대는

다음번의 고통스러운 윤회를 가져올

흔적을 남기지 않을 것입니다.

그대의 전체에게 복종하십시오.

그대에게는 한계와 한계에 대한 개념들,

의도와 관념들이 없습니다.

오직 자유만이 있을 것입니다!

예, 그렇습니다. 저는 봅니다!

이 봄이 존재입니다. 눈을 통하여 대상들을 볼 때 그대는 미혹됩니다. 그러나 진정한 봄은 존재이며, 이 봄은 다른 눈을 통해 보는 것입니다. 어느 눈을 통해 보기를 원하는지는 그대에게 달려 있습니다. 진정한 봄은 눈과 관계가 없습니다. 그것은 내면의 봄이며 내면의 존재입니다. 만약 그대가 이렇게 한다면, 그대는 안을 보든 바깥을 보든 늘 같은 눈으로 볼 것입니다. 그때 삼사라와 니르바나는 아무런 차이가 없을 것입니다. 이 눈은 한계가 없으며, 안도 없고 밖도 없습니다. 이 두 눈을 통하여 보기를 포기하십시오. 그리하면 진정한 눈이 열릴 것이며, 그대는 신의 시각을 갖게 될 것입니다. 이 봄이 존재입니다!

2장
그대가 어디에 있든
나는 그대와 함께 있습니다.

참사랑으로부터 달아날 수는 없습니다.

평화와 자유에는 동쪽이나 서쪽이 없습니다.

그대가 어디를 가든

그것은 항상 그대와 함께 있습니다.

삿상은 그대가 집에 있으며

그대가 집 자체라는 것을 상기시켜 주는 것입니다.

그러므로 그대는 삿상으로부터 되돌아올 수 없습니다.

그것은 그대의 성품이기 때문입니다.

이 경험은 잊혀 질 수 없습니다.

잊혀 질 수 있는 것은 마음에 의하여 잊혀 집니다.

하지만 마음은 이 경험에 접근할 수 없습니다.

그러나 늘 경계하고 깨어 있으십시오.

그렇지 않으면 그대는 그대에게 가장 익숙한
문젯거리들을 간직하게 될 것입니다.
그대의 오랜 친구들, 나쁜 버릇들, 아수라들이
되돌아와 그대에게 다시 고통을 안겨 줄 것입니다.
그들은 매우 강하므로 그대도 강해져야 합니다.
이 오랜 버릇들을 부수십시오.

그러면 그대는 자유롭습니다.
같은 배를 타고 있는 사람들과 함께 여행하고
같은 방향으로 가고 있는 사람들과 교제하십시오.
무슨 일이 있어도 반드시 진리를 향하여 가십시오.
늘 고요하십시오.

바사나(vasana)들이 어떤 모습으로 잠복해 있더라도
적합한 환경이 오면, 그것들은 일어날 것입니다.
특히 그대가 고요하다면.
하나의 총알은 한 번 죽이지만, 하나의 바사나는 거듭거듭 죽입니다.
그러므로 부지런히 탐구하십시오!

기대들은 환영입니다. 그러니 그것들을 좇지 말고

화, 갈망, 탐욕에도 관여하지 마십시오.

그것들에 조금도 관여하지 마십시오.

늘 고요하며 만족하는 것이 최선의 무기입니다.

기쁨은 마음과 악마들을 파멸시킵니다.

그것들을 파묻었다면 다시 파내지 마십시오.

그대는 가족과 친구들에 대한 책임이 있습니다.

그러므로 이 삿상은 계속되어야만 합니다.

일단 진리를 알게 되면 그것을 다른 사람들과 나누십시오.

1947년, 나의 나라가 분할되기 전에 나는 라마나 아쉬람에 머물고 있었습니다. 7월 중순경 어느 날 누군가가 나에게 내 고향 마을이 라비 강의 어느 편에 있느냐고 물었습니다. 나는 이 강의 훨씬 너머에 있다고 대답했습니다. 그러자 그는 나라가 분할될 위기에 있다고 알려 주었습니다. 나는 신문을 읽거나 정치 문제에 관심이 없어서 이런 문제에 대해 잘 모르고 있었습니다. 그는 다음 달 중순쯤에는 나라가 분할되기 때문에 라 호르와 페샤와르 사이에 거주하고 있는 내 가족을 지금 구하지 않는다면 그들이 학살당할 것이라고 말했습니다. 나는 모든 사람을 잊었으며,

부모와 가족, 자녀, 나라 등 그 모든 것이 다 꿈이었다고 대답했습니다. 그 모든 것은 이제 끝나 버린 꿈이었습니다. 이것은 내가 세상에 대해 얼마나 초연했으며 초연해야 했던가를 보여 줍니다. 이 사람은 마하리쉬에게 내가 한 말을 전했고, 평소처럼 아침 산책에 같이 동행했을 때 마하리쉬가 나에게 물었습니다. "왜 그대는 가서 가족을 돌보지 않습니까?"

내가 대답했습니다. "제가 이곳에 왔을 때 제게는 아내, 부모님, 아이들이 있었습니다. 하지만 스승님께서 저를 바라보셨을 때, 모든 것이 끝나 버렸습니다. 이제 세상에서 저의 유일한 연고는 스승님뿐이며 다른 사람은 아무도 없습니다."

"만약 그대가 그것을 꿈이라고 한다면, 왜 꿈을 두려워합니까? 그대는 꿈속으로 들어가 그대의 아내와 친척들을 돌보는 편이 낫습니다. 왜 꿈을 염려합니까? 그대의 꿈속의 손은 꿈속의 호랑이의 입 속에 있어도 안전합니다. 이와 같이 세상 속에 살면서 그것을 꿈이라 부르십시오. 두려워하지 말고 꿈속에서 일하듯이 일하십시오. 꿈은 꿈일 뿐 그 안에 있는 어떤 것도 실재가 아니지만, 그대 또한 그들의 아들로서 꿈속에 있습니다. 그러니 꿈속의 아들이 꿈속의 나라로 가서 꿈속에서 꿈속의 부모들을 구하게 하십시오."

이런 식으로 그분은 나에게 꿈을 정의해 주었습니다. 그리고 마하리쉬가 말했습니다.

"그대가 어디에 있든 나는 그대와 함께 있습니다."

이 문장으로 그분은 나에게 가르침을 주었습니다. 즉 그분은 내가 어디에 있든 나와 함께 있는 '참존재(I Am)'라는 가르침을 준 것입니다.

내가 그분에게 무슨 말을 할 수 있었겠습니까? 그분은 나에게 떠나라고 말하고 있었습니다. 그래서 나는 그분에게 엎드려 절했고, 그분의 발밑에 있는 흙을 모아 담은 뒤, 그분의 주위를 세 번 돌고서 떠났습니다. 나는 편잡으로 갔으며, 여러 번의 기적적인 사건을 거친 끝에 학살로부터 가족을 구했습니다. 이것은 참스승과 함께 머무를 때 주어지는 혜택입니다.

참스승은 자유를 줄 뿐만 아니라
그대에게 필요한 모든 것을 돌봅니다.

내가 북쪽으로 올라갔을 때, 라호르 행 기차는 "힌두교도들을 죽여라!"라고 외치는 이슬람교도들을 제외하고는 텅 비어 있었고, 한 무리의 힌두인들이 안전을 위해 함께 모여 있었습니다. 나는 힌두인들과 함께 있고 싶었지만, 이슬람교도들에게 가서 함께 앉으라는 생각이 마음속에 일어났습니다. 나는 손등에 옴(Om) 문신까지 새겨져 있었고, 힌두인들만 하듯이 귀에는 구멍이 뚫려 있었습니다. 이슬람교도들과 함께 앉으라는 생각을 누가 나에게 주었을까요? 나는 이슬람교도들과 함께 소리까지 치고 있었습니다.

손에 있는 옴 자와 스승의 축복으로 나는 안전하게 도착했지만, 다른 모든 힌두인들은 기차에서 끌려 내려졌고 살해되었습니다. 내가 고향에 도착했을 때, 그곳에는 어떤 힌두인도 남아 있지 않았습니다. 내가 타고 있던 마차인 통가조차 이슬람교도의 통가였습니다. 내가 살았던 곳은 힌두인들만 거주하는 구역인 구루 나낙푸라였습니다. 그래서 나는 통가 마부의 의혹을 사지 않기 위해 근처에 있는 이슬람교도들의 거주지인 이슬람푸라로 가자고 했습니다. 거기에서 집까지 걸어가서 초인종을 누르자 아무런 응답이 없었습니다. 마침내 나는 옥상에서 누구냐고 묻는 아버지의 목소리를 들었습니다. "아버지의 아들입니다! 제 목소리도 못 알아보세요?" 나는 큰 소리로 대답했습니다.

"왜 온 거냐?" 아버지가 물었습니다. "어떻게 온 거냐? 기차가 아직 다니더냐? 가족들을 모두 여기에서 데리고 나가 기차에 태워야 한다!"

이슬람교도이며 군대 시절 나의 친한 친구였던 그 지방의 치안 판사가 자신의 집에서 우리를 보호해 주었고, 인도로 돌아갈 수 있도록 알선해 주었습니다.

우리의 집들은 시크교도들에게 여자들을 빼앗긴, 암리차르에서 온 이슬람교도 피난민들이 차지하고 있었습니다. 대부분의 가족들은 일부 혹은 모두가 살해되었지만, 사십 명에 이르는 우리 가족은 모두 기차를 타고 안전하게 빠져나왔습니다. 마침내 부모님도 치안 판사의 도움으로 비행기를 타고 무사히 탈출했습니다. 그분들이 빠져나올 즈음에는 더 이상 기차가 다니지 않았기 때문입니다. 이것이 스승의 은총입니다. 아무도 우리에게 해를 끼칠 수 없었고, 그분은 모든 것을 돌보셨습니다.

파파지, 제가 럭나우를 떠나 서양으로 가도 괜찮을까요? 제가 준비되었다고 보십니까?

그렇습니다. 동양도 없고 서양도 없습니다. 이것은 지도에만 있습니다. 스승에게는 동양도 없고 서양도 없습니다. 그대가 어디를 가든 스승의 현존이 있으며, 그대는 그것을 느낄 것입니다. 그대가 복종했다면, 그대를 한 걸음 한 걸음 늘 인도하는 것은 스승의 책임입니다.

덴마크로 돌아가면 옛날의 생활 방식으로 돌아갈까 봐 두렵습니다.

덴마크로 돌아가면 그대가 변할 것이라는 것을 어떻게 기대합니까? 럭나우에 왔을 때 그대는 무엇인가 변화되기를 기대했고 그렇게 되었습니다. 그러나 이제 그대는 처음 이곳에 왔을 때와는 다른 사람입니다. 그러니 돌아갈 때 어떤 변화도 기대하지 마십시오. 언제나 삿상 안에 머무십시오. 그리고 예전의 상태로 돌아갈 것이라는 두려움은 갖지 마십시오. 그대는 결코 변할 수 없습니다. 이 순간은 그대에게 침묵과 고요, 행복을 주었습니다. 그러므로 두려워하지 마십시오. 그대는 덴마크에서도 삿상을 가질 것입니다. 여기에서 일어난 것들을 그들에게 이야기해 주십시오.

저는 경험들을 했습니다만, 그러나……

이 경험은 덴마크로 되돌아갈 수 있습니다. 그것은 그대와 함께 머물러야만 합니다. 그 경험이란 그대가 자유롭다는 것입니다. 그대는 그것과 함께 머물러야 합니다! 어떻게 그것이 어떤 곳으로 갈 수 있겠습니까? 그대가 자유를 경험할 때, "나는 자유롭다."는 항상 그대와 함께 할 것입니다. 그대는 이 경험을 간직할 필요가 없으며, 그대가 '그것'이어야 합니다. 그렇지 않으면 그것은 단지 상상이나 이론일 뿐입니다.

공(空)이 드러난 뒤에도 여전히 개별성이 일어나서 자신과 세상을 실재하며 의미 있는 것으로 생각하는 까닭은 무엇입니까? 제가 가지고 있는 것을 본 뒤에도 어떻게 제가 오고 가는 것이 가능하다고 생각할 수 있습니까?

누가 공에 대해 말합니까? 누가 이 공을 자각합니까? 그 사람은 텅 비어 있지도 않고 가득 차 있지도 않은 그대 자신의 아트만입니다. 그것은 모든 것을 자각하고 있고, 공과 삼사라를 자각하고 있으며, 아무것도 문제될 것이 없습니다. 그 모든 것은 '그것'에서 나오기 때문입니다. 이 상상의 세계는 그 자신의 창조물입니다. 그러므로 삼사라와 니르바나는 아무런 차이가 없습니다.

파도들은 바다로부터 생겨나 자신이 독립되어 있다고 생각합니다. 왜냐하면 그 파도들은 이름과 모양, 움직임을 가지고 있기 때문입니다. 바다는 이것에 개의치 않으며, 모든 파도들이 일어나 뛰놀다가 가라앉아서 다시 바다가 된다는 것을 압니다. 일어나지도 않고 가라앉지도 않는 실체는 무엇입니까? 그것은 물입니다. 물은 바다나 파도들의 다양한 모양들을 취할 수 있지만, 물은 항상 물입니다. 물은 모든 것이 일어나고 가라앉는 것을 지켜보고 있으며, 심지어 바다조차도 지켜보고 있습니다.

이 공의 빛 속에서 파파지의 승인과 거부가 여전히 중요해 보이는 이유는 무엇입니까? 그것은 마치 제가 다른 어떤 것으로부터 어떤 것을 필요로 하는 어떤 것인 것 같습니다.

어떤 사람으로부터 어떤 것을 필요로 하는 이 '나'는 자아적인 '나'입니다. 그것은 자신의 집을 오랜 세월 떠나 있었기에 집을 잊어버렸습니다. 이 '나'는 어버이가 살고 있는 참된 집을 찾으려 애쓰면서 윤회를 거듭하며 여행합니다. '나'는 집으로 가라고 말해 줄 누군가를 필요로 하며, 일단 집에 가면 자신이 결코 떠난 적이 없었다는 것을 알게 될 것입니다. 그러나 만약 집으로 가지 않는다면, '나'는 수백만 년 동안 삼사라에서 방황할 수 있습니다. 지구상의 수십억 사람들 중 단지 소수의 '나'만이 집으로 돌아가기를 원할 것입니다. 그 밖의 모든 '나'들은 방황할 것이며, 다른 '나'들과 관계를 맺을 것입니다. 그대는 럭나우에 왔고 이제는 자신이 누구인지 압니다. 그대는 영원히 내 가슴속에 있습니다. 늘 그렇게 머무르십시오.

그대의 나라로 돌아가면, 그대가 처한 상황들을 살피고 그에 맞게 행동하십시오. 그대는 평화와 사랑을 본 것을 잊지 않을 것입니다. 문제들과 의심들을 만들어 내는 것은 마음의 경향임을 아십시오. 문제도 없고 의심도 없습니다. 그러니 그것들에 대하여 생각하지 마십시오.

스승님께서 저에게 지난 4개월 동안 베풀어 주신 모든 것, 스승님의 축복과 사랑에 감사드립니다.

한번은 돈 후안이 작은 돌멩이를 집어 들어 산 위로 던졌습니다. 그리고 말했습니다. "봐라, 카를로스. 내 손 안에서 조약돌이었던 것이 산이 되었습니다." 이와 같이 그대는 진리인 삿상에 와서 진리와 사랑이 되었습니다. 이 삿상은 그대가 만지면 그대를 정화시키는 자나비(Jahnavi) 강입니다. 이 강물 속에 몸을 담그는 이들은 강과 하나가 되며, 그들은 다른 사람이 되어 돌아올 것입니다. 그대는 이삼일만 머물 계획으로 이곳에 왔으나 여러 달 동안 머물렀습니다. 이곳에는 진리와 사랑이 흐르고 있기 때문입니다. 이 아름다움과 진리를 필요로 하는 사람들에게 스승이 말하고 있는 삿상이 있는 곳이라면 어디든지 그곳은 머물러야 할 장소입니다. 나는 그대에게 자나비라는 이름을 주겠습니다. 이 강은 모든 것을 축복하고 정화시킵니다. 자나비 강은 사람들이 수많은 생애 동안 짊어지고 다니는 모든 고통과 죄들을 씻어 줍니다. 그 강을 만져 보십시오. 즉시 그것들이 씻겨 나갑니다. 그 강은 한없이 축복하고 보살피는 어머니입니다. 그 강에서 헤엄치는 사람은 누구나 영원해질 것입니다. 이와 같이 그대의 가슴에 들어오는 사람이면 누구든지 축복하십시오.

어떻게 하면 모든 환경 속에서도 이 빛나는 사랑의 바다에 머물 수 있겠습니까? 수많은 스트레스를 받으며 생활하는 비엔나에서는 이렇게 머물기 힘듭니다.

아름다운 경험을 가진 뒤에 대부분의 사람들이 나에게 묻는 질문이 이것입니다. 그대가 여기에서 설명을 들을 수 있어 나는 기쁩니다. 우선 그대는 이 경험이 늘 그대와 함께 하기를 원합니다. 이것은 또한 그대가 때때로 그것을 잃는다는 것을 의미합니다.

순수한 자각은 잃을 수 없습니다. 그러나 스트레스를 느낄 때는 희열이 떠납니다.

이 경험을 늘 간직하고자 한다는 것은 그대가 이 경험을 시간 속으로 가져오기를 원한다는 뜻입니다. 왜 그대가 이 경험을 시간 속으로 가져와야 합니까? 이 경험이 일어났을 때, 그것은 시간 너머에 있었습니다. 시간 속에서 일어나는 것은 무엇이나 가치가 없습니다. 그대가 시간 속에서 얻는 것은 무엇이든, 행복이든 평화든, 혹은 그대가 사랑하는 사람이든, 이 시간 속에 있는 것은 무엇이든 언젠가는 사라질 것입니다. 그런데 그대는 왜 이 시간 없음을 시간 속으로 들여오려는 욕망을 갖습니까? 그것은 그대에게 짐을 지울 것입니다. 만약 그대가 그것이 시간 속으로 들어오기를 바라지 않는다면, 그것은 영원한 경험이 될 것입니다. 이 것을 영원한 경험으로 만들고자 한다면, 시간 없음을 시간 속으로 가져오려는 욕망을 일으키지 마십시오. 시간이란 죽음, 불행, 과거 그리고 마음을 의미합니다. 시간과 마음은 어떤 차이도 없습니다. 그것을 있는 그대로 두십시오. 그대는 바다 속으로 뛰어들기를 원합니다. 일단 그곳으로 뛰어든 뒤에는 되돌아옴이 없습니다. 강물이 바다로 흘러 들어가면, 강물은 바다가 되어 바다로 머무릅니다. 강물은 자신의 모양과 이름을 잃을 뿐입니다.

이름을 제거하십시오. 의식은 이름이 없습니다. 이름과 모양을 제거하십시오. 그러면 무엇이 남을 것입니까? 그대는 무엇을 봅니까?

아무것도 없습니다. 순수한 존재뿐입니다.

이 무(無)는 항상 무입니다. 때로는 유(有)이고 때로는 무인 것이 아닙니다. (웃음) 이제 분명합니까?

분명합니다.

그대가 오스트리아로 되돌아갈 때나 지금 럭나우에 있을 때나 아무런 차이가 없을 것입니다. 이것들은 단지 이름뿐이기 때문입니다! 모든 이름은 시간 속에 있습니다. 그러나 의식은 시간 속에 있지 않습니다. (웃음) 아주 좋습니다.

  어떤 일도 이 평화를 방해하지 않을 것입니다. 일은 그대에게 장애물이 되지 않을 것입니다. 두려워 마십시오. 아무런 문제가 없을 것입니다. 그대는 예전처럼 그대의 일에 휘말리지 않습니다. 왜냐하면 그때에 자신이 모든 일을 하고 있다고 생각한 것은 그대의 자아였기 때문입니다. 이제 그대는 그대의 이해력 너머에, 자아 너머에 어떤 것이 있다는 것을 알고 있고, 그것으로부터 그대의 자아가 일어나며 그것이 모든 일을 하고 있다는 것을 알고 있습니다. 이 근원에 머물러 있으십시오. 다른 무엇에 의해 작동되는 그대의 몸에 의해 일이 이루어지는 것을 지켜보십시오. 그대는 그 모든 일이 일어나고 있는 것을 그저 지켜봅니다. 그대의 얼굴을 에너지가 나오는 곳으로, 심지어 손가락을 구부리는 데도 필요한 에너지가 나오는 곳으로 돌리십시오. 저 너머로 가서 그대 생각의 저장소를 보고, 자신을 그것과 동일시하십시오. 그러면 모든 것이 지고한 힘의 은총에 의해 진행될 것입니다. 그대의 얼굴을 지고의 존재를 향해 돌리십시오. 대상을 향해 돌리지 마십시오. 그것은 영구한 것이 아닙니다. 그대의 얼굴을 대상들 너머로, 에너지가 나오는 곳으로 돌리십시오. 그러면 어떤 것도 그대의 일을 방해할 수 없으며 일은 있는 그대로 진행될 것임을 알게 될 것입니다.

만약 그대가 잃어버릴 수 있는 것을 여기에서 받았다면,

그것을 잃게 두십시오.
그대가 여기에 온 목적은
잃을 수 있는 것을 얻기 위함이 아니라,
결코 잃지 않을 '그것'을 알기 위함입니다.
잃을 수 있는 것을 열망하지 마십시오.
잃을 수 없는 것, 영원한 것이
그대의 가슴 동굴 속에 자리 잡고서
다이아몬드처럼 빛나고 있습니다.
내면을 보십시오!

럭나우를 떠나기가 너무나 힘듭니다!

그대가 어떻게 럭 나우(Luck Now)를 떠날 수 있겠습니까? 그대가 지금(now)에 있을 때, 그대는 이 행운(luck)을 떠날 수 없습니다. 어디를 가든지 그대는 바로 지금 안에 있습니다. 지금 안에 행운이 있고, 행복이 있고, 사랑이 있고, 아름다움이 있습니다. 그대는 지금에서 벗어날 수 없습니다. 럭 나우(Luck now)는 결코 그대를 떠나지 않을 것입니다. "한번 럭나우에 있게 되면 결코 럭나우를 떠날 수 없다."라고 럭나우 사람들은 수 천 년 동안 말해 왔습니다. 몸은 가게 하십시오. 몸의 움직임에 개의치 마십

시오. 움직이지 않는 것이 나와 함께 있을 것입니다. 그대는 어디든지 가고 싶은 곳으로 갈 수 있습니다. 이 모든 행성들이 그대에게 속해 있습니다. 온 우주, 이 수백만 개의 별들은 그대 나의 작은 한 구석에 있을 뿐입니다. 그대가 어디로 가겠습니까? 그대는 그것을 벗어날 수 없습니다. 그대는 나를 떠날 수 없습니다. 그대는 나의 가슴속에 있기 때문입니다!

이제 저의 떠남이 나무에서 부드럽고 아름답고 고요히 떨어져 포옹하는 바다 속으로 가라앉는 낙엽처럼 느껴집니다. 감사 인사를 드리며, 스승님을 제 가슴속에 모십니다.

아주 좋습니다. 매우 좋습니다. 나무에서 낙엽이 떨어질 때, 낙엽은 북쪽이나 남쪽으로 가겠다는 의도가 없습니다. 낙엽은 해야 할 것이 없습니다. 그것은 바람과 함께 날리며, 은총의 바람과 함께 날립니다. 그대는 자아의 나무에서 떨어지는 낙엽입니다. 이제 그대는 나무와 아무런 관계가 없습니다. 그래서 그대는 떨어지고 바람은 그대를 어디든지 부는 데로 데려갈 것입니다.

그대가 일을 마치고 이제 돌아가니 매우 흐뭇합니다. 고맙습니다.

많은 사람들은 저의 체류 기간이 너무 짧다고 말합니다. 하지만 그것은 한 순간이 걸렸을 뿐입니다. 어떻게 하면 가장 잘 자각하면서 남아 있을 수 있습니까? 전념하는 것이 그 방법입니까?

아닙니다. 전념하는 것이 아닙니다. 어떤 것에도 전념할 필요가 없습니다. 그저 "나는 나다(I am what I am)."라는 것을 느끼고 믿으십시오. 이것은 전념이 아닙니다. 그대는 그대 자신으로 존재합니다. 그대는 그대 자신으로 존재해 왔습니다. 그대는 그대 자신으로 존재할 것입니다. 이것은 그대 자신에 대한 믿음입니다. 즉 "나는 나다(I am what I am)."에 대한 믿음입니다. 다른 무엇에 대한 믿음이 아닙니다. 이것은 매우 쉽습니다. 이것은 매우 자연스럽습니다. 그대는 어떤 것이 될 수도 없고 안 될 수도 없습니다. 그대는 그대 자신으로 존재할 수 있을 뿐입니다.

비록 그대가 떠날 때 목적을 이루지 못했고 아무것도 얻지 못했다고 느낄지라도, 여기에 머문 시간이 낭비되지는 않았을 것입니다. 만약 그대가 아무것도 얻지 못했다고 말한다면, 그대가 옳습니다. 왜냐하면 나는 아무것도 주지 않고 그대는 아무것도 얻지 않기 때문입니다. 삿상에서는 낭비되는 시간이 없습니다! 설령 그대가 혜택을 입지 않았다고 느낄지라도, 이것은 언젠가는 효력을 발휘할 것입니다. 이것은 효력을 발휘할 것이며, 아무도 실망할 수 없을 것입니다. 그들이 준비되면, 여기에서 말해진 모든 진리가 그들의 마음속으로 뛰어들 것입니다.

저는 목적을 이루었다고 느낍니다. 이제 스승님의 얼굴을 어디서나 봅니다.

그대가 누군가와 사랑에 빠지면, 그대는 어디에서나 그 사람의 얼굴을 봅니다. 그 사랑이 매우 깊어지면, 그대가 무엇을 보든지 그것은 모두 사랑하는 연인이며, 그대는 심지어 '그것'이 됩니다. 그때 사랑하는 이와의 동일시가 일어납니다.

제 발조차 땅에 닿지 않고 있습니다.

이것 또한 진실입니다. 그대는 자신이 날고 있다고 생각할 것입니다. 자신의 무게를 느끼지 못하기 때문입니다. 그대가 이곳을 방문해 주어 매우 기쁩니다. 감사합니다.

노력 없는 상태에 도달하려면 수행을 해야 합니까? 저는 곧 브라질로 돌아가야 하는데, 스승님께서는 제가 그곳에서 어떤 명상을 하도록 권유하실지 궁금합니다.

그대가 브라질에 가게 되면,

일하는 동안 그대의 손은 부지런히 움직이되

그대의 생각은 나에게 고정시키십시오.
그대의 생각을 진정한 내면에 두고
그대의 생각을 진정한 가슴에 두십시오.

생각은 가슴에 두고 손은 일하게 하십시오. 생각을 나에 두라는 것은 "나는 누구인가?"를 생각하라는 의미입니다. 이렇게 하면서 일해야 합니다. 마음은 한 번에 한 곳에서만 머물 수 있습니다. 그대가 마음을 가슴속으로 끌어들인다면, 마음은 가슴 외에는 어떤 것도 볼 수 없습니다. 마음이 끊임없이 여기에 머물게 하십시오. 그러면 마음이 결코 도망칠 수 없다는 것을 알게 될 것입니다. 마음을 언제나 그대의 가슴에 두십시오.

사람들은 럭나우를 떠날 때마다 종종 충고를 부탁합니다. 그대가 집으로 돌아갈 때 내가 들려주는 유일한 충고는 고요를 지키라는 것입니다. 그대는 이 고요함에 대해, 고요를 지키는 방법에 대해 친구들에게 얘기해 줄 수 있고, 어디에서 이 조언을 들었는지를 얘기해 줄 수 있습니다. 그것으로 충분합니다.

스승님과 비교할 때 저는 먼지와 같습니다. 저는 사람들에게 고요함을 유지하는 방법을 가르칠 자격이 없습니다.

그렇다면 그저 고요를 지키십시오. 만약 사람들이 럭나우에서 있었던 일을 물어보면, 그저 고요를 지키십시오. 그들이 생각하고자 하는 대로 생각하게 놓아두십시오.

─〜─

스승님 곁을 떠나 독일로 돌아가면 다시 옛 습관들로 돌아가지 않을까 걱정됩니다.

그대의 오래된 습관들을 두려워 마십시오. 그대가 돌아가면 뮌헨의 모든 것이 변할 것입니다. 그대는 모든 것을 전과 다르게 볼 것이며, 예전과 똑같이 보지 않을 것입니다. 걱정 마십시오.

그대가 세상 속으로 들어갈 때는
그대의 인생에서 가장 사랑하는 것을 항상 기억하십시오.
그리고 다른 것들은 건드리지 마십시오.

한순간만이라도 이렇게 하십시오. 그러면 그대가 무시해 왔던 이 사랑이 표면으로 떠오를 것입니다. 하지만 표면 위에서 오고 가는 다른 것들과 달리, 이 사랑은 일어남도 가라앉음도 없는 깊이 자체입니다. 그냥 지금 그것을 바라보기만 하십시오. 그대가 할 일은 그것이 전부입니다. 파도를 사랑하지 마십시오. 그것들은 지속되지 않을 것이기 때문입니다. 그것들은 이리저리 움직이다가 곧 끝나 버립니다.

나타나는 것을 만지지 마십시오.

그것은 곧 사라질 것이기 때문입니다.

이름이나 모습이 없는 내면을 바라보십시오.

그러면 그대는 자신이 누구인지 알게 될 것입니다.

자유임을 알 것입니다.

스승님이 주신 이 다이아몬드를 가지고 세상에 나가서 삼사라에서 시험해 볼 때가 된 것 같습니다.

스승은 어떤 사람이 준비되었다고 생각될 때 자신이 가진 모든 것을 그에게 넘겨줍니다. 구루도 역시 자격이 있는 제자에게 모든 것을 건네줍니다. 이에 대한 이야기가 있습니다.

옛날 중국에 살고 있던 한 성자가 자신의 후계자를 결정하고자 하였습니다. 그래서 그는 경연 대회를 열었습니다. 가장 좋은 게송(偈頌), 즉 다르마(Dharma, 진리)를 가장 잘 표현한 글을 가져오는 제자가 그 성자의 가사와 발우를 받기로 되어 있었습니다. 그래서 그 절에 있는 학식 높은 승려들이 법당에 있는 판자에 밤낮으로 게송을 적고 있었습니다. 그런데 이 절에는 글도 모르고 늘 방아 찧는 일만 하는 비천한 사람이 있었습니다. 늦은 밤 모든 일을 끝마치고 법당에 간 그는 이게 웬 소동이냐고 물었습니다.

"스승께서 가장 좋은 게송을 쓴 사람에게 가사와 발우를 물려주기로 했다네."라고 사람들이 알려 주었다.

"지금까지 가장 훌륭한 게송은 무엇입니까?"하고 그가 묻자 그들이 말했습니다.

"매우 지혜로운 스님이 이렇게 말했다네.

'마음의 거울을 깨끗이 하여
어떤 먼지도 내려앉지 않게 하라.
그러면 그대는 자유로우리라.'"

그러자 방아 찧는 비천한 사람이 간단히 대답했습니다.

"거울이 없는데
어디에 먼지가 내려앉을 것인가?"

이 게송도 다른 것들과 함께 판자에 쓰였다. 사정 무렵 성자가 게송들을 보러 왔습니다. 그리고 방아 찧는 제자의 게송을 보았을 때, 그는 자신의 후계자를 찾았다는 것을 알았습니다. 그래서 성자는 그에게 가서 가사와 발우를 건네주었고, 밤새도록 국경을 향해 최대한 빨리 도망치라고 말했습니다. 그 절의 승려들이 그를 발견하면 그를 죽일 것이기 때문이었습니다. 그래서 그는 떠났습니다.

다음 날 아침 스승이 옷을 벗고 있는 것을 보자, 승려들은 격분했고 무슨 일이 일어났는지를 짐작했습니다. 몇 시간 후 그들은 방아 찧는 사람을 쫓아가 붙잡았고, 그가 스승의 유일한 소유물을 훔쳤다고 비난했습니다.

그가 대꾸했습니다. "여러분은 이 발우와 낡은 가사를 가져갈 수 있습니다. 하지만 내 스승께서 주신 빛만은 절대 가져가지 못할 것입니다!" 그들은 진정한 선물인 가르침은 훔칠 수 없었습니다. 왜냐하면 진정한 스승은 그대의 가슴속에, 우주 만물의 가슴속에 거주하고 있기 때문입니다.

거울을 깨끗이 하려고 애쓰지 마십시오.
그것은 항상 다시 더러워질 것이기 때문입니다.
거울도 없고, 내려앉을 먼지도 없습니다!
그대가 나가 아니며 '다른 것'이 있다는
오만을 없애십시오.
거울을 던져 버리고
모든 것이 나임을 깨닫는 편이 더 낫습니다.
이 깨달음은 다이아몬드이며,
스승의 선물입니다.

이제 그대는 이 다이아몬드를 시험해 볼 필요가 없습니다. 그대는 그대로일 것이며 세상도 그대로일 것입니다. 이제 두려워하지 마십시오. 삼사라와 니르바나는 차이가 없기 때문입니다. 다시 돌아가십시오. 그리고 스스로 나타나는 모든 상황을 직면하십시오.

제가 떠나면 스승님과 가졌던 접촉이 끊길까 봐 걱정스럽습니다.

이 두려움은 실재하지 않습니다. 그대는 이것을 경험하게 될 것입니다. 지금 우리를 둘러싸고 있는 이 네 개의 벽들은 우리의 평화와는 아무런 관계가 없습니다. 그대는 이 평화입니다. 그대는 그것을 얻거나 잃을 수 없습니다. 얻는 것은 모두 잃을 것입니다. 그것은 단지 물질적인 획득이기 때문입니다. 걱정하지 말고, 가고 싶은 곳으로 가십시오. 진정한 어머니에게 의존하십시오. 그녀가 그대를 돌볼 것입니다.

그대는 돌아가서 그곳에서 이 일을 계속해야 합니다. 많은 시간이 들지 않습니다. 아침에 일어날 때와 밤에 잠들기 전, 그대의 나에게 5분만 바치십시오. 그러면 그대는 원하는 것을 얻을 것입니다. 나는 히말라야 동굴에서 수십 년을 보낸 사람들에게서 어떠한 결실도 본 적이 없습니다. 하지만 이것은 효과가 있을 것입니다. 그것에 대한 강한 열망을 가지십시오. 그러면 어떤 것도 그대를 막지 못할 것입니다. 하루 24시간 사랑하는 이를 생각하십시오. 이와 같이 계속 기억하면 그대는 사랑하는 이와 함께 할 것이며, '그것'과 다르지 않을 것입니다.

유럽에 있는 동안 스승님께 어떻게 봉사할 수 있을까요? 제가 스승님을 위해 무엇을 할 수 있을까요?

그대가 할 수 있는 일은 길을 걸을 때 그대를 뒤따르는 이를 보기 위해 늘 뒤돌아보는 것입니다. 그는 결코 그대를 떠나지 않습니다. 심지어 그대가 잠자고 있을 때에도. 그대가 깨어 있건, 꿈을 꾸고 있건, 자고 있건 그는 그대의 모든 활동을 알아차리고 있습니다. 그대가 말할 때마다 혀를 움직이는 힘을 주는 이 사람을 찾으십시오. 그대가 무엇인가를 볼 때, 눈의 망막 뒤에 있는 사람을 찾아내십시오. 나를 위해서 이렇게 하십시오. 그러면 그대는 언제나 그대 자신의 나와 연결되어 있을 것입니다.

저는 가족에게 돌아가서 이것을 그들과 나누고 싶다는 강한 충동을 느낍니다. 제가 가족을 등한시해 왔다고 느껴집니다.

아닙니다. 그대는 가족을 등한시하지 않았습니다. 그대는 그들에게 모든 존재의 평화와 사랑을 전할 것입니다. 그들은 이것에 대해 들어 보지 못했기에 그대에게 말해 주지 않았습니다. 그대는 이 선물들을 그들에게 전해 줄 수 있습니다.

아직 할 수 있을 때 가족들과 시간을 함께 하고 싶습니다. 이것은 좋은 생각인가요, 아니면 제가 망상에 빠진 걸까요?

좋은 생각입니다. 그대는 고결한 부모의 훌륭한 아들입니다. 고결한 부모만이 삿상에 참석하는 아들을 낳을 수 있습니다. 이런 일이 일어나는 것은 아주 희귀한 일입니다. 아마 2천만 명 가운데 한 명에게나 일어날 것입니다.

2년 전 스승님과 지낸 후 서양으로 돌아갔을 때, 저는 활동에 참여하고 싶은 마음이 거의 없었고 세상에 관심이 없었습니다.

삿상에 참여한 뒤 고국으로 돌아갈 때, 그대가 주위 사람들처럼 활동적이지 않다는 것은 아주 자연스러운 일입니다. 그대는 다른 사람이 될 것입니다.

하지만 스승님은 라마나를 만난 뒤에도 계속 일했습니다. 스승님은 깨달음을 얻었지만 계속 일을 했고 가족을 부양했습니다. 제게는 이런 일이 생기지 않았습니다.

그렇습니다. 나는 라마나와 함께 있을 때도 일을 했고 이것은 아무런 차이가 없었습니다. 나는 일요일에만 그분을 방문했고, 나머지 날들에는 일을 했습니다. 나는 토요일 오후에 집을 떠나 밤에 그곳에 도착했고, 일요일은 온종일 그분과 함께 지냈으며, 월요일 아침 일찍 첸나이로 돌아오곤 했습니다. 그리고 다시 아침 10시에 직장에 출근하여 토요일 오후까지 일을 하였습니다. 마하리쉬는 사람들에게 아무 일도 하지 말고 아쉬람에만 계속 머무르라고 조언하지 않았습니다. 그분은 사람들에게 그들의 삶과 일을 거부하라고 하지 않았습니다.

그대는 절대자인 '그것'입니다.
그대는 자진하여 해야 할 일이 없습니다.
그것이 그대를 보살필 것입니다.
그것은 안에 있는 그대 자신의 나입니다.
그대가 자신의 의지를 그것의 의지에 양도한다면
그것은 그대를 안내할 것입니다.
그대 스스로 무언가를 한다고 생각지 마십시오.
나는 모든 것을 다스리기 위해 카르마를 사용하기 때문입니다.

그대는 자신의 카르마를 없앨 수 없습니다. 그대는 카르마가 이끄는 대로 일하도록 인도됩니다. 그대는 카르마를 멈출 수 없습니다.

'그것' 안의 현상으로서 일어나는 책임들에 대해서는 어떻게 보십니까?

그대가 말하는 책임들은 자아의 마음에서 나오는 것입니다. 실제로는 그대에게 아무런 책임이 없습니다.

무엇이 오면, 그것에 직면하고
나의 명령에 따라 행하십시오.
그러면 그대가 행하는 활동들은
결과를 낳지 않을 것입니다.
왜냐하면 그대는 '그것'일 것이기 때문입니다.
'그것'이 그대의 행동들에 책임을 질 것입니다.
육체의 몸이 아니라
아스트랄 몸으로 늘 명상함으로써
이 경험을 계속 유지하십시오.
몸 안의 몸이 명상하도록 하십시오.
이 몸은 육체의 몸에게
일의 순서와 맡은 책임들에 따라
어떻게 행해야 할지를 지시해 줄 것입니다.

스승님을 만난 후로 모든 것이 꿈처럼 느껴집니다.

럭나우로 오기 전에는 모든 것이 그대에게 실재였습니다. 하지만 이제 그것은 꿈입니다. 이것이 바로 그대가 집으로 돌아갈 때 가져갈 교훈입니다.

사물들이 실재하는 것으로 보이는 것은
마음이 그렇다고 말할 때뿐입니다.
마음이 존재하지 않을 때는 이 모든 것이 꿈입니다.

그러므로 이 보이는 세상을 꿈으로 경험하는 사람은 거의 없습니다. 꿈속에서는 모든 것이 실재하는 것으로 보입니다. 꿈속에서 그대를 덮치는 호랑이는 정말 실재하는 것으로 보이며, 이것은 꿈꾸는 동안에는 실제입니다. 꿈꾸는 사람조차 실재하는 것으로 보입니다. 그러나 깨어난 뒤에는 호랑이를 무서워하지 않습니다. 그것이 존재하지 않았다는 것을 알기 때문입니다. 그것은 꿈속의 호랑이에 불과했습니다.

누구에게나 이러합니다. 사람들은 모두 이 꿈을 무서워합니다. 아무도 그 꿈이 실제가 아니라는 것을 이해하지 못하기 때문입니다.

그래서 무엇이 오든지 그것은 모두 꿈이라는 것을 이해하십시오.
꿈속의 호랑이들을 두려워하지 마십시오.

그러면 저는 그저 집에 머물면서 더 이상 럭나우에 오지 않고 제게 오는 삶을 살아야 합니까?

그렇습니다. 그대에게 오는 삶을 사십시오. 삶이 그대를 럭나우로 데려온다면 럭나우로 돌아오십시오

그대에게 오는 삶을 살되

그것에 연루되지는 마십시오.

삶이 오게 놓아두십시오. 거부하지 마십시오.

아무것도 오지 않거든, 만족한 채로 조용히 앉으십시오.

이것이 진실한 가르침입니다.

여전히 어떤 의심들과 관념들, 자격이 없다는 생각들이 일어나는 것 같습니다.

의심이나 관념은 과거의 것입니다. 이제는 어떤 의심이나 관념도 그대를 건드리지 못할 것입니다. 그것들이 나타나면 그저 웃어 버리십시오! 은총은 자격 없음과 자격 있음에 대해 알지 못합니다. 바다에 꽃을 던지거나 침을 뱉어 보십시오. 같은 반응을 보입니다. 자격이 없다는 생각은 마음의 쓸모없는 생각일 뿐입니다. 자격이 없다는 생각은 그대의 자아가 자아의 소멸을 미루고 있는 것에 불과합니다.

나는 마음이 유럽으로 가더라도 개의치 않습니다. 왜냐하면 유럽은 나 안에 있기 때문입니다. 어디든지 가십시오. 그대는 보살핌을 받을 것입니다. 자아가 자신을 통제하는 책임을 떠맡을 때 문제가 생깁니다. 나와 동일시하십시오. 그리하면 마음은 어디에도 가지 않을 것입니다.

제가 이곳 럭나우로 온 것은 무엇보다도 테이프를 통해 스승님의 웃는 소리를 들었기 때문입니다. 저는 스승님의 웃음을 사랑합니다!

여기에서 우리는 아무런 이유 없이 웃습니다. 그것은 좋은 일입니다. 하지만 서양에서 그대가 이처럼 이유 없이 웃는다면, 그들은 그대가 미쳤거나 마약을 했거나 아니면 두 가지 다일 것이라고 생각합니다. 예전에 내가 스페인에서 명상을 인도하고 있을 때, 어떤 사람이 벌떡 일어나더니 내게 달려와서 내 발에 입을 맞추었습니다. 그는 웃음을 터뜨리며 펄쩍펄쩍 뛰면서 "나는 신이다, 나는 신이다!"라고 말하기 시작했습니다. 그러다가 뛰쳐나갔습니다. 인도에서는 "나는 신이다."라고 말해도 괜찮습니다. 결국 그것은 진리이기 때문입니다. 그러나 서양에서는 이렇게 말하는 것이 허용되지 않습니다. 다음 날 나는 그것이 서양에서 얼마나 허용될 수 없는 행위인지를 알게 되었습니다. 이 남자는 무아경의 희열에 빠져서 웃음을 터뜨리며 춤을 추고 있었습니다. 그런데 경찰이 와서 그를 체포했고, 그의 아내가 그를 데려갈 때까지 그를 구금했습니다. 그의 아내가 어떻게 했는지 압니까? 그녀는 그를 곧장 정신 병원으로 데려갔고, 그가 정신이 나갔다는 이유로 이혼 소송을 제기했습니다. 그러나 실제로는, 진정한 실재가 무엇인지를 맛본 이 남자가 그때에 아마도 유럽 전체에서 가장 정상적인 사람이었을 것입니다. 그에게는 실재에 대한 기대도 개념도 없었습니다. 그 자신이 실재였던 것입니다.

그래서 나는 정신 병원으로 그를 찾아가서 이 깨달음 이후에 어떻게 사회에서 살아가야 하는지를 얘기해 주었고, 얼마 후 그는 병원에서 풀려났습니다. 이것은 서양에서 웃음에 대해 어떤 사회 규칙을 적용하는지를 본 나의 경험담입니다. 그대는 네덜란드로 갈 수도 있고 다른 어느 곳으로도 갈 수 있습니다. 괜찮을 것입니다. 감사합니다.

사회에서 일을 하면서 저를 표현하기에 알맞은 곳을 아직 찾지 못했습니다.

그대 자신을 표현할 필요는 없습니다. 단지 순수한 채로 남아 있으십시오. 그대의 삶을 순수하게 유지하십시오. 그대의 생계를 위해 무엇이 오든지 그것을 받아들이십시오. '이것'이나 '저것'에 대한 욕망을 갖지 마십시오. 아이들은 내일을 염려하지 않습니다. 사탕을 받으면 즉시 먹어 버립니다. 이처럼 무엇이 주어지면, 그것을 다 먹어 버리십시오. 지금 그대가 하는 일은 무엇입니까?

변호사입니다.

거짓말쟁이라고요? 알겠습니다. 이것은 무죄입니다. 만약 거짓말쟁이가 자신을 거짓말쟁이라고 말한다면, 이 말은 참말입니까, 거짓말입니까? 아무도 거짓말쟁이라고 하지 않을 것입니다. 그러므로 그대는 거짓말쟁이일 리가 없습니다.

이 세상에서 어떻게 살아가야 합니까? 천진한 어린아이처럼 사십시오.

지금까지 일어난 일은 말로 표현할 수 없습니다.

그대가 느낄 수 있는 것은 뭐든지 표현할 수 있습니다. 그러나 언어의 너머에 있는 것, 마음의 너머에 있는 것, 지성의 너머에 있는 것은 묘사할 수 없습니다. 모든 것은 표현할 수 있습니다. 그러나 언어를 넘어선 '그것'은 진정한 그대이건만, 그대는 그 사실을 믿지 않습니다.

그대가 보는 것은 모두 시작과 끝이 있는 대상입니다. 그것들은 공들일 만한 가치가 없습니다. 그대가 표현할 수 없는 어떤 것을 본다면, 그것이 바로 그대 자신의 나입니다. 눈은 대상들을 봅니다. 그러나 눈이 어떻게 눈 자체를 보고 묘사할 수 있겠습니까? 그것은 자체를 묘사할 수 없습니다. 왜냐하면 그것은 자신과 너무 가까이 있기 때문입니다. 마찬가지로 그대의 진정한 성품과 너무 가까이 있는 것은 묘사할 수가 없습니다. 그러니 이제 "나는 자유롭다."라는 의식과 믿음, 신뢰를 가지고 그대의 나라로, 세상으로 돌아가십시오.

이 세상은 이제 저에게 하나의 환영처럼 보입니다. 어떻게 이런 환영이 일어났습니까? 이 환영은 무엇입니까? 어떻게 하면 다시 속지 않을 수 있습니까?

환영의 힘은 매우 강력합니다.

그러니 이 경향성들과 더불어 즐겁게 놀면서도

경계를 늦추지 마십시오.

그대가 자유에 가까이 다가가면

모든 악마들이 똘똘 뭉쳐 그대를 공격할 것이기 때문입니다.

그러니 탐구와 집중을 계속하십시오.

나를 명상하는 자로 계속 있으십시오.

항상 놀이하듯이 이렇게 하십시오.

3장
세상은 환영입니다.

모든 파도 아래에 바다가 있고,

모든 이름 아래에 바탕이 있고,

모든 현상계 아래에 있는 것, 이것이 바로 그대입니다.

만약 그대가 자신이 누구인지를 잊지 않는다면

이 현상계는 바로 우주의 유희입니다.

이름 붙일 수 없는 어떤 존재가

나와 놀고, 나를 사랑하고, 나를 알라고

그대에게 이 형상을 주었습니다.

이것을 잊지 마십시오!

1. 나라야나(Narayana) : 환영의 창조

바다는 자신이 파도임을 잊지 않으나
파도는 자신이 바다임을 잊습니다.
이 때문에 현상계가 존재합니다.
유희를 위하여 이 망각이 일어납니다.
세상은 오직 축제를 위해 있는 것.
현상계는 즐기기 위해 나타난 우주의 드라마일 뿐입니다.
놀이만이 있을 뿐, 그것은 존재하지 않습니다.
그것은 계속됩니다.
그대가 무엇을 생각하건 그대로 이루어지기 때문입니다.
이 현상계는 그대에 의해 창조되었으며,
그대에 의해 소멸할 것입니다.

첫 번째로 일어나는 생각은 '나'입니다.
다음에는 '나의'가 일어나며, 이것이 자아입니다.
그런 뒤에 온 현상계가 나타납니다.
시간, 마음, 현상계는 '나'로부터 투사되며
그것 자체가 놀이를 나타나게 하는 데 필요한 투사입니다.

이런 것들을 버리고 '나'가 일어나는 곳을 찾으십시오.

그대가 '나'를 투사하지 않는다면, 그대가 바로 쉬바입니다.

그리고 그대의 샥티는 놀기 위한 투사입니다.

의식은 놀이와 마음의 근원입니다.

그것이 모든 것입니다.

바다는 홀로 머무를 수 없습니다.

그래서 파도라는 것이 만들어집니다.

파도들이 일어날 때도 바다는 잃는 것이 없으며

파도들이 떨어질 때도 바다는 얻는 것이 없습니다.

삼사라, 환영, 마야, 놀이는

니르바나의 바다 위에 있는 파도들입니다.

파도들은 바다에서 분리되어 있지 않습니다.

빛은 태양에서 분리되어 있지 않습니다.

그대는 존재, 의식, 희열에서 분리되어 있지 않습니다.

이것은 '그것'의 반사입니다.

창조란 무엇이며 이 환영은 어떻게 생겨납니까?

처음에 의식은 고요한 호수처럼 홀로 있습니다. 다음에 잔물결이 생겨나는데, 이것은 이름과 모습입니다. 의식으로부터 "나는 의식이다."라는 생각이 일어납니다. 이것이 '나'라는 의식입니다. 그 뒤에 욕망이 일어나는데, 이 욕망이 자아입니다. 잔물결은 자신이 분리되어 있다고 생각하며, 이것이 시간과 공간이라는 한계들을 만들어 냅니다. 잔물결은 생각의 깜박임이고 이것은 의식에서 일어난 자아이지만, 잔물결들이 호수나 물과 다른 것은 아닙니다. 이 사실을 잊으면 문제에 부딪히게 됩니다. 감각들이 일어나고, 그 뒤 감각의 대상들과 온 현상계가 그대와 놀기 위하여 창조되고 그대를 미혹시킵니다. 그대가 "모든 것이 상상이야."라고 말할 때, 그것은 더 이상 상상이 아닙니다. 왜냐하면 그대는 깨어 있기 때문입니다. 현상계라 불리는 이 꿈에서 깨어나십시오. 그대 자신에게서 떠나지 마십시오. 그러면 자아는 일어나지 않을 것입니다. 대상들은 바로 감각들이며, 감각들은 몸이며, 몸이란 다름 아닌 마음이며, 마음은 '나'입니다. 사실, 이 창조는 그대 자신의 반사입니다. 이 '나'가 의식이기 때문입니다. 절대적인 주의를 기울여 이 '나'의 근원을 찾아내고 생각을 멈추십시오. 생각이 세상의 진행 과정 자체이기 때문입니다.

우리가 보는 세상이 우주의 전체입니까?

많은 존재계들이 있습니다. 우리의 세계 위에 있는 세계들에는 아주 아름다운 존재들이 있고, 하위 세계의 존재들은 인간 이하의 존재들로 아주 추합니다. 내가 방문한 많은 세계의 사람들은 아주 아름다웠고 그들의 몸을 관통하여 볼 수도 있었습니다. 하위 세계들은 나를 소름끼치게 했습니다. 그들은 반쪽 얼굴과 무시무시할 정도로 기형적인 모습들을 하고 있었습니다. 이 세상에서 목샤를 얻지 못한다면, 다음번에 우리는 신들이 되었다가 결국 이 세상으로 다시 돌아오게 될 것입니다. 왜냐하면 이곳은 그대가 자유를 얻을 수 있는 유일한 장소이기 때문입니다. 신들조차 자유를 원한다면 이곳에서 태어나야 합니다.

의식은 생각하는 어떤 모습도 취할 수 있습니다. 이는 황금이 어떤 장신구의 모습을 취해도 여전히 황금인 것과 같습니다. 바다가 바다로 있으면서 파도를 만들 듯이 의식은 자신의 성품을 잃지 않고 우주를 창조합니다. 그래서 다양도 없고 단일도 없습니다. 그것은 그저 존재할 뿐입니다. 그대는 이것을 알아차리지 못하고 있습니다. 밧줄이 뱀처럼 보이는 까닭은 이 때문입니다. 자세히 살펴보면 뱀은 없습니다. '나'의 경우도 이와 같습니다. 자세히 탐구해 보면 '나'는 없고, 이 우주는 공(空) 안으로, 의식 안으로 사라집니다. 아무 일도 일어난 적이 없습니다. 이것이 궁극의 진리입니다. 이것을 생각해 보십시오. 그대는 생각하는 대로 되기 때문입니다. 이 뱀의 이빨을 부수십시오. 그대 자신을 아십시오.

그대 자신의 나 안에서 사십시오. 그리고 창조자가 누구인지, 무엇이 창조되었는지는 살펴보지 마십시오. 온갖 모습을 지니고 있는 온 세상은 아무것도 없는 근원에서 생겨난 것입니다! 생각은 근원에서 일어납니다. 내가 불어나도록 하십시오. 그러면 존재는 과거, 현재, 미래와 함께 펼쳐집니다. 2만 5천 년 동안 베다는 이렇게 말해 왔습니다.

엑 코함 바호샴(Ek Koham Bhahosham),
즉 "내가 불어나도록 하여라."
이 창조의 목적은 나가 나를 사랑하고
나를 즐기도록 하기 위함입니다.
인간 탄생의 목적은 자유를 얻기 위함입니다.

모든 모습은 소리이며 소리로부터 생겨납니다. 그대가 발음하는 모든 이름은 모습이 될 것이나, 어떤 모습도 만들지 않는 하나의 소리가 있습니다. 이 알려지지 않은 것이 모든 알려진 것들의 바탕입니다. 알려진 것들은 언젠가 그대를 속일 것입니다. 그러므로 오직 나타나지도 않고 사라지지도 않는 것과만 친해지도록 하십시오.

의식은 무한한 탄생들과 창조들을 한순간에 경험합니다. 이 창조들, 이 릴라들은 실재하는 것도 실재하지 않는 것도 아닙니다. 사실은 창조도 없고 경험하는 자도 없지만, 경험들이 있고 경험하는 자들이 있습니다. 이것은 마음에게만 모순입니다. 왜냐하면 의식 안에서는 객체와 주체가 다르지 않기 때문입니다. 바로 이 순간에 "나는 누구인가?"를 탐구하십시오. 그러면 이 탐구는 자신을 자신에게 드러낼 것입니다. 그렇지 않으면 창조는 영원히 계속될 것입니다. 탐구 없음이 창조의 근원이고, 탐구는 자유의 기초이며 그대의 성품이 삿-칫-아난다(sat-chit-ananda)

임을 깨닫는 기초입니다.

만약 우리의 진정한 성품이 삿-칫-아난다 즉 존재-의식-희열이라면, 왜 우리는 성품을 떠나 이 육체의 모습을 취하게 되었습니까?

왜 그대가 성품을 떠났다고 가정합니까? 이것은 어리석은 생각입니다! 이 가정 자체가 바로 방금 그대에게 묘사하였던 환영의 창조입니다. 그대가 삿-칫-아난다가 아니라고 누가 말했습니까? 이 추측이 바로 끝없는 탄생들을 낳을 것입니다. 이 집을 결코 떠난 적이 없음을 그대는 왜 확신하지 못합니까? 왜 그대는 "나는 삿-칫-아난다이다." 즉 "나는 자유롭다."라는 확신을 갖지 못합니까?

제가 자유롭다고 느끼지 못하기 때문입니다.

왜 "나는 태어난 적도 없고 결코 죽지도 않을 것이다."라는 확신을 갖지 못합니까? 그대가 생각하는 대로 일어납니다. 따라서 만약 그대가 생각을 하려거든, "나는 오로지 그것이다."와 같은 더 나은 실재를 생각하십시오.

나로서의 신과 릴라로서의 신은 동일합니까?

둘 다 같습니다. 바다와 파도들의 차이점이 무엇입니까? 바다가 있으면 파도들이 있고, 파도들이 있으면 바다가 있기 마련입니다. 바다의 표면에는 파도들의 놀이가 있는 법입니다. 파도들은 결국은 제자리로 돌아갈 것입니다. "나는 릴라, 리일라아~."라고 말하면서 그것을 즐기십시오.

나가 있고 릴라가 있다고 말한다면
그대는 나가 아니라 경험에서 말하고 있습니다.
차이도, 차이 없음도 없습니다.
어떤 것도 없고 아무것도 없습니다.
단지 나만 있을 뿐입니다!

깨닫지 않음은 게임 즉 릴라입니다.
그것은 즐겨야 하는 게임입니다. 그러나 기억하십시오,
죽음, 고통, 아픔은 감각적 쾌락에 대한 세금입니다.
이 모든 세금에서 자유로워지는 것이 더 낫습니다.
자유를 깨달으십시오.
죽음과 고통이 육체에게 일어나도록 두십시오.
삼사라의 악어와 함께 노십시오.
어떤 것도 그대를 건드릴 수 없습니다.
그러나 악어의 뱃속에서 끝나지는 마십시오.

자유로서 노십시오.

2. 마야 : 환영의 샥티

어둑해질 무렵 어두운 오솔길을 걷던
그대는 길가에 맹독을 지닌 뱀이 있는 것을 봅니다.
갑자기 어떤 사람들이 맞은편에서 걸어옵니다.
그들은 뱀을 지나치면서
그대에게 무엇을 두려워하느냐고 묻습니다.
그대는 그들이 방금 넘어온
맹독을 지닌 뱀에 대해 얘기합니다.
그러자 그들은 그것이 밧줄일 뿐이라고
말하며 그대에게 보여 줍니다.

그 뱀은 존재하지 않으며, 존재한 적이 없습니다.
그럼에도 불구하고 그 뱀은 환영과 덧씌움의 힘으로
실재인 밧줄을 감춥니다.

뱀이라는 개념이 밧줄을 감추듯
마야는 아트만을 숨깁니다.
아트만은 모든 것이며 순수한 의식입니다.

영원히 자유롭고 더없이 행복합니다.

하지만 상상은
존재하지 않는 이름과 모습으로
덧씌워진 주체와 객체로
아트만을 감춥니다.
그대가 생각하는 것은 무엇이나
그대가 상상하는 것은 무엇이나
실재 위에 덧씌워지고
덧없는 꿈속의 실재를 만든다.
실재를 숨기는 자,
그는 샥티 아바라나 데비(Shakti Avarana Devi)입니다.
환영을 투사하는 자,
그는 샥티 마야 데비(Shakti Maya Devi)입니다.
마야의 놀라운 힘은 오로지 아트만에서 나옵니다.

모든 이름과 모습이 이 마야입니다.
이 이름과 모습을 볼 때
그대는 본질인 바탕을 놓칩니다.
반지를 본다면 금은 보지 못하는 것입니다.
이름과 모습이 공으로 녹아들면 진정한 존재가 됩니다!

이름과 모습은 행복을 주지 않습니다.

이름과 모습이 있는 곳이면 감추어진 무엇이 있으며

그것은 행복입니다!

깨어 있는 상태는 자아가 주연하고

카르마가 감독하며, 마야가 제작하는 한 편의 영화입니다.

깨어 있는 상태조차 꿈의 상태에 있습니다.

실재는 늘 실재하지만, 비실재는 결코 실재하지 않습니다.

그대가 자고 있을 때는

이 환영을 꿈꾸고 있을 뿐입니다.

그러므로 깨어나십시오.

뱀은 존재하지 않습니다.

환영에 대한 착각이 사라질 때 자유가 있습니다.

의심은 그대와 자유 사이에 가로놓여 있는 환영의 벽입니다.

환영을 실재로 여겨

그것을 쫓아다니는 일을 그만두십시오.

기대하는 것은 쫓아다니는 것입니다.

마야는 끝도 없고 존재하지도 않는 상상입니다.

마야가 투사하는 릴라는 안에서 나옵니다.

마야의 놀이를 위해 실재에 대한 지식도 환영의 모습을 띱니다.

세상은 주체-객체입니다.

실재를 알기 위해서는

이 주체와 객체가 투사되는 곳을 찾아내십시오.

어떤 것도 닿지 못하고 있는 스크린을 찾아내십시오.

이와 같이 나에 대한 명상은

거짓된 모습의 환영들을 끝냅니다.

지금 여기에 있지 않은 것은 실재가 아니며

얻으려고 애쓸 가치가 없습니다.

떠나갈 수 있는 것은 어느 것도 매달릴 필요가 없습니다.

실재는 늘 여기에 있습니다.

그러므로 어떤 것에도 매달리지 마십시오.

그렇지 않으면 마야가 다시 그대를 속일 것입니다.

마야 즉 세상의 환영이 존재하는 이유는 무엇입니까?

그대가 마야를 필요로 하기 때문입니다!

그대가 마야를 필요로 하기 때문입니다!

그대는 채우고자 하는 욕망들을 가지고 있습니다.

그래서 욕망들을 채우려면 마야가 필요합니다.

그대는 뜨거운 모래밭을 가로지르며

강을 좇아 걷고 있지만, 강은 신기루일 뿐입니다.

강은 존재하지 않기 때문입니다.

강을 만들어 내는 것은 그대의 욕망입니다.

실제로 존재하는 냇물, 감로가 흐르는 냇물을 향해

걸음을 멈추고 안으로 얼굴을 돌리는 사람은 거의 없습니다.

현상계가 환영이라는 것을 과학적으로 증명할 수 있습니까?

개념들은 증명될 수 없습니다. 환영들과 현상계는 그러한 것입니다. 강이 신기루 안에 존재하지 않듯이 환영과 현상계는 존재하지 않습니다. 늘 샘물이 솟아나는 우물을 떠나지 마십시오. 우물을 떠나 사막으로 가는 자들만이 신기루를 볼 것이며, 이 환영으로 고통을 받을 것입니다. 진리는 증명될 수도 없고 경험될 수도 없습니다.

모든 사람이 이 환영 속에 휘말려 있습니다. 그러나 그들은 이 환영이 무엇인지를 모릅니다. 누구나 환영을 좋아합니다. 그래서 그들은 행복하지 않고 평화롭지 않으며, 그 대신에 고통을 겪고 있습니다. 행복해지는 법과 영원히 희열 속에 있는 법을 카비르에게 배우십시오. 그는 마야를 다음과 같이 노래하고 있습니다.

그대는 위대한 사기꾼,

아무도 그대를 알아보지 못하지.

하지만 나는 그대가 누구인지 알고 있다네.

신은 자신에게 오는 모든 사람을 돕는다고 전에 말씀하셨습니다. 스승님은 또한 자신이 신이라고 하셨습니다. 그러니 부탁드립니다. 부디 오늘 이 환영을 완전히 없애 주십시오. 지금 당장 말입니다!

나에게 이 환영을 보여 주십시오. 그러면 나는 성냥 한 개비 없이 그것을 즉시 불사를 것입니다. 하지만 그대는 나에게 환영을 보여 주어야만 합니다. 이 여자 친구를 나에게 보여 주십시오. 왜냐하면 그대는 자신이 아니라 그녀에 대하여 어떤 것을 결정하고 싶어 하기 때문입니다. 그녀가 원한다면 나는 그녀를 없앨 것입니다. 아니면 그대와 다시 있을 수 있도록 그녀를 정화시킬 수도 있습니다. 우선 그대는 환영의 의미를 알아야 합니다. 환영은 마야를 의미합니다. 마야는 존재하지 않는 것을 의미합니다. 그런데 어떻게 내가 존재하지도 않는 것을 없앨 수 있겠습니까? 스크린에 투사된 것이 환영입니다. 영화관에서 보이는 영상들에 열중해 있을 때, 그대는 투사를 자각하지 못합니다. 이런 영화들 속에서 어떤 사람은 행복하고 어떤 사람은 슬픕니다. 어떤 사람은 바다에서 죽고, 어떤 사람은 묘지로 갔습니다. 그대는 스크린 위에 있는 이 사람들에게 너무나 몰두하여 고통받거나 즐거워하는 사람들과 하나가 됩니다. 이것이 삼사라의 이야기입니다.

이 투사가 끝나고 다른 영화가 상영되기 전, 그대는 영화들이 상영된 스크린을 잠시 보게 될 것입니다. 스크린은 전혀 오염되지 않았습니다. 스크린은 바다에 젖지도 않았고 불에 타지도 않았습니다. 이 모든 투사들은 실재가 아닙니다. 소수의 사람들만이 이것을 알고서 다음 영화를 보러 오지 않을 것입니다. 그러나 어떤 사람들은 같은 영화를 계속 반복하여 봅니다!

그대가 스크린이며 모든 투사들은 환영에 불과하다는 것을 안다면, 그대는 그것들을 즐길 수 있습니다. 그대는 자신이 오염될 수 없다는 것을 알 것입니다. 그대 자신인 그 스크린 위에 이 몸이 나타납니다. 여성이든 남성이든 이 몸은 함께 놀기 위해 이성의 몸이 필요합니다. 이것이 진행되고 있는 이야기입니다. 그 이야기는 끝이 없을 것입니다. 그저 고요히 머무르십시오. 그러면 그대는 자신이 결코 오염된 적이 없다는 것을 알게 될 것입니다. 그대가 태어난 적이 없기 때문입니다! 이것을 알면 그대는 매우 행복해질 것입니다. 이것이 그대 자신의 나와 나누는 로맨스의 시작입니다. 그대가 어디에 있든 이것을 사람들에게 말하십시오.

마야의 이 놀이에서 인간의 역할은 어떤 것입니까?

인간으로 태어나는 것은 대단히 진귀합니다. 모든 것이 환영이라는 것을 알 수 있는 것은 이 탄생 속에서만 가능하기 때문입니다. 전체 인구 중에서 자유를 찾겠다는 굳은 결의를 하는 사람은 10억 명 가운데 겨우 10명 정도일 것입니다. 그들 중에 환영의 게임에서 승리하는 자는 아주 드뭅니다.

진리는 안에 있습니다. 그러나 그대는 감각의 대상들을 좇아 밖으로 나가려는 성향을 충족시키기 위해 항상 다른 어떤 곳을 보고 있습니다. 그러나 이 모든 것은 환영입니다. 지금 이것을 아십시오! 환영이 어디에서 생겨나는지를 찾으십시오. 이 생각이 어디에서 일어나는지를 찾아내십시오. 그때 그대는 그대 안에 항상 거주하고 있는 사랑을 발견할 것입니다. 그때 그대는 자신의 몸을 포함하여 모든 것이 환영임을 알게 될 것입니다.

나타나고 사라지는 것은 실재가 아닙니다.

일단 그것이 환영이라는 것을 알게 되면, 그대는 환영에서 자신을 분리시킬 것입니다. 그대는 사막의 신기루 강과 같은 '환영을 넘어선 사람'이 됩니다. 이 신기루로 충족되고자 애쓰는 자들은 결코 만족하지 않을 것입니다. 그들은 더욱 더 심한 곤경 속으로 빠져들게 될 것입니다.

어떤 사람들은 이 강이 신기루라는 것을 알기에 그곳에 가지 않습니다. 그들은 마야가 나타나기는 하지만 존재하지 않는다는 것을 압니다. 이것을 안다면 그대는 평화와 행복이 어디에 있는지 질문해야 합니다. 이 탐구는 그대를 삿상으로 인도할 것입니다.

외부의 환경들과 내면의 감정 상태들은 관련이 있습니까? 아니면 그 모두가 환영입니까?

그것은 모두 환영입니다! 마음 자체가 환영입니다. 그대가 생각하는 것은 무엇이나 환영입니다. 그러므로 이 환영을 없애려면 생각하지 않아야 합니다. 나는 그대가 여러 해에 걸쳐 이것을 수행하기를 원치 않습니다. 단지 한순간, 눈 깜짝할 사이, 한 호흡, 반 호흡 동안만이라도 그렇게 해 보십시오. 그러면 그대의 문제들이 풀릴 것입니다.(웃음)

사랑도 환영인가요?

사랑은 환영이 아닙니다.
참사랑 안에서 모든 환영은 사라집니다.
환영이 없는 곳에서
참사랑이 일어납니다.

저는 이 말씀을 기억할 수 있도록 새 이름을 받고 싶습니다.

그대에게 마두(Madhu)라는 이름을 주겠습니다. 그것은 꿀이란 뜻입니다. 내가 이 이름을 그대에게 지어 주는 이유를 보여 주는 이야기가 있습니다.

옛날에 숲 속을 걷고 있던 한 남자가 사고로 우물에 빠졌습니다. 떨어지던 그는 우물 밑으로 자라고 있던 덩굴을 붙잡고 그것에 매달렸습니다. 우물 밑에는 매우 굶주린 악어가 있었고, 우물 위에는 쥐 두 마리가 있었습니다. 각각 검은 쥐와 흰 쥐인 이 쥐들은 덩굴을 갉아 대고 있었습니다. 우물 위에는 벌집이 달린 나무가 한 그루 있었는데, 그 벌집에서 꿀이 한 방울씩 흘러내려 정확히 그 사람의 입 안으로 떨어지고 있었습니다. 그는 이 꿀을 즐기기 시작했습니다. 이를 즐기느라 쥐들도 악어도 잊어버렸습니다. 이것이 마야의 이야기, 삶의 이야기입니다! 사람은 죽음의 우물 안에 매달려 있습니다. 악어는 죽음 자체입니다. 쥐들은 밤과 낮이며, 시간의 경과를 의미합니다. 덩굴은 시간에 의해 끊겨지고 있는 개인의 삶입니다. 꿀은 죽음과 시간에 관심을 두지 못하게 하는 즐거움입니다. 이것이 이 삼사라의 상황이며, 우리는 모두 아주 행복해 합니다. (웃음)

쥐들이 그대의 삶을 자르게 두지 마십시오. 우선 우물 속으로 떨어지지 마십시오. 다음 발이 내딛는 곳을 살피십시오. 주의 깊게 살아가십시오. 더욱 좋은 것은 우물 밖으로 나가서 나무에 올라가 꿀이 든 벌집을 통째로 갖고 우물과 악어로부터 해방되는 것입니다. 그대는 지금 이것을 결정해야 합니다. 그렇지 않으면 죽음이라는 악어가 그대를 기다리고 있고, 쥐들은 덩굴을 계속 갉아 댈 것입니다. 조금만 오르면 되는데도, 즉시 덩굴을 타고 올라가야 한다고 생각하는 사람은 아무도 없습니다. 조금만 오른다면 행복과 희열의 꿀을 즐기게 될 것입니다.

그러므로 이 이미지를 가져가서 매일 그대 앞에 두십시오. 이것이 최고의 가르침입니다. 누구나 자기 자신의 죽음을 의식해야 합니다. 아무도 죽음을 피하지 못했습니다. 왜냐하면 그들은 한 방울씩 떨어지는 꿀을 기다리며 즐기기 때문입니다. 자유로워지십시오. 그리하면 그대는 처음으로 인생의 감로를 즐기게 될 것입니다. 그렇지 않으면 감각적인 쾌락들이 꿀이 됩니다. 이 꿀은 여태 아무도 빠져나오지 못한 어두운 우물을 두려워하는 공포 속에 모든 사람을 가둡니다. 이것은 단지 하나의 이야기가 아닙니다. 이것은 가르침입니다.

지금 덩굴을 올라갈 수 있는 방법이 있습니까?

그렇습니다. 확실히 있습니다! '지금'이 덩굴이며 나가는 출구입니다. 한 방울씩 떨어지고 있는 단맛들을 모두 포기하고, 쥐가 그대의 생명을 갉아 먹고 있다는 사실을 직시하십시오. 그대가 현명하다면 우물에서 뛰쳐나오십시오. 누구나 할 수 있습니다. 게으름뱅이처럼 기다리지 마십시오. 장차 끝이 나고 그대를 어려움에 빠뜨리게 할 것들은 즐기지 마십시오. 그러므로 그대는 다음의 질문들에 대해 결정해야만 합니다. 무엇이 그대에게 좋은 것입니까? 무엇이 그대에게 행복을 줄 것입니까? 덩굴에 매달려 있는 것이 행복입니까? 이 세상이라는 우물에서 뛰쳐나온 사람은 거의 없을 것입니다. 악어는 죽음입니다. 덩굴은 삶입니다. 쥐들은 지나가는 낮과 밤입니다. 기다리는 것은 어리석습니다. 기다리는 것은 어리석습니다!

현명한 사람들은 붓다가 그랬듯이 뛰쳐나옵니다. 그는 가장 아름다운 여인과 함께 잠들어 있다가 한밤중에 걸어 나갔습니다. 이런 일을 한 사람은 극히 드뭅니다. 그때에 수많은 왕들이 왕비들과 함께 잠들어 있었지만, 우리는 그들을 기억하지 않습니다. 그러나 우리는 2,600년이 지난 뒤에도 여전히 붓다를 기억합니다. 이처럼 우리 모두는 욕망의 침상에서 깨어나 붓다가 될 수 있습니다.

삿상을 시작하기 전에 스승님께서는 "모든 존재들에게 평화와 사랑이 있어라."라고 늘 말씀하십니다.

"우주의 모든 존재들에게 평화와 사랑이 있어라."라는 말은 지식의 책인 베다들의 선언입니다. 아침에 깨어났을 때 "세상에 평화가 있어라. 하늘에 평화가 있어라. 지옥에 평화가 있어라. 모든 존재하는 것들에게 평화와 사랑이 있어라."라고 읊조리라고 그들은 제안합니다. 나는 25,000년 전으로 거슬러 올라가는 베다에서 이 구절을 찾았습니다. 이 구절을 읊조린다고 해서 평화나 행복이 있었던 것은 아니지만, 아직도 우리는 매일 이렇게 말합니다. 25,000년 전에도 평화는 없었습니다. 평화와 세상은 함께 하지 않습니다. 세상이 있는 곳이면 어디든지 혼란이 있습니다. 그러나 우리는 사람들의 안녕을 기원합니다. 왜냐하면 그들에게 해가 되는 다른 말들을 하고 싶지 않기 때문입니다. 그래서 우리는 아침에 만나는 모든 사람에게 평화를 빕니다. 그러나 그것은 평화를 가져오지 않았습니다. 사람들은 백만 년 전에도 그랬듯이 마음이 어지럽습니다. 그들은 평화를 찾지 못했습니다.

누구나 혼란스럽습니다. 그저 있는 그대로 머무르면서, 그대의 마음이 어떻게 움직이는지를 보십시오! 마음은 조용히 있을 수 없습니다. 그래서 여기에서 만날 때 우리는 마음에 관여하지 않도록 권유하고 노력합니다. 마음이 뛰어다니게 놓아두십시오. 멀리 달아나는 것은 원숭이 같은 마음의 습관이기 때문입니다. 우리는 마음을 붙잡아 둘 수 없습니다. 그러나 이 원숭이가 어디에서 나오는지는 알아낼 수 있습니다. 이것은 아주 색다른 방법이며 효과를 보고 있습니다. 상당히 많은 사람들이 이 방법을 사용해 왔습니다. 이것은 경험입니다. 수백만 년 동안 수많은 종(種)들로 그대를 계속 윤회하게 했던 그 생각을 찾을 때, 그대는 진정 여기에 있습니다. 그리고 그대는 어떻게 하면 그 악순환 속으로 다시 들어가지 않을 수 있는지를 알게 될 것입니다.

여기에는 여러 종교들이 제시하는 방법이 없습니다. 오로지 생각이 어디에서 일어나는지를 발견하십시오. 이것이 가장 중요한 질문입니다. 이 질문이 어디에서 시작하는지를 볼 때, 그대는 생각의 근원을 인식하고, 그것이 무엇이든 '그것'으로 녹아들 것입니다. 나는 그것을 공(空)이라고 부르지도 않습니다. 하지만 '그것'을 인식할 때 그대는 강이 바다로 합류하는 것처럼 '그것' 속으로 합쳐질 것입니다. 그러면 이리저리 뛰어다니는 것이 끝날 것입니다. 우리는 한순간에 그렇게 할 수 있습니다. 그때 그대는 우주가 20억 년 전에 시작된 것도 이 순간이고, 우주가 20억 년 동안 지속된 것도 이 순간이며, 우주가 앞으로 한없이 오랫동안 지속될 것도 이 순간이라는 것을 알게 될 것입니다. 그런데 이 순간은 결코 존재한 적이 없습니다! 그것은 같은 순간입니다. 그대가 탐구하지 않는다면, 그것은 계속 진행될 것입니다. 그러나 그대가 그것을 멈춘다면, 그것이 결코 존재하지 않았음을 알게 될 것입니다. 우리 가운데 적지 않은 사람들이 이것을 탐구했고, 여태 어떤 것도 존재하지 않았다는 것을 알아냈습니다. 꿈을 꿀 때 그대에게는 남편과 세 명의 자녀가 있었습니다. 하지만 꿈에서 깨어나면 그들은 모두 사라져 버립니다. 그러나 그대는 그대의 아이들을 기억하며, 그 생각이 거기에 있고, 이것이 삼사라입니다.

과거의 꿈에 대한 기억이 삼사라입니다.

옛날에 한 우수한 제자가 뛰어난 스승에게 질문했습니다. "스승님께서는 모든 것이 환영이라고 말씀하십니다. 하지만 저에게는 모든 것이 실재이고 견고해 보입니다. 스승님이 환영일 수 있습니까? 제가 환영일 수 있습니까? 온 세상이 환영일 수 있습니까? 스승님, 도와주십시오. 저는 혼란스럽습니다."

스승은 조용히 있다가 말했습니다. "숲으로 산책을 나가자." 얼마 동안 걷다가 스승이 말했습니다. "아주 덥구나. 저기 있는 강으로 내려가서 물을 길어 오너라. 나는 여기 그늘에 있을 테니."

제자는 강으로 내려가서 그릇을 강물 속에 넣었습니다. 그가 고개를 들자 강 건너편에 아름다운 처녀가 있었고, 그는 즉시 사랑에 빠졌습니다. 그리고 그녀에게 청혼했습니다.

"이렇게 하는 것은 이곳 관습에 어긋납니다. 결혼은 우리 부모님께서 결정하십니다."라고 그녀가 말했습니다. "그러나 저 또한 당신이 마음에 드는군요. 그러니 우리 아버지께 말씀드리세요. 저를 따라오세요. 어느 분이 우리 아버지인지 멀리 떨어진 곳에서 알려 드리겠습니다. 아버지는 마을의 지주이십니다. 우리에게는 땅도 많고, 소와 말도 많습니다. 저는 아버지를 가리켜드리고 문 뒤에 숨어서, 아버지께서 뭐라고 말씀하시는지 듣겠습니다."

그래서 그들은 마을로 내려갔습니다. 그들이 마을로 다가가자 처녀가 말했습니다. "저기 앉아서 담배를 피우고 빤(paan)을 씹는 분이 우리 아버지입니다. 가서 말씀드리세요."

그는 다가가서 말했습니다. "한 시간 전에 강가에서 따님을 보고 사랑에 빠졌습니다. 따님과 결혼하도록 허락해 주시겠습니까?"

처녀의 아버지가 물었다. "자네는 누구인가?" "근처 마을에서 온 브람민입니다." 그는 대답했습니다. "무슨 교육을 받았나?" 그녀의 아버지가 물었습니다.

"철학, 베다, 우파니샤드 그리고 샤스트라를 배웠습니다. 천문학, 지리학, 해양학 등 세상의 여덟 가지 과학을 모두 알고 있습니다."

처녀의 아버지가 말했습니다. "아주 좋네. 자네는 아주 젊고 능력도 있어 보이는군. 내 딸을 자네에게 주고 싶지만 한 가지 조건이 있네. 딸애는 외동딸이고 나는 딸애를 무척이나 사랑한다네. 그러니 자네가 내 딸과 결혼하려면 여기서 살아야 하네. 내 딸을 자네 동네로 데려갈 순 없어."

"알겠습니다." 청년이 말했습니다.

"우리는 이 사실을 온 동네 사람들에게 알리겠네. 그리고 자네는 한 달 후에 결혼할 수 있네."

한 달 후에 그들은 결혼했다. 그리고 3년 뒤에 한 아이가 태어났습니다.

5년 뒤에는 여자의 부모가 사위에게 모든 재산을 양도한다는 유언서를 작성했습니다. 이제 마을의 모든 것이 청년의 것이 되었습니다. 2년 뒤에 장인 장모가 죽었고, 10년 뒤에는 아이가 더 태어났고, 나중에 한 아이가 더 태어났습니다.

18년이 지났을 때 홍수가 나서 강물이 범람했습니다. 농장은 모두 망가지고 그들은 근처 언덕으로 도망갔습니다. 하지만 그곳도 서서히 물이 차올랐습니다. 소들이 물에 떠다니고 모든 것이 파괴되었습니다.

마침내 물이 그의 어깨까지 차올랐습니다. 그는 어깨에 한 아이를 올려 두고, 한 손으로는 한 아이를, 다른 손으로는 아내와 또 다른 아이를 잡았습니다. 그러나 물결이 너무 거세어서 아들이 미끄러져 나갔습니다. 아이를 잡으려고 손을 뻗자, 아내가 미끄러져 나갔고, 아내를 잡으려 하자 다른 아들이 미끄러져 나갔습니다.

그가 가진 모든 것을 삼킨 채 강물은 점차 빠져나가고 있었습니다. 그는 강가에 앉아서 잃어버린 자식들을 생각하며 눈물을 흘립니다. 드디어 강물은 원래 상태로 회복됩니다.

한 손이 그의 어깨에 얹혀지는 것이 느껴집니다. 그의 스승이 묻습니다. "무슨 생각을 하는 거냐? 그릇이 물속에 잠겨 있다. 왜 물을 긷지 않느냐? 1분이면 될 일인데, 벌써 5분이 지났다!"

제자는 스승의 얼굴을 보며 더듬거립니다. "5, 5분이라고요? 5분이라고 말씀하셨나요? 제 아내와 아이들은 어떻게 된 겁니까?"

스승이 대답합니다. "이것이 네 질문에 대한 대답이다. 이 모든 것이 환영이다. 방금 전 너는 이곳에 와서 한 여자와 사랑에 빠졌다. 하지만 그 여자는 지금 어디에 있는가? 너는 나를 위해 물을 길러 왔다. 이 모든 것들은 마음에서 나온 것이다. 그것들은 결코 존재하지 않았다! 아내도, 아이도, 결혼도, 마을도 없었다. 마음은 한순간을 만들어 내고, 그 순간 속에 너는 거의 20년을 살았다. 그리고 같은 순간에 그릇이 물속에 잠겼다."

환영은 이렇게 존재합니다. 그대는 현명해져야 합니다.

붓다는 형상이 공이고 공이 형상이라고 말했습니다.

내 말이 그것입니다. 공과 형상은 차이가 없습니다. 형상이 있다면, 형상이 보이는 공이 있음에 틀림없습니다. 모든 형상들이 보이는 공간이 있음에 틀림없습니다. 이 형상들은 무(無) 속에서 보입니다. 그러므로 형상이 있다면 거기에는 형상 없음이 있을 것입니다. 모든 삼사라 즉 산, 동물, 새 등의 형상이 보일 때마다 그곳에는 형상 없음이 있다는 것이 확실합니다. 그렇지 않다면 그대는 볼 수 없습니다! 형상을 보려면, 그대는 공 속에 있어야만 합니다. 그러면 무엇이 형상이고 무엇이 형상 없음입니까?

모두 같습니다!

그대가 이것을 어떻게 이해할 수 있었는지 모르겠습니다. 이해를 하기 위해서는 마음이 필요하기 때문입니다. 이것은 저절로 와야 합니다. 어떤 이해도 필요치 않습니다. 만약 그것이 온다면 행운이고, 오지 않는다면 운이 없는 것입니다. 왜냐하면 그대는 늘 그대의 상상 속에 있기 때문입니다.

꿈속에서 그대에게 달려드는 뱀이나 호랑이를 보는 상상을 어떻게 없앨 수 있습니까? 그대는 멀리 달아나 나무에 오릅니다. 그러나 호랑이도 나무를 오르려 하고 그대는 곤경에 처합니다. 드디어 호랑이가 가까이 다가와 그대를 끌어내리는 순간, 그대는 깨어납니다. 그대가 깨어났을 때, 호랑이는 어디에 있으며 그대는 또 어디에 있습니까? 어떻게 해서든 그대는 이해해야만 합니다. 호랑이도 두려움도 없습니다. 그대는 원래의 모습으로 깨어납니다! 이것처럼 그대는 변하지 않았습니다. 어떤 일도 그대에게 일어나지 않았습니다. 삼사라는 전혀 없었습니다. 삼사라는 전혀 없었습니다. 이것이 궁극의 가르침입니다.

그렇지만 이곳에 있는 어떤 사람들은 공이 형상보다 더 큰 것이라 느낍니다. 이것을 보면 그들이 미묘한 착각에 빠져 있는 것처럼 보입니다. 그들은 공을 열망하며 형상을 거부합니다.

형상과 무형, 거기에는 아무런 차이가 없습니다. 붓다가 말한 바와 같이 삼사라와 니르바나는 같은 것입니다. 그래서 붓다를 찾아갔던 많은 이들이 카샤파와 아난다처럼 깨달았습니다. 이 가르침이 계속되면서 많은 이들 또한 이 전통에 의하여 깨달았습니다!

지금 그대가 형상을 거부한다면, 이 형상은 어디로 갈 것입니까? 그대는 무엇을 할 것입니까? 어떤 것을 거부하려면 다른 어떤 것을 받아들여야만 합니다. 수용도 거부도 둘 다 거부되어야만 합니다! 이 두 생각을 거부하십시오. 받아들이지도 말고 거부하지도 마십시오. 그런 상태에서 그대는 누구입니까?

저는 없습니다.

어떤 것을 받아들이지도, 거부하지도 마십시오. 어떤 것을 받아들일 때 그대는 다른 것을 거부해야만 하기 때문입니다. 또 어떤 것을 거부하기 위해서는 어떤 것을 받아들여야 합니다. 둘은 정반대입니다. 그러므로 거부 하지도 받아들이지도 마십시오. 모든 것을 있는 대로 두십시오. 그것들과 관련된 어떤 일도 하지 마십시오. 그대가 무엇인가를 거부한다면 그것은 어딘가에 머물러 있어야만 합니다. 그러면 그대는 이 거부를 항상 짊어지고 다녀야 할 것입니다. 그리고 그대는 "나는 이런저런 것들을 거부했다."라고 말할 것입니다. 이것은 받아들이는 것보다 훨씬 두드러질 것입니다.

어떻게 하면 제가 "나는 몸이 아니다."에 자리 잡을 수 있습니까?

그대는 몸이 아닙니다. 자리 잡아야 할 곳도 없습니다. 참고요로 머무십시오. 그리고 언제 이 몸을 갖게 되었는지 생각해 보십시오. 그때 그대는 달력을 보며 1960년이나 1970년이라고 말할 것입니다. 탄생과 죽음은 달력 위에 있습니다. 만약 달력이 없다면, 그대는 언제 태어났습니까? 태어난 때를 알려면 예수의 탄생일을 보아야 합니다. 그의 생일로부터 그대의 생일을 계산합니다. 그대가 다른 사람과 관계한 뒤에야 계산들이 시작됩니다! 이런 계산들은 마음의 습관입니다. 다른 사람의 탄생과 죽음을 보지 않을 때, 그대는 자신이 누구인지를 알게 될 것입니다!

깨어 있는 상태나 꿈꾸는 상태, 잠자는 상태에서도 제게는 평화가 없습니다. 달리 갈 곳도 없습니다. 저를 도와주시겠습니까?

매우 좋은 경험입니다. 만약 그대가 이 세 가지 상태들에서 평화롭지 못하다면, 그대는 이 셋의 너머에 있는 넷째 단계로 가야만 합니다. 이것은 그대의 가슴입니다. 여기로 와서 참된 여기에 머무르십시오. 어떤 상태에서도 이렇게 할 수 있습니다. 몸의 활동들은 가슴을 방해하지 못합니다. 이곳의 몇몇 사람들은 이 상태를 지금 즐기고 있습니다.

제가 이 가슴이라는 것을 알고 있습니다. 어떻게 물이 갈증을 느낄 수 있습니까? 어떻게 제가 자유롭기를 원할 수 있습니까?

그대는 이 경험을 할 만한 훌륭한 공덕을 지녔습니다. 카비르의 농담이 생각납니다. "물고기가 물 속에 살고 있으면서 어떻게 '목이 말라.'라고 소리칠 수 있는가? 이 말을 하기 위해 입을 여는 순간, 물이 물고기의 입 속에 있다!"

우리 모두는 나의 감로 안에서 살고 있습니다.
그럼에도 불구하고 "우리는 고통 받고 있다!"고 소리칩니다.
누구나 신의 은총 안에 있습니다.
은총은 우리 모두의 주위에 있습니다.

안과 밖, 어디에나 있습니다.

그러나 우리는 만족하지 않습니다.

그래서 카비르는 그저 웃을 뿐입니다! 그는 물고기를 바라보며 웃습니다. 그대는 울부짖는 저 물고기가 아닙니다. 그대는 벌써 그것을 끝냈습니다. 그대는 어떤 것도 필요치 않습니다.

어떻게 몸이 하나의 생각일 수 있습니까? 그리고 그것은 누구의 생각입니까?

생각할 때만 몸이 있습니다. 들숨이나 날숨을 쉬기 전에는 생각이 없습니다. 여섯 번을 호흡할 때마다 한 번의 휴식이 있습니다. 그것을 알아차린다면 그대는 깨닫습니다. 이 '나'라는 생각은 거기에서, 들숨과 날숨 사이에서 일어나며, 그대가 어떤 사람이나 대상에 대해서 욕망을 가지기 때문에 일어납니다. 또한 잠을 잘 때에도 그대는 생각하지 않으며 몸을 보지 않습니다. 왜냐하면 수면 상태에서는 마야 샥티(Maya shakti)가 떨어져 나가기 때문입니다. 하지만 그때에도 아바라나 샥티(Avarana shakti)가 남아 있기 때문에 그대는 자신이 누구인지를 깨닫지 못합니다. 그러므로 몸은 그저 꿈의 대상이며 생각일 뿐입니다. 탐구는 이것이 누구의 생각인지를 알아내는 것입니다.

그대는 꿈속에서 생각들을 일으키지 않고 삶이 요구하는 모든 일을 하면서도 꿈의 몸으로 머물 수 있습니다. 나는 항상 진정한 여기에 있다는 생각을 내면에 간직하십시오. 그러면 몸은 반응들에 따라 단순히 움직일 것이며, 그대는 이것에 대해 책임이 없습니다. 책임과 의무는 그곳으로 들어가지 못하기 때문입니다. 그대에게 책임이 있는 것은 자신을 몸이나 자아와 동일시하여 다른 것들과 관계를 가질 때뿐입니다. 그러므로 깨어나십시오! 해방을 얻은 후에는 아무것도 존재하지 않으며 심지어 비존재조차도 존재하지 않는 지점이 있다는 것을 알게 될 것입니다. 몸이란 덧없는 생각이라는 것을 알고, 그저 이 지점을 늘 의식하십시오. 이것을 완전한 해방이라 부릅니다.

> 저는 제가 완전히 잠들어 있지는 않다는 것을 알지만, 제가 깨어 있지 않다는 것도 압니다.

잠자지 않는 것은 좋은 일입니다. 넷 유형의 사람들은 잠들지 않습니다. 하나는 연인입니다. 그는 사랑하는 이와 함께 있지 않기 때문에 잠들지 못합니다. 또 하나는 도둑입니다. 도둑은 집을 털려고 밖에 나와 있기 때문입니다. 세 번째는 질병과 고통으로 인해 깨어 있는 환자입니다. 이 사람들은 욕망, 즉 정욕, 탐욕, 고통 때문에 깨어 있습니다. 그러나 요기도 자지 않습니다. 그는 이 환영에서 자유로워질 순간에 집중하고 있기 때문입니다. 이를 제외한 나머지 사람들은 깨어 있는 상태에서조차 잠들어 있습니다.

사막을 걷다가 아름다운 강을 볼 때, 이것을 신기루라 합니다. 그대는 갈증이 났기 때문에 강에서 수영도 하고 싶고 강물도 마시고 싶어 합니다. 하지만 그대가 강으로 다가갈수록 그것은 더 멀리 물러납니다. 그러나 이제 그대는 그것이 환영일 뿐임을, 마음의 창조물일 뿐임을 알았습니다.

온 세상 사람들이 욕망들을 채우려고 이 강으로 달려가고 있습니다. 그들은 지난 20억 년 동안 그 강에서 수영하기 위해 급히 달려가고 있었습니다. 여기저기에서 몇몇 사람들은 그들이 그곳에 이를 수 없고, 그들의 욕망을 채울 수 없으며, 그들의 갈증도 없앨 수 없다는 것을 확신했습니다. 그러므로 어디에 있든지 진정한 여기에 머무는 것이 낫습니다. 그대가 이 결심을 할 때 하늘에서 비가 내릴 것이며, 이것은 은총의 비일 것입니다. 모든 것이 여기에서 충족될 것이므로 어딘가로 달려갈 필요가 없을 것입니다. 다른 곳으로 간다면, 그대는 더위를 먹을 것이며 아무도 그대를 도우려 하지 않을 것입니다. 그러나 그대가 진정한 여기에 머물면, 구름까지도 그대에게 내려올 것입니다. 그러므로 그대는 여기에 있어야만 합니다. 그러므로 마음에 어떤 욕망도, 말하고자 하는 욕망조차도 가져서는 안 됩니다. 그러면 모든 것이 그대에게 주어질 것입니다.

아무것도 실재하지 않습니다. 그대가 무엇을 보든 그것은 실재가 아닙니다. 그대가 대상을 보지 않는 날이 올 것입니다. 대상이었던 것도 더 이상 대상으로 보이지 않을 것입니다. 왜냐하면 이 둘은 모두 환영이기 때문입니다. 이것은 특별한 지식입니다. 모든 것이 환영이라는 것을 알지 못하면 지식은 있을 수 없습니다. 서구로 돌아가면 그대는 삿상에서 배운 것을 자녀들과 친구들에게 가르칠 수 있습니다. 그들은 매우 즐거워할 것입니다. 그대는 어린 자녀들에게 올바른 지식을 전해 주는 좋은 어머니가 될 것입니다. 그들은 그들의 어머니에게 감사할 것입니다.

왜 신기루는 계속 일어납니까?

어디에서 신기루가 일어납니까?

어떤 곳도 아닙니다.

어떤 곳도 아닌 곳에서 무엇이 일어날 수 있습니까? 어떤 곳도 아닌 곳에서 일어나는 것이 대체 무엇입니까? 일어나는 것은 어딘가에서 일어나야 합니다. 그렇지 않으면 그것은 일어날 수 없습니다. 이 '나'의 어머니, 이 환영의 어머니는 무엇입니까? 자아가 어머니이고 욕망이 아버지입니다. 이런 부모를 섬기지 말고, 그들에게서 도망치십시오. 참사랑이 최고의 어머니며, 공이 최고의 아버지입니다.

양파의 모든 껍질들을 기억하는 것은 중요한 일입니까, 아니면 이 모든 껍질들을 넘어서야 합니까?

양파의 첫 번째, 중간, 마지막 껍질 간에는 차이가 없습니다. 그것들은 모두 냄새가 같습니다. 그러므로 이 모두를 피하는 것이 좋습니다. 양파를 주머니에 넣지도 마십시오. 왜냐하면 그대는 여전히 양파 냄새를 맡을 것이기 때문입니다. (웃음) 양파 전체가 냄새가 나며, 중앙은 마늘과 같을 것입니다! 그러므로 그것을 만지지 마십시오. 문제의 중심으로 가기 위해서는 양파라는 이름조차 거론하지 않아야 합니다. 이름도 없습니다. 형상도 없습니다. 이 마음을 떨쳐 버리십시오. 그러면 그대는 마음의 냄새가 닿을 수 없는 동굴에 있게 됩니다. 이 동굴에는 어떤 껍질도 없고, 안도 밖도 없습니다. 과거의 양파들을 생각하지 않는다면, 이런 일이 그대에게 가능합니다. 생각하지 마십시오. 그러면 그대는 동굴 속에 있습니다.

나를 깨닫기 위해서는 마음이 떨어져 나가야 한다고 말씀하십니다. 그러나 어떻게 마음이 나에서 분리될 수 있겠습니까? 마음은 삶의 창조적인 경험이 아닙니까?

그대가 바다에서 수영하기 전에 귀중한 물품을 벗어 지갑에 넣듯이, 어떤 것을 떨쳐 내려면 먼저 그것을 보아야만 합니다. 존재하지 않는 것을 어떻게 떨쳐 낼 수 있겠습니까? 마음은 그대의 개념에 불과합니다. 그대는 마음을 떨쳐 낼 필요가 없습니다. 마음은 존재하지 않기 때문입니다. 그것을 거기에 두십시오. 그것은 그대에게 쓸모가 있을 것입니다.

인간의 형상은 자신을 깨달을 수 있는 유일한 수단이기에 중요한 것입니까?

어떤 형상도 없습니다. 인간, 동물, 새들이 있는 우주가 있다는 것은 하나의 개념입니다. 이 개념 속에서 그대는 3천 5백만 년 동안 진화하여 인간이 됩니다. 그러나 대부분의 사람들은 인간이 아닙니다. 그들은 꼬리가 떨어진 채 고릴라처럼 두 발로 걷는 동물입니다. 인간으로 태어나는 것이 소중한 것은 그대가 의심을 할 수 있고 "나는 누구인가?"라고 질문할 수 있기 때문입니다. 돼지나 당나귀는 이런 질문을 할 수 없으며 그저 죽음의 도살장으로 끌려갑니다. 태어난 자는 누구나 도살자인 야마 신과 마주쳐야만 합니다. 야마 신은 인간이 자기가 누구인지를 알기 전까지는 인간을 떠나지 않을 것입니다. 그러므로 "나는 누구인가?"라고 물을 기회를 주는 것이 인간 탄생입니다. 그러나 이렇게 묻는 사람은 매우 드뭅니다. 60억 인간 중에서 자기가 누구인지를 아는 사람은 겨우 60명 정도일 것입니다. 여기 삿상에는 많은 나라에서 온 사람들이 있습니다. 그러나 왜 이렇게 적은 사람들만 왔습니까? 자신이 누구인지를 아는 사람은 한 나라에서 1퍼센트도 되지 않습니다.

깨달은 사람의 예를 보려면, 우리는 붓다가 된 고타마에게로 2,600년을 거슬러 올라가야 합니다. 그러나 이 럭나우 삿상은 깨달음을 쉬운 것으로 만들었습니다. 그대는 히말라야 동굴에서 명상을 할 필요도, 만트라를 반복할 필요도, 순례의 길을 떠날 필요도, 자선단체에 기부할 필요도 없습니다. 그대의 인생에서 1초만 시간을 투자하십시오. 그러면 나는 그대가 자유롭다는 것을 보증합니다. 지금 이 순간 그렇게 하십시오. 왜 미룹니까?

옛날에 왕들은 왕국을 떠나서 고행의 길을 갔습니다. 고행을 한 뒤에 마니카(Manika)가 그들 앞에 아름다운 여인의 모습으로 나타나면, 거기서 그들의 고행은 끝나 버립니다. 여기 이 삿상에 많은 마니카들이 있으며 그들 또한 자유로워지고 있습니다! 마니카와 사랑을 나누는 것은 문제가 되지 않습니다. 깨달음은 그대 자신의 나와 관계하는 것이지, 그대 자신의 마니카와 육체적으로 접촉하는 것이 아니기 때문입니다. 마니카가 온다면 그녀와 사십시오. 그러나 그대는 접촉되지 않은 채 있으십시오.

3. 마음 : 환영의 움직임

마음은 샥티, 힘, 마나사로바 데비(Manasarovar Devi)입니다.
이 힘을 사용하여 샥티의 근원을 찾으십시오.
그것은 쉬바, 자각, 존재, 희열입니다.
그저 고요하십시오.
노력하지 말고, 생각을 일으키지 말고,
내면을 바라보십시오.
마음은 굉장한 힘입니다.
마음은 단 하나의 생각, '나'라는 생각으로부터
모든 현상계를 일으킵니다.
그대가 이 생각을 바라보지 않을 때,
이 모든 현상계는 실재합니다.
그러나 그대가 이 생각을 바라볼 때,
현상계는 사라집니다.
마음은 그대를 자연스러운 상태에서 끌어내어
이원성의 세계로 여행하게 만드는 마약입니다.

의식의 제한된 모습이 마음입니다.

의식이 조건 지어지면 그것은 마음이 됩니다.
이름과 형상은 상상으로 조건 짓는 것입니다.
마음의 조건 지움 안에 있을 때
우리는 서로를 알지 못합니다.
마음이 비워지고 물결들이 없이 순수할 때
우리가 늘 서로 알고 있었다는 것을 깨달을 것입니다.

우주의 기원은 '나'라는 생각에 있습니다.
'나'의 바탕을 잊으면 그대는 길을 잃고
'나'는 올가미처럼 그대의 목을 감습니다.
'나'라는 생각의 근원으로 가십시오.
마법사의 속임수에 길을 잃지 마십시오.
공 안에서 움직이는 물결들을 자신이라고 생각하면
그대는 길을 잃을 것입니다.
개념들이 나타나든 사라지든 놓아두고
공으로 머물러 있으십시오.
탄생, 죽음, 고통은 개념들입니다.
그것들은 바다가 아닙니다.

그대는 옷을 입듯이 마음을 입습니다.
마음은 욕망이며, 과거이며, 무덤이며,

이름과 형상이며, 덧없음이며, 묘사할 수 있는 것입니다.
'나'는 물결이며, 마음이며, 삼사라이며, 욕망이며,
오만이며, 사악이며, 혼란이며,
뱀이며, 밧줄이 아니며, 모든 현상계입니다.
그대 자신을 '나'와 동일시하는 것은
그대 자신을 과거와 미래와 동일시하는 것입니다.
'나'에 집착하면, 그대는 고통을 받고
그것에 붙들려 옴짝달싹 못하게 됩니다.
'나'를 버리십시오, 그러면 해방입니다!

마음이 "나는 몸이다."라고 말하면서
외부로 향하면 지옥이 만들어집니다.
마음이 "천국은 안에 있다."는 것을 알고서
내면을 향하면 천국이 만들어집니다.
내면을 향하는 마음은 그것의 근원을 보고
다시는 돌아오지 않을 것입니다.
왜냐하면 그대는
그대가 가장 사랑하는 것과 함께 있기 때문입니다.

조건 지어진 의식인 마음은 강변과 같습니다.
"나는 강이다."라는 개념은

그대가 의식의 바다라는 것을 깨달을 때 없어집니다.

그대가 보는 모든 것은 다섯 가지 요소들입니다.
물은 흙을 씻어 내립니다. 불은 물을 증발시킵니다.
공기는 불을 끄고, 공기는 에테르 속으로 사라집니다.
이 모든 것들이 마음이며, 마음은 '나'입니다.
안쪽의 생각은 '나'라 불리고
바깥쪽의 생각은 우주라 불립니다.
그러나 거기에는 아무런 차이점도 없습니다.
모두가 마음, 모두가 나인 것입니다!

마음에 관한 질문이 있습니다. 마음이 무엇입니까?

생각들의 꾸러미입니다!

마음의 실체는 무엇입니까?

나에게 마음을 보여 주십시오. 그러면 나는 그대에게 실체를 보여 주겠습니다! (웃음) 나에게 마음을 보여 줄 수 없다면, 그대는 마음을 가지고 있지 않습니다. 만약 그대가 마음을 찾을 수 없다면, 그것을 그대로 두십시오.

어떻게 하면 마음이 영원히 사라질까요?

우선 (웃음) 마음은 없습니다! 마음이 나타나지 않고 있다면, 그것이 어떻게 사라지겠습니까? 마음은 단지 그대의 욕망일 뿐입니다. 욕망이 있을 때 그대의 마음도 있습니다. 그대에게 욕망이 없다면 마음도 전혀 없습니다.

마음과 욕망은 차이가 없습니다. 이것을 시험해 보려면 이 순간에 욕망을 가지지 마십시오. 모든 욕망은 과거에 속합니다. 그러므로 한순간이라도 욕망을 갖지 마십시오. 그리고 그대가 누구인지 나에게 말해 보십시오!

무(無)입니다.

무는 아주 훌륭한 어머니입니다. 어머니와 함께 머무르십시오. 그대는 어머니의 사랑과 아름다움을 발견할 것입니다.

세상에서 활동하기 위해서는 마음이 필요하지 않습니까?

그대가 이 세상에 있지 않을 때도 이 모든 일들이 있었고, 그대가 떠난 뒤에도 그것들은 계속 있을 것입니다. 그대는 이 연속성에 어떤 영향도 미치지 못하며, 그대의 몸과 마음도 이 연속성의 한 부분입니다. 이 연속성은 계속될 것입니다. 이것은 지금까지 계속되어 왔고 끝없이 계속될 것입니다. 그대는 이것을 멈출 수도 없고 바꿀 수도 없습니다. 왜냐하면 그것은 모두 상상이기 때문입니다. 이것은 다가갈수록 멀어지는 신기루 강과 같습니다. 그대는 물을 얻지 못하고 도리어 더욱 지쳐 버립니다. 그러나 현자는 신기루를 쫓아다니지 않습니다. 이 삼사라는 신기루입니다! 누가 삼사라에 만족합니까? 모두들 목말라 있고 삼사라가 목마름을 해소시켜 줄 것이라고 생각합니다. 그러나 갈증은 계속됩니다. 삼사라는 신기루이기 때문입니다. 몇 사람만이 이것을 알고서 나무 아래 조용히 앉아 그것을 즐길 것입니다.

제가 행위자가 아니라면, 누가 행위자입니까?

그대의 마음입니다. "나는 그것을 하고 싶다. 나는 그것을 가지고 싶다. 나는 이것에 집착하고 있다."라는 그대의 생각입니다. 이것이 그대의 문제점입니다. 그대는 행위자가 아닙니다. 행위자란 뭔가를 필요로 하는 그대의 마음속에 있는 의도입니다. 1초 만이라도 깨달음이나 평화를 포함한 어떤 의도도 일으키지 말고 어떤 일이 일어나는지를 보십시오. 그대는 아름다워질 것입니다. 나는 모든 사람에게 이것을 끊임없이 제시하지만, 아무도 받아들이지 않고 그저 다음 질문으로 넘어갈 뿐입니다. 그대는 "멈춰!"라고 말해야 합니다. 하지만 그대는 과거에 의존합니다. 이 모든 질문들은 과거에서 오기 때문입니다. 그대는 그것들을 마음에 간직해 왔습니다. 그러므로 깨달음을 얻은 왕들처럼 모든 것을 포기할 때 그대는 행복해집니다.

어느 여름날 한 왕이 궁전의 옥상에서 잠을 자고 있었습니다. 그는 두 왕비 사이에 누워 있었습니다. 대단한 행운입니다! (웃음) 그가 보름달을 올려다볼 때 두 마리의 새가 지저귀며 달을 스쳐 날아갔습니다. 그는 벌거벗은 채로 일어나 궁전을 떠났습니다. 그는 왕비들도, 궁전도, 왕국도, 다이아몬드도 줄 수 없었던 아름다움, 순간의 아름다움에 머물러야 했기 때문입니다. 그는 숲 속으로 사라졌습니다.

그러므로 한 번 그것을 가지게 되면, 다른 모든 것을 거부하십시오.

그대에게 필요한 모든 것은 이 사랑, 이 아름다움이기 때문입니다.

이 행복이 올 때, 그것을 거절하지 마십시오.

우리는 이것을 붓다가 된 왕자로부터 배웁니다.

그는 가서 보리수나무 아래에 앉았고, 강렬한 열망으로 인해 그것을 찾았습니다. 그는 모든 것을 거부했고, 2,600년이 지난 지금도 우리는 여전히 그를 기억하고 있습니다. 그는 아름다웠기 때문입니다. 우리는 조상들은 기억하지 않지만 그는 기억합니다.

4. 꿈 : 환영의 본질

파파지, 제 안에 모든 것이 있으며 밖에는 아무것도 없다는 것을 경험했습니다.

아주 좋은 경험입니다. 그대가 아파트의 20층에 살고 있고 잠을 자고 있다고 가정해 보십시오. 그대는 꿈속에서 야생 코끼리가 그대에게 다가오는 것을 봅니다. 그리고 산과 강, 숲도 봅니다. 이 모든 것은 어디에 있습니까? 그것들은 밖에 있습니까? 아닙니다. 이것들은 그대 마음의 내부 투사들입니다. 처음에는 공간이 투사되어야 하고, 내부와 외부가 투사되고, 다음에는 시간이 투사됩니다. 그 다음에는 자아가 투사되고, 그대는 그대가 보는 것이 모두 실제라고 믿기 시작합니다. 그러나 그대가 잠에서 깨어나자마자 코끼리와 그 밖의 모든 것들이 사라지고 맙니다. 마찬가지로 이 깨어 있는 상태의 실재도 그대가 정말로 깨어날 때 사라질 것입니다. 이 실재가 사라질 것입니다! 이 깨어 있는 상태는 꿈보다 더 현실적으로 보이지만, 그대의 꿈들 역시 다른 것들처럼 현실적으로 보입니다. 그러므로 그대의 경험은 매우 아름다운 것입니다.

그리고 꿈을 꾸었는데, 꿈속에서 비슈누와 쉬바가 저를 다섯 번 찾아왔습니다. 그것은 카르마가 해체되는 것을 나타내는 꿈이었습니다. 저는 아주 색다른 기분으로 잠에서 깨어났습니다.

쉬바가 처음 찾아온 것은 육체에 대한 개념, 즉 깨어 있는 상태를 없애기 위한 것이었습니다. 왜냐하면 아무것도 육체적이지 않기 때문입니다. 두 번째 방문은 그대의 상상, 꿈의 상태를 없애기 위한 것입니다. 그 상태에서는 어떤 것도 현실이 아닙니다. 세 번째 방문은 일시적인 희열과 공, 즉 잠자는 상태를 없애기 위함이었습니다. 네 번째 방문은 넷째 상태인 투리야(turiya) 상태, 사하스라라(Sahasrara)와 아그나(Agna) 차크라들을 없애기 위함이었습니다. 다섯 번째는 마지막 방문이었습니다. 왜냐하면 그 뒤에는 아무것도 보일 것이 없기 때문입니다.

동시에 깨어 있으면서 꿈을 꿀 수 있습니까?

꿈을 꿀 때는 깨어 있을 수 없습니다. 꿈속에서 어떤 사람들은 잠을 자고 있고 어떤 사람들은 깨어 있습니다. 어떤 사람들이 다른 사람들에게 말합니다. "지금은 낮이야. 태양을 봐." 꿈속에서 어떤 사람들은 깨어 있고 어떤 사람들은 잠자고 있습니다. 하지만 꿈속에서 깨어 있는 사람 또한 잠을 자고 있습니다. 그들이 깨어 있는지 여부는 그대가 깨어 있는지 여부에 달려 있습니다. 그대가 깨어 있을 때는 누구나 깨어 있기 때문입니다. 그러므로 그대 자신을 깨우십시오. 그러면 모두가 잠에서 깨어날 것입니다. 누가 꿈속에서 어머니들과 딸들을 만들었습니까? 그대가 꿈꾸고 있으므로 그들이 그곳에 있습니다. 이 잠 속에는 꿈이 있습니다. 그러나 그대는 이 깨어 있고 꿈을 꾸는 과정에서 깨어나야만 합니다. "나는 깨어 있다."는 것을 아십시오. 그대가 나는 깨어 있다, 나는 꿈꾸고 있다고 말해도, 그대는 사실 여전히 잠자고 있습니다. 그대는 아직 깨어 있지 않습니다. 그대 자신의 진정한 나로 깨어나십시오. 거기에는 깨어 있음도, 꿈꾸고 있음도, 잠자고 있음도 없습니다. 그 모든 것 너머에 있습니다. 이 상태가 투리야 상태라 불리는 넷째 상태입니다.

서양 사람들은 두 개의 상태, 즉 깨어 있는 상태와 꿈꾸는 상태만 존재한다고 생각합니다. 그들이 뇌파 기록 장치로 보아 온 것과 같은 잠자는 상태는 없습니다. 한 팀의 심리학자들이 미국에서 리쉬케시로 와서 쉬바난다 아쉬람과 마헤쉬 요기 아쉬람 등 여러 아쉬람의 많은 스와미들을 시험해 보았습니다. 그들은 생각들의 도표를 만들기 위해 왔지만, 리쉬케쉬의 어떤 스와미도 고요하지 않았습니다. 한 스와미가 시험에 지원했는데, 그는 백만 분의 1초도 고요히 있지 못했습니다. 이 시험 후에 90퍼센트의 제자들이 그 스와미를 떠났습니다. 남아 있는 제자들은 머무는 대가로 돈을 받은 사람들뿐이었습니다. (웃음) 이것이 그 결과입니다.

자유는 얼굴이 없습니다. 어떤 얼굴도 보지 마십시오. 그대 자신의 얼굴조차도 보지 마십시오. 그대가 잠잘 때 하는 것처럼 얼굴 없음을 보십시오. 그러므로 늘 남들이 깨어 있을 때 잠을 자고, 남들이 잠을 잘 때 깨어 있으십시오. 이것이 얼굴 없음입니다.

잠을 잘 때 꾸는 꿈들은 끊임없이 변하지만, 깨어 있는 상태에서 꿈꾸는 이 세상은 왜 그렇게 변하지 않습니까?

둘 다 변합니다. 꿈을 꾸는 동안 그대는 꿈이 변한다고 말하지 않습니다. 깨어난 뒤에야 그대는 꿈이 이 꿈에서 다른 꿈으로 변한다는 것을 압니다. 깨어 있는 상태의 꿈 또한 변합니다. 오늘은 내일이나 어제와 다릅니다. 이 상태가 실재하는 까닭은 오직 그대가 그것을 실재라고 부르고 그 실재성에 대해 확신하기 때문입니다. 그러나 꿈을 꾸는 동안 그대는 꿈을 꿈이라 부르지 않습니다. 그대는 깨어난 뒤에야 그것이 꿈이었다고 말할 수 있습니다. 밤에 꾸는 꿈속에서 그대는 강들과 산들, 사람들, 관계들을 봅니다. 이 꿈에서도 그대는 똑같은 것을 봅니다. 그런데 어떻게 하나는 실재이고 다른 하나는 실재가 아니라고 말할 수 있습니까? 그대는 실재에 대한 확신을 가지고 있습니다. 그래서 그것을 실재라고 부릅니다. 그러나 만약 그대가 그것을 꿈이라고 부르고 꿈이라는 것을 확신한다면, 그것은 꿈이 될 것입니다. 그대는 꿈꾸는 자를 보지 않습니다. 그 역시 그대의 창조물입니다. 꿈꾸는 자는 꿈과 다릅니다. 그러므로 지금 누가 꿈꾸는 자인지를 찾아내십시오. 꿈꾸는 자, 꿈, 꿈의 대상은 모두 같습니다. 이제 누가 꿈을 꾸었고 누가 꿈을 꾸고 있는지 찾아내십시오. 꿈을 꾸어 온 '나'를 찾으십시오. 지금 이것을 찾으십시오. 그러면 깨어 있음도, 꿈도, 수면도 사라질 것입니다. 그대가 실재라 부르는 것은 진정한 실재가 아닙니다.

꿈들에서 우리는 무엇을 배울 수 있습니까?

이것은 환영의 성질이라는 것을 배우십시오. 모든 이름과 형상은 우리가 깨어나야만 하는 일시적인 상상의 꿈이라는 것을 배우십시오.

파파지, 저는 어젯밤 아주 강렬한 꿈을 꾸었습니다. 꿈들에 대해 말해 주실 수 있겠습니까? 대단히 고맙습니다. 제 꿈속에 10명의 살인자가 있었습니다!

구름들이 비를 예고하듯이 꿈들은 어떤 일이 일어나려 한다는 것을 그대에게 말해 줄 수 있습니다. 꿈들은 또한 과거에 일어난 일을 말하기도 합니다. 왜냐하면 꿈들은 깨어 있는 상태에서 충족되지 못한 활동들이기 때문입니다. 예를 들어, 그대가 깨어 있는 상태에서 누군가에게 맞았다면, 그대는 꿈꾸는 상태에서 복수하려 할 것입니다. 사실, 진실을 말하자면, 대부분의 사람들이 꿈을 꾸는 이유는 깨어 있는 상태를 평화롭게 보내지 못하기 때문입니다. 만약 평화롭게 보낸다면 그것들은 삼사라고 불리는 꿈속에 다시는 나타나지 않을 것입니다. 삼사라에 있는 사람은 누구나 수많은 꿈들을 꾸어 왔으며, 수많은 생애들에 걸쳐 기억할 만한 것들을 마음속에 수집해 왔습니다. 이제 그들은 그것을 멈추지 못합니다.

그러나 만약 자유를 향한 강렬한 열망이나 대단한 행운이 그대에게 있다면, 그대는 그것을 멈출 수 있습니다. 그때 그대는 꿈과 깨어 있는 상태의 차이를 말해 줄 스승을 만날 것입니다. 그때 그대는 모두가 잠들어 있고 그대는 깨어 있다는 것을 알게 될 것입니다. 잠자는 것은 그대의 진정한 나를 알지 못하는 것입니다. 깨어 있음은 실재, 진정한 의식, 진리에 대해 깨어 있는 것입니다. 남들이 깨어 있는 것에 대해 그대는 잠들어 있습니다. 그들은 욕망, 이익, 사람들, 개념들에 대해 깨어 있습니다. 이런 것들과는 관계하지 마십시오. 그것들에 대해서는 잠드십시오.

이것이 깨어 있음과 꿈꾸는 것, 잠자는 것의 차이점입니다.

그대의 꿈속에 있던 살인자들은 감각들입니다. 눈은 그대를 속이고, 그대가 듣는 것들은 모두 쓸모가 없으며, 그대가 맡은 어떤 냄새도 쓸모가 없습니다. 촉각과 미각도 마찬가지입니다. 그대가 이것을 알 때, 모든 감각들은 힘을 잃습니다. 눈에 보이는 대상들이 실재가 아니라는 것을 그대가 깨달을 때, 그것들은 그대에게 영향을 끼치지 않을 것입니다. 그대가 칭찬을 듣건 비난을 듣건, 그것들은 문제가 되지 않습니다. 아름다운 향기와 썩은 악취는 아무런 차이가 없을 것입니다. 자신이 누구인지를 알면, 그대는 매우 강해지고 이 살인자들, 이 적들은 힘을 잃을 것입니다. 이제 그대의 일을 끝내십시오. 빠를수록 좋습니다.

단지 고요히 머무르십시오.
일어나는 일은 무엇이든지 완벽합니다.

그것은 태초 이전에 여기에 있었던 자의
끝없는 게임입니다.
그것은 창조자의 꿈입니다.
그것은 즐기는 자의 마술이며,
그의 꿈속에서 우리는 대상들입니다.

그대의 사랑이 그대를 그분에게 아주 가까이 데려갈 때, 그는 그대에게 똑같은 방법들을 줄 것이며 그대 또한 즐길 것입니다! 그때 그대는 일어나고 있는 일에 대해 질문하지 않을 것입니다. 바다의 파도들은 일어나고 여행하고 떨어질 때 질문들을 합니다. 그러나 파도들의 바탕인 바다는 편히 쉬면서 자신의 행위를 즐기고 있습니다. 그러나 그는 자신이 활동하지 않음을 압니다! 이것을 이해하는 모든 사람들은 고요히 머물 것입니다. 마치 아무 일도 일어난 적이 없는 것처럼.

5. 카르마 : 환영의 대본

"행위자는 자신의 행동에 대한 대가를 지불해야 한다."
이것이 카르마입니다.
행위 하지 않는 자에게는 카르마가 없습니다.
이것이 자유입니다.

기억은 이 카르마의 창고입니다.
그대의 마음속에 있는 각각의 인상은 하나의 환생입니다.
수백만 개의 생각은 하나의 '나'와 동등합니다.

자신이 의식임을 깨닫지 못할 때
카르마에 지배받는 환생이 그대에게 일어납니다.
의식 이외의 모든 것은 상상이며,
이 상상은 시작도 끝도 없기 때문입니다.
환생은 마음속에만 있습니다.
태어난 적이 없는 '그것'이
어떻게 다시 태어날 수 있단 말입니까?

절대자와 운명 사이에 어떤 관련이 있습니까?

절대자는 운명과 아무런 관련이 없습니다. 운명은 카르마의 반작용일 뿐, 절대자에 의하여 정해진 것이 아닙니다. 그대가 하는 모든 행위는 내일을 위한 결실을 맺으며, 내일이 바로 운명이라고 불리는 것입니다.

오늘의 행위들이 내일의 운명입니다.

오늘 그대는 100달러를 벌어서 호주머니에 넣고 잠자리에 듭니다. 다음 날 그대는 호주머니에서 어제의 100달러를 봅니다. 이 100달러는 어제 한 일의 운명이라고 불립니다. 이처럼 그대는 이전 생애에서 행한 모든 카르마 즉 행위들을 호주머니에 넣고서 현재의 삶으로 가져옵니다. 그대는 그것들을 바꿀 수 없습니다.

능동적인 결정들이라는 것은 단지 환영일 뿐입니까? 그것들은 모두 운명에 의해 지배받는 것입니까?

인도에 있는 모든 성자들, 성현들, 현자들은 모든 것이 운명 지어져 있다고 말합니다. 그대는 혼자 힘으로 결정할 수 없습니다. 라마나 마하리쉬 또한 이것을 믿습니다. 어떤 독일 교수가 라마나에게 같은 질문을 했을 때, 그는 미리 정해진 운명에 대한 질문조차도 미리 정해졌다고 말했습니다.

그러니까 모든 것이 예정되어 있다는 말씀입니까?

그렇습니다. 태양은 떠오르고 질 것입니다. 오렌지 나무는 오렌지를 키우고, 사과나무는 사과를 키울 것입니다. 그러므로 모든 존재들은 정확히 예정되어 있는 꿈을 통해 움직이고 있습니다. 그대는 이것을 변화시킬 수 없습니다. 모든 것이 의심할 바 없이 예정되어 있습니다. 개미조차 예정된 걸음 없이는 걸을 수 없습니다. 그대에게 빛이 있을 때, 이 비밀이 그대에게로 올 것입니다. 그러나 만약 그대가 그대의 방식대로 일들이 일어나도록 강제한다면, 그대는 고통을 받을 것입니다. 일들은 일어나는 대로 일어납니다. 그러므로 일들이 어떤 방식으로 일어나야 한다고 상상하지 마십시오. 모두들 자신의 의지가 이루어지기를 바랍니다. 그러나 신에게 복종하면 걱정할 이유가 없습니다. 진정한 어머니의 의지에 의존하십시오. 그녀가 가는 곳에 그대도 갑니다. 어머니가 젖을 먹이면, 젖을 먹으십시오. 그러나 대부분의 사람들은 이렇게 하지 않고 상황들에 휘말립니다.

구루의 은총이나 만트라의 찬송으로 운명이 바뀔 수 있다는 것이 사실입니까?

구루의 은총은 어떤 것도 할 수 있습니다! 그것은 운명 또한 바꿀 수 있습니다. 이 은총 또한 예정되어 있습니다.

그렇다면 자유를 얻기 위한 사다나(sadhana)는 무슨 소용이 있습니까?

이 사나나 또한 예정되어 있습니다.

만약 모든 것이 예정되어 있다면, 우리가 실수를 할 때 왜 구루는 때때로 화를 내는 것입니까?

그대들은 너무 많은 실수들을 합니다. 하지만 나는 그대에게 화를 낸 적이 없습니다. 누구에게나 화가 내재해 있습니다. 그러나 그대는 자신의 잘못된 행동들에 대하여 그대 자신에게만 화를 표현해야 합니다. 다른 방식으로 화를 사용하지 말아야 합니다. 무슨 말인지 이해합니까? 좋습니다. 모든 것은 예정되어 있습니다. 여기에 그대가 온 것도 예정된 일입니다. 여기에 오지 않은 사람들은 오지 않기로 예정된 것입니다.

해방은 프라랍다(prarabdha) 카르마에 기인합니까?

아닙니다. 해방은 그대의 카르마와 아무런 관계가 없습니다. 카르마는 그대가 잠을 자면서 다른 대상들에 대한 욕망을 지닐 때 일어납니다. 해방이 있을 때는 프라랍다가 없습니다. 프라랍다는 잠자는 사람들에게만 있을 뿐, 깨어 있는 사람들에게는 없습니다. 꿈을 꿀 때는 수많은 것들이 그대 앞으로 오지만, 잠을 잘 때는 이 모든 것이 사라집니다. 잠을 잘 때는 사람도 없고, 대상도 없고, 욕망도 없습니다. 그대가 꿈을 꾸거나 깨어 있을 때에는 모든 욕망들이 옵니다. 그러므로 깨어 있는 것과 잠자는 것 사이에는 아무런 차이가 없습니다. 그러나 깊은 잠을 자는 동안에는 어떤 것도 존재하지 않습니다. 단지 희열, 사랑, 아름다움만 있을 뿐입니다. 그대는 이 사랑을 어디에서 얻습니까? 욕망이 없는 곳에서 얻습니다. 그때 그대는 행복합니다. 그대가 욕망을 갖지 않는 법을 배운다면, 그대는 깨어 있는 상태나 꿈꾸는 상태, 잠을 자는 상태 등 이 모든 상태들에서 행복할 것입니다.

    이 깨어 있는 상태는 잠자는 상태입니다. 왜냐하면 사람들은 자기가 누구인지 모르는 까닭에 불행하기 때문입니다. 그러므로 "나는 누구인가?"를 자신에게 질문하십시오. 그리하면 그대가 갈망하는 모든 것이 사라질 것입니다. 앉아 있든, 서 있든, 걷고 있든 항상 이 질문을 마음속에 간직하십시오. 이 욕망들이 나오는 근원을 탐구하십시오. 이렇게 하는 것은 욕망들에 대해 잠자는 것과 다르지 않습니다.

만약 일어나는 모든 일이 운명으로 정해져 있다면, 이것에 대한 우리의 반응은 자유의지입니까, 운명 지어진 것입니까?

뺨을 맞으면 그대는 어떤 반응을 합니까?

일들은 그냥 일어날 뿐입니다.
운명이나 자유의지는 없습니다.
일들은 그냥 일어납니다.
그리고 그대는 그런 일들 가운데 하나일 뿐입니다.
오직 그대가 깨어 있을 때,
모든 것은 하나의 꿈이며, 하나의 꿈이라고 알려집니다.

모든 모습들, 모든 이원은 거짓입니다. 이것을 이해하려면 어떻게 해야 합니까? 이 꿈에서 깨어나십시오. 그러면 그대는 자유의지와 운명을 알게 될 것입니다. 극소수의 사람들이 자유의지를 사용합니다. 삿상에서 그대는 모든 것이 환영이라는 것을 알게 될 것입니다. 그때 그대는 목격자이며, 꿈과 고통의 너머에 있습니다. 그대는 환영을 보는 제3의 눈, 하나의 눈을 완전한 사람에게서 얻게 될 것입니다. 그가 그 눈을 열어 줄 것입니다. 두 개의 눈은 그대를 거짓과 모습들로 이끕니다. 모습이 없는 것을 보려면 제3의 눈이 열려야만 합니다.

잠시 동안 조용히 앉으십시오.
그리하면 그대는 진리가 무엇인지 알게 될 것입니다.
그대의 마음속에 일어나는 것을 바라보십시오.

그리고 이 개념이 어디로부터 일어나는지를 발견하십시오.

그 지점을 보십시오.

그때 그대는 믿을 수 없는 어떤 것,

그대의 모든 욕망들을 충족시켜 줄 어떤 것을 보게 될 것입니다.

그러면 이 순간에 옳고 그름을 선택하는 선택의 자유조차도 예정되어 있습니까?

그대에게는 선택의 자유가 없습니다. 그대는 자유 자체이기 때문입니다. 그대에게는 자유롭거나 자유롭지 않을 선택권이 없습니다. 그대는 늘 자유이기 때문입니다.

선택은 환영입니다.

오로지 자유만이 있기 때문입니다.

선택하는 '누구'와 선택되는 선택들은

모두 마음속의 개념들입니다.

잉태되고 태어날 존재들까지 포함한

모든 존재들의 진정한 가슴 안에 있는 유일자가

모든 카르마가 일어나도록 지시합니다.

오직 자신의 생각 속에서 우주를 창조한 자를 찾아내십시오.

모든 존재들은 그의 마음속에 있는 개념입니다.

지금까지 어떤 일도 행해진 적이 없으며
행해질 일도 없습니다.

그대가 누구의 개념인지를 찾아내십시오.

그대는 산을 오르고 휴식을 취하는 꿈을 꿉니다. 그러나 그대가 깨어났을 때는 산도 없고, 등산도 없고, 휴식도 없습니다. 그러나 그대는 이런 활동을 해 왔습니다. 그것은 모두 꿈입니다. 그대의 모든 책임들, 의무들, 행동들은 꿈속의 사막에서 만나는 신기루처럼, 상상 속으로 상상의 다이빙을 하는 상상의 다이버처럼 단지 꿈속의 환영에 불과합니다. 신기루를 좇는 것을 그만두고, 깨어나십시오. 그대로 하여금 신기루를 향해 가게 하는 갈증조차도 신기루이고 상상입니다.

깨어나십시오.
그리고 평화가 내면에 있다는 것을 아십시오.
그때 그대의 환영은 사라지고 없어질 것입니다.

부정직한 많은 사람들이 번영하는 반면에 정직한 사람들이 많은 고통을 겪는 것을 봅니다. 왜 이러합니까? 왜 정직한 사람들이 벌을 받고, 부정직한 사람들이 상을 받습니까? 이것은 제가 완전히 복종하지 못하게 가로막는 걸림돌입니다.

사실입니다. 순진한 사람들은 자주 고통을 당하며 부정직한 사람들은 대중에게 해를 끼치며 번성합니다. 이것은 공덕의 결실을 즐기기 위하여 죄의 잔을 더 빨리 채우려는 몇몇 사람들의 욕망 때문입니다.

라바나를 보십시오. 그는 인도 전역에 걸쳐 의로운 사람들의 야그나(yagna)들을 망치고, 아름다운 여인들을 훔쳐 자신의 여자로 만들었습니다. 이 결과로 그는 황금으로 저택들을 짓고 많은 땅을 소유하게 되었습니다. 그는 다른 사람들에게 무자비했고 모든 사람들을 괴롭혔다. 그는 라마의 아내조차 납치했습니다. 라마는 추방된 채 이미 고통을 겪고 있었습니다. 라마는 신입니다. 그런데 그는 고통을 겪고 있었습니다! 그의 이름을 반복한다면 그대는 다시 태어나지 않을 것입니다. 그러나 그 자신도 많은 곤경들을 겪고 있었고, 라바나가 그를 더욱 비참하게 만들었습니다.

라마는 아버지의 부인들 가운데 한 명이 술수를 쓰는 바람에 추방 되었습니다. 아버지의 뒤를 이어 라마가 다음 왕으로 즉위하려 할 때, 아버지의 가장 젊은 왕비가 소원을 들어주겠다던 예전의 약속을 지켜달라고 왕에게 요청했습니다. 그 소원이란 라마를 유배 보내고 그녀의 아들을 왕으로 삼아 달라는 것이었습니다. 왕은 무슨 소원이든지 들어주겠다고 약속했기 때문에 어쩔 수 없었습니다. 왕은 라마를 숲으로 보낸 뒤 얼마 지나지 않아 아들과 떨어져 있는 까닭에 죽고 말았습니다. 이 왕의 이름은 다사라타였습니다. 이 일로 나라 전체가 고통을 당했습니다. 그러나 마지막에 어떤 일이 일어났는지를 보십시오. 라바나는 죽임을 당했고, 비록 라마는 7,600년 전에 살았지만 오늘날 우리는 여전히 라마의 이름을 반복하고 있습니다. 그는 여기에서 멀지 않은 이 주(州)에서 살았습니다.

많은 성자들이 살면서 많은 어려움을 겪었습니다.

그러나 때때로 극심한 고통이 무고한 방관자들에게 가해집니다.

무고한 방관자들처럼 보이는 사람들에게!

그 말씀은 무슨 의미인지요? 그런 고통은 무작위로 주어지는 것입니까, 아니면 프라랍다 카르마에 의해 주어지는 것입니까? 깨달은 존재는 카르마의 법칙이 그렇게 표현되는 것을 어떻게 봅니까?

이 질문은 의식 전체와 관련이 있는 주제입니다. 만약 내가 그 원인을 프라랍다 카르마라고 한다면, 그것은 통상적으로 믿고 있는 내용입니다. 두 가지 방법으로 설명하겠습니다.

첫째, 그대가 하는 행위는 무엇이나 프라랍다가 됩니다. 지금 일어나는 일은 과거에 기인한 것입니다. 과거의 어떤 부분은 나타나고 있지만, 어떤 부분은 남겨져 있습니다. 지금 발생하는 일은 그대가 과거에 행한 행위들의 잔액입니다. 그러나 실제로는 프라랍다 카르마가 없습니다. 사실, 그대는 과거에 어떤 행위를 했지만 아무도 그것을 모릅니다. 그대가 우파니샤드의 이야기를 믿는다면, 여기에 잘 들어맞는 이야기가 하나 있습니다.

옛날에 한 성자가 이슬람교도들이 사는 마을 근처의 숲 속에서 조용히 살아가고 있었습니다. 어느 날 암소 한 마리가 그의 오두막으로 뛰어들었습니다. 조금 후에 한 사람이 찾아와서 그가 도살하려고 하는 소를 보았는지 물었습니다. 성자는 "그렇소."라고 대답한 후 그의 작은 오두막에서 그 소를 몰아내어 도살자에게 넘겨주었습니다.

이것은 우연히 일어난 일이고, 그냥 이런 일이 일어났습니다.

그 성자는 그 밖에 다른 일은 하지 않았으므로 다음 생애에 다시 성자가 되었습니다. 그는 마하라슈트라 주에 있는 판다푸르라는 마을에 가기로 했는데, 그곳에는 비탈(Vitthal) 신의 멋진 동상이 있었습니다. 그곳으로 가는 도중에 사원까지 거리가 10킬로쯤 남아 있을 무렵 갑자기 세찬 폭풍우가 휘몰아쳐서 어느 길로 가야 할지 분간할 수가 없었습니다. 근처에 사는 한 남자가 그를 집으로 초대했습니다. 그리고 그곳에서 잠을 자고 다음 날 사원으로 가라고 했습니다. 성자는 이 따뜻하고 너그러운 호의를 받아들였습니다. 이 남자는 늙었지만 그에게는 아주 아름다운 젊은 아내가 있었습니다. 그녀는 이 순수한 청년을 보자마자 사랑에 빠졌고, 그에게 함께 멀리 도망가자고 말했습니다.

"안 됩니다. 나는 사두(sadhu)입니다. 나는 여인과 접촉하지 않습니다."

"하지만 저는 당신에 대한 사랑에 빠졌어요. 멀리 도망가요. 금장신구를 모아 둔 것이 있으니, 우리가 살아가는 데는 충분할 거예요." "안 됩니다. 당신과 함께 지낼 수 없어요." 젊은이가 말했습니다. "나는 비탈 신에게로 갈 것입니다. 당신은 이미 결혼한 몸입니다. 당신이 떠나 버린다면, 당신의 남편은 극심한 고통을 당할 것입니다."

그러자 그녀는 집으로 돌아가 남편을 죽인 뒤 우물 속으로 던져 버렸습니다. 그리고 나서 그녀가 말했습니다. "이제 남편은 없어요. 저랑 같이 가요." 성자는 충격을 받았고 단호히 거절했습니다. 그러자 여자는 거리로 뛰쳐나가서 이 남자가 그녀의 남편을 죽이고 금을 훔쳐 가려 한다고 소리치기 시작하였습니다.

사람들과 경찰이 몰려와서 그를 붙잡아 판사에게 데려갔습니다. 여인은 거짓으로 이야기를 꾸며서 이방인을 판사에게 고소했습니다. 판사는 당혹스러웠습니다. 그는 범죄가 발생했으므로 벌을 내려야 한다고 결정했습니다. 하지만 목격자가 없으니 사형시킬 수는 없었습니다. 그래서 그 '무고한' 젊은 성자의 양손을 잘라 버렸습니다.

젊은이는 비탈 신에게 갔습니다. 비탈 신이 청년에게 나타나서 말했습니다. "어떤 소원이라도 요청하라. 쿠츠 망갈로 메레이 세이(Kuch Mangalo Meray Say)!"

성자가 말했습니다. "저는 당신과 있어 아주 행복합니다. 항상 당신을 숭배해 왔습니다. 제 혀는 다른 이름을 부른 적이 없고, 제 손은 어떤 죄도 저지르지 않았습니다. 제 손은 당신을 찬양하는 노래에 박수만 쳤을 뿐입니다. 신이시여, 자비를 베푸시어, 당신을 찬미하기만 했던 이 손들이 왜 잘렸는지 말씀해 주십시오!"

신이 말했습니다. "그대 앞에 있는 데바달샨(Devadarshan)을 보고서 전생에 무슨 일이 있었는지를 보라."

성자는 암소와 도살자, 성자의 과거 이야기를 보았습니다. 그리고 도살자가 늙은 남편이고, 암소가 그의 아내이며, 자신이 그 성자임을 알게 되었습니다. 암소는 전생에서 자기를 죽인 남편에게 복수를 해야 했습니다. 그때의 행위와 지금의 반응이 끝났습니다. 그의 손은 잘려야만 했습니다. 왜냐하면 그는 보호의 손길을 찾아 그의 오두막으로 온 암소를 내쫓아 버렸기 때문입니다.

그러므로 그것은 프라랍다에 따른 것입니다. 아무도 현세에서 일어나는 일의 뿌리를 모릅니다. 우리는 단지 지금 일어나고 있는 일을 볼 뿐입니다. 모든 카르마는 경험되어야 합니다. 그대는 혼자 힘으로는 발걸음 하나도 옮길 수 없습니다. 그러므로 행해져야만 하는 것을 알고 있는 유일자에게 복종하십시오.

우리는 과거의 생애들로부터 무언가를 배울 수 있습니까?

그대는 인간으로 태어나는 것이 아주 귀하고, 매우 값지며, 헛되이 낭비되어서는 안 된다는 것을 배울 수 있습니다. 수백만 년의 세월에 걸쳐 그대는 840만 종의 삶을 거쳤고, 지금 그대는 깨달음을 얻을 가능성이 가장 많은 종인 인간으로 태어난 것입니다.

전생 치료법이나 퇴행 요법이 도움이 됩니까?

이런 요법을 통해서 사람들은 현재의 심리 장애들의 확실한 원인이 되는 과거의 어떤 사건으로 인도됩니다. 나는 이것을 거부하지 않습니다. 그러나 여기서 말해지고 있는 것은 과거로 가지 말라는 것입니다. 마음이 과거입니다. 그대는 마음과 더불어 과거로 가서는 안 됩니다. 그 대신에 마음을 그것의 영향들이 약한 현재로 가지고 오십시오. 현재의 현존이 삿상입니다.

저는 환생이 이해되지 않습니다. 무엇이 환생하는 것입니까?

그대가 직접 나무의 뿌리를 보지 않는 한, 그대는 어떤 대답에도 만족하지 못할 것입니다. 그 나무의 가지들이 그대의 이 현재 환생입니다. 환생하는 것은 충족되지 못한 생각이나 욕망입니다. 이것을 그대는 피할 수는 없습니다. 생각이 없다면 그대는 자유롭습니다. 그렇지 않으면 욕망을 채우기 위해 거듭 환생해야만 할 것입니다. 그대의 욕망은 그대로 하여금 욕망을 충족시키도록 도울 사람의 형상을 취할 것입니다.

역사의 이 지점에서 인류의 영성에 대한 비전을 가지고 계십니까?

나는 비전이나 견해는 가지고 있지 않지만 확신은 가집니다! 나는 인류의 이 영적 진화는 역사가 아니라 신비라는 확신을 가집니다. (웃음) 그것이 신비라는 것을 알지 못하면 그대는 선생이 아니며 가르칠 수 없습니다. 역사적으로 보면 그것은 신비가 아니지만, 그대는 이해할 수 없습니다. 그 신비는 매우 신비롭고 비밀스러운 것입니다. 그것은 매우 은밀하고 신성한 것입니다.

서구인들에게 주어진 구체적인 역할이 있을까요?

확실히 서구인들은 구체적인 역할을 맡고 있고, 그 역할을 아주 잘 수행하고 있습니다. 인도에서 수천 년 동안 가르쳐 온 것을 인도인들은 더 이상 원하지 않습니다. 인도인들은 서구의 것을 원합니다. 그러므로 그들은 자신의 욕망들, 자신의 서구적인 욕망들을 채우기 위하여 서구로 가고 있습니다. 영적인 욕망들은 진리를 깨닫고자 하는 영적인 사람들에 의하여 충족될 것입니다. 그러므로 자유를 향한 욕망은 이제 서구로 가버렸습니다. 무척 아름다운 이 인도 처녀는 그들의 욕망을 채우러 이번 생에 서양으로 간 사람들에게로 갔습니다! 이것이 서구인들이 여기에 온 이유입니다. 그들은 아름다움이 무엇인지를 압니다. 그들은 모든 물질적인 아름다움을 보았으며, 물질적인 아름다움은 그들의 등을 차 버렸습니다. 그래서 이제 서구인들은 그들의 등을 발로 차지 않고 그들을 포용할 수 있는 다른 어떤 것을 찾아 이곳에 있습니다.

파파지, 이 환영 속에서 어떻게 존재해야 합니까? 어떻게 하면 저희가 환영 속에서 고통의 덫들에 걸리지 않고 능숙하게 살 수 있습니까?

그대가 누구인지를 잊지 마십시오! 우리는 우리의 일을 완수하지 않았기 때문에 이 세상에 살고 있습니다. 그 일이란 그대 자신을 아는 것입니다!

4장
빈집에 온 도둑들

늘 명심하십시오.

평화를 훔치는 도둑들은 빈집에 온 도둑들입니다.

왜냐하면 상상만이 고통을 겪기 때문입니다.

그대는 영향을 받지 않은 채로 있는 '그것'입니다.

평화는 늘 존재합니다.

이 평화를 거부하는 상상 속의 존재를 찾아서 거부하십시오.

'나'라는 생각이 자유를 훔치는 도둑입니다.

그리고 탐구는 '나'라는 생각과

이 생각의 경향성들을 제거하는 가장 좋은 방법입니다.

이 경향성들을 바라볼 필요는 없습니다.

그것들을 없애는 유일한 방법은 자유입니다.

그리고 탐구는 자유로 가는 최선의 길입니다.

그러므로 항상 나를 향하십시오.

이것은 고통스러운 조건 형성을 버리는 것입니다.

바사나들과 마음을 버리십시오.

그러면 그대는 평화입니다.

"나는 묶여 있다."는 개념을 버리십시오.

그리고 늘 나를 마주하십시오.

1. 욕망

물결이 일어나기 전,

그것은 바다였습니다.

욕망이 꿈틀거리기 전,

그것은 텅 빔이었습니다.

온 우주는 그대 자신의 욕망이니

그것을 즐기십시오.

하지만 그것에 의해 파괴되지는 마십시오.

그대는 그대 욕망의 노예가 되기 때문입니다.

평화를 훔치는 도둑은 덧없는 것에 대한 욕망입니다.

그러므로 영원한 것만을 열망하십시오.

여기, 이 영원한 순간에는 아무런 욕망이 없습니다.

그저 고요하십시오.

그리고 그대에게 정말로 필요한 것을 아십시오.

대상이 없으면 욕망도 없습니다.

욕망이 없으면 마음도 없습니다.

마음이 없으면

오직 나만이 있을 뿐입니다.

욕망은 진리의 얼굴을 덮고 있는 베일입니다.

'나'의 근원을 찾음으로써

베일을 벗기십시오.

그대는 존재 전체입니다.

욕망은 그대가 되지 않습니다.

어떤 욕망도 황제를 거지로 만듭니다.

욕망은 구걸하는 것이기 때문입니다.

"나는 나가 아니다."라는 것이 거지입니다.

그대를 파괴로 이끄는 하찮은 욕망들로 인해

그대는 그대의 왕국을 잃습니다.

그러니 욕망들이 누구에게 일어나는지를 탐구하십시오.

그리고 아무런 한계가 없는 공으로 흘러가십시오.

욕망의 어떤 대상도 실재가 아닙니다.

욕망의 어떤 대상도 그대의 평화만큼의 가치는 없습니다.

만약 그대의 집이 욕망들이라면

그 집을 불태워 버리십시오.

욕망의 부재만이 그대를 행복하게 합니다.

그러므로 어떤 욕망도 일어나지 않게 하십시오.
오로지 참사랑에 의하여 그대 자신이 녹게 하십시오.

욕망이 없을 때 사랑과 아름다움이 있습니다.
욕망하고자 한다면 오직 평화만을 욕망하십시오.
그대는 그대가 생각하는 것이 되기 때문입니다.
바다로 부어진 물은 바다가 됩니다.

다른 것에 관여하는 것은 나를 숨깁니다.
"나는 이것, 저것을 원한다."는 나를 숨깁니다.
이것이 다른 것에 관여하는 것들입니다.
꿀단지에 청산가리가 한 방울이라도 들어 있으면
그 꿀은 꿀이 아니듯이
단 하나의 욕망이라도 들어 있는 자각은
참된 자각이 아닙니다.

어떤 욕망도 악어입니다.
어떤 애착도 악어입니다.
욕망이 없을 때
그대는 신이며 궁극의 존재입니다.

뒤쫓기를 멈추고서 보십시오!

가슴은 늘 열려 있습니다.

오직 욕망이 가슴을 닫아 버립니다.

욕망은 삼사라입니다.

그대가 느끼는 감옥들은 욕망의 감옥들입니다.

늘 빈 채로 있으며

욕망들이 원할 때 춤추게 두십시오.

이것이 진정한 산야사(sannyasa)이며

이것은 옷이나 환경의 문제가 아닙니다.

산야사는 덧없는 것을 향한 욕망에 매달리지 않습니다.

욕망은 공으로부터 마음을 끄집어내기 때문입니다.

욕망 없음이 자유입니다.

그러므로 욕망들이 일어나는 곳을 바라보십시오.

욕망이 없으면 그대는 평화롭습니다.

이 완벽하게 정지된 마음이 자유입니다.

자유를 향한 욕망은 모든 욕망들을 파괴할 것입니다.

이 욕망이 일어나면

기다리지 마십시오!

지금 당장 그렇게 하십시오.

조용히 앉아서 이 욕망을 지켜보십시오.

미래의 자유를 바라지 마십시오.

지금에 자유를 얻으려고 노력하지 마십시오.

이 둘 사이에서 그대는 무엇을 봅니까?

저의 성품인 이 공을 사랑하도록 그리고 진정한 행복을 깨우치도록 저를 도와주시겠습니까?

행복은 그대가 바라는 대상을 만나서 오는 것이 아니며, 그대의 욕망들을 채워서 오는 것도 아닙니다. 어떤 것에 대한 어떤 욕망도 없을 때 행복이 있습니다. 욕망이 텅 비어 있을 때, 이 텅 빔이 행복입니다. 그러므로 어떤 욕망에 대한 생각도 버리십시오. 행복이 찾아올 때 그대는 혼자입니다. 홀로임과 행복, 이 둘은 아주 잘 조화를 이룹니다. 그대는 좋은 안내자가 필요합니다. 그렇지 않으면 세상이라는 숲 속에서 길을 잃고 헤맬 것입니다. 그대는 안내자가 필요합니다. 이 안내자는 은총입니다.

저는 욕망들이 많은 사람입니다. 욕망들이 저를 계속 괴롭힙니다.

욕망들이 충족되도록 두십시오. 누가 그것들을 막습니까? 그대의 머릿속에 있는 욕망들은 그것들이 자리 잡고 있는 그대의 머리를 깨트리고 말 것입니다. 한동안 기다리십시오. 서두를 필요가 없습니다! 우선 그대가 좋아하고 사랑하는 것들을 해 보고 그대의 마음을 충족시키십시오. 그대의 마음이 길을 잃고 지쳐 주저앉을 때, 마음은 모든 것들을 버리고 조용히 앉아 있는 법을 배울 것입니다.

탐구하려는 욕망을 가지면
다른 욕망들이 그대를 괴롭힐 수 없습니다.

욕망들이란 끝이 없는 것 같습니다. 모든 욕망들은 파괴되어야 합니까? 아니면 자기 탐구와 고요함으로 욕망을 피해 갈 수 있습니까?

욕망들은 끝이 없고, 심지어 몸이 죽어도 살아남습니다. 마음은 욕망들과 관계하느라 늘 바쁩니다. 이 욕망들은 채워져야 합니다. 그렇지 않으면 그대는 욕망들을 채우기 위해 다시 태어날 것입니다.

스승의 은총과 자기 탐구에 의해
욕망들은 피해지거나 충족될 수 있습니다.

욕망들을 하나씩 성취하려면 수백만 년의 시간이 걸릴 것입니다. 그래도 여전히 충족되지 않을 것입니다. 그러나 구루의 은총으로 모든 욕망들은 꿈속에서 충족될 것이며, 마음은 만족할 것입니다. 자기 탐구를 하면 그대는 욕망들의 근원 아래로 내려갑니다. 여기에는 마음이 없기 때문에 아무런 욕망도 없습니다. 마음이 감각의 대상들과 접촉할 때, 욕망들의 일어남이 촉진됩니다. 근원으로 들어가면, 욕망은 물론이고 이 세상조차 존재한 적이 없다는 것을 알게 될 것입니다. 그곳이 완전한 해방의 장소입니다.

나는 전생에 어떤 여인과 함께 하고 싶은 욕망을 가졌습니다. 그러나 나는 유명한 스와미였기 때문에 그렇게 할 수 없었습니다. 너무나 대단하여 나의 마하사마디(Mahasamadhi) 날에는 모든 은행과 가게가 문을 닫을 정도였습니다. 무슨 일이 일어났겠습니까? 나는 다시 태어나야 했고, 이 여인은 나의 아내가 되어야 했습니다. 그러므로 그대의 욕망들을 충족시키는 편이, 특히 자유롭고자 하는 그대의 욕망을 충족시키는 편이 더 낫습니다.

제게는 깨닫고자 하는 욕망도 있습니다.

이 욕망이 그대를 괴롭히게 하십시오! 그대에게 이 욕망이 정말로 있다면, 그것은 모든 욕망들의 끝을 의미합니다. 이 욕망은 다른 모든 욕망들을 놓여나게 할 것입니다. 이 욕망을 그대가 죽을 때까지 가지고 가십시오. 그러면 그대는 깨닫게 될 것입니다. 모든 욕망들은 나타나야 하고, 그대가 바라는 것은 무엇이든지 충족되어야 합니다.

나쁜 욕망들뿐 아니라 모든 욕망들이 불태워지고 스승님의 발밑에 놓여야 한다는 것은 진실입니까?

모든 것을 태워 버릴 불이 무엇인지 그대는 압니까? 헌신이, 스승에 대한 헌신이 그 불입니다. 헌신은 참스승의 발밑에 엎드리고 스승의 발을 숭배하는 것입니다. 그러면 그대는 어떤 것도 할 필요가 없습니다. 이것만으로 충분합니다. 옛날에는 스승의 발을 숭배하는 것만으로도 깨달음을 얻는 이들이 많았습니다. 나는 그대에게 많은 이야기들을 들려줄 수 있습니다. '라마야나(Ramayana)'에는 바라트(Bharat)에 관한 이야기가 있습니다.

바라트의 어머니는 바라트가 왕국을 이어받기를 원하였습니다. 그러나 그에게는 당연히 왕국을 물려받아야 하는 형이 있었습니다. 하지만 왕은 젊은 왕비인 바라트의 어머니에게 무엇이든지 주겠다고 약속했었습니다.

왜냐하면 그녀는 아주 아름다웠고, 예전에 있었던 전쟁에서 왕의 망가진 전차를 몰아서 왕이 싸워 이기는 데 큰 도움을 주었기 때문입니다. 그래서 왕이 장자에게 막 왕국을 넘겨주려고 할 때, 바라트의 어머니는 그녀의 소원을 들어주겠다던 왕의 약속을 상기시켰습니다. 그녀는 왕으로 하여금 장자를 14년간 유배 보내고 그녀의 아들을 왕으로 삼게 했습니다. 그녀의 아들은 그 당시에 카슈미르에 있었습니다. 그는 왕국에 돌아오고서야 그 동안 벌어진 일들을 들을 수 있었습니다. 그는 왕위가 장자의 것이라고 선언하며 왕위에 오르기를 거절하였습니다. 그리고 형을 찾아 나섰습니다. 마침내 치트라쿠트에서 형을 발견한 그는 왕국으로 돌아오라고 간청했습니다.

라마가 대답하였습니다. "아니다. 나는 아버지께서 하신 약속을 지켜드려야 한다. 나는 14년간의 유배 기간이 끝난 뒤에야 돌아갈 수 있다. 너는 왕국으로 돌아가서 내가 떠나 있는 동안 왕국을 다스려야 한다." 바라트가 말했습니다. "그러면 형의 나무 샌들인 파두카(paduka)를 주십시오. 그러면 저는 그것을 옥좌 위에 두고 숭배하겠습니다." 이 소년 바라트의 헌신은 어느 누구도 측량할 수 없습니다. 그는 단지 샌들을 숭배하였으며, 그 결과로 깨달음을 얻었습니다. 이것이 파담 푸자(Padam Puja)를 하는 사람에게 주어지는 보상입니다.

명상만으로는 충분치 않을 것입니다. 왜냐하면 두루미도 물고기가 가까이 다가오기를 기다리는 동안 명상을 하기 때문입니다. 두루미는 물고기를 속이기 위해 다리 하나로 서 있습니다. 그것은 고행입니다. 하지만 물고기들은 그대가 달려들고자 하는 욕망의 대상들일 뿐입니다. 그대는 오직 욕망하는 대상을 얻기 위해 참회하고 금욕하고 명상합니다. 이 모든 것을 멈추십시오. 두루미가 되지 마십시오. 단지 신의 발을 숭배하십시오. 그것으로 충분합니다! 헌신만으로 충분합니다.

삿구루의 발을 씻을 때 그대는 더없이 행복해집니다. 삿구루는 누군가가 자신의 발을 씻기를 원하지 않지만, 그대를 위하여, 그대가 겸손해지도록 그것을 허락합니다! 스승의 발을 바라보십시오. 이것만으로 충분합니다. 이렇게 해 보십시오. 그것은 실패할 수 없는 방법입니다. 모든 다른 방법들은 실패할 수 있습니다. 명상들은 그대가 필요로 하는 어떤 것을 위한 것이지만, 삿구루의 발을 숭배하는 것은 모든 것을 없애기 위한 것입니다. 참스승의 발을 바라보십시오.

더 이상의 욕망은 없습니다. 제 성품인 희열뿐입니다!

모든 사람을 괴롭히는 것은 바로 욕망입니다. 욕망이 없는 사람을 찾기는 쉽지 않습니다. 만약 그대에게 아무런 욕망이 없다면, 그대는 삶과 죽음의 바다를 건넜습니다. 이제 그대는 모든 것을 즐길 수 있습니다. 럭나우에 오는 목적은 그대의 욕망과 의심과 자아를 없애기 위한 것입니다. 이것들이 없어지면, 더 이상 해야 할 일이 없습니다.

스승님은 저에게 도둑들과 대면하라고 하셨습니다. 저는 그렇게 했고, 이젠 아무것도 없습니다. 감사합니다.

어떤 것들이 오면 그대는 그것을 대면해야 합니다. 그렇게 하지 않으면 어려움이 옵니다. 그것은 자아가 자아를 대면하는 것이기에 모든 것이 사라질 것입니다. 자아를 대면할 때는 교묘해야 합니다. 왜냐하면 자아가 교묘하기 때문입니다. 그러므로 그런 것들과 자아를 동시에 대면하십시오.

옛날에 숲의 왕인 호랑이가 있었습니다. 호랑이는 많은 동물들을 죽였지만, 죽인 동물들을 조금씩만 먹을 뿐이었습니다. 그래서 숲에 사는 모든 동물들이 호랑이의 살육을 막기 위해 회의를 열었습니다. 그들은 날마다 호랑이에게 한 마리씩만 동물을 보내어 다른 동물들은 안전하게 지내도록 하자는 결정을 내렸습니다. 그래서 호랑이에게 이러한 전갈을 보냈고, 호랑이도 동의했습니다. 하지만 호랑이는 잠에서 깨면 배가 매우 고프니까 아침 7시까지는 먹이가 와야 한다고 했습니다.

그날 밤 동물들은 다음 날 누가 갈 것인지를 결정하려 했습니다. 모든 동물의 생명이 매일 위험에 처해 있었지만 어느 누구도 가려고 하지 않았습니다. 그러자 여우가 자신이 먼저 먹이가 되겠다고 나섰습니다.

동물들은 그날 밤 여우를 위해 파티를 열어 주었고, 다음 날 아침 여우가 꼬리를 치켜들고 길을 떠날 때는 화환을 씌워 주었습니다.

그는 숲의 왕에게 아침 9시에 도착했습니다. 호랑이는 여우가 너무 늦게 나타나서 매우 화가 나 있었습니다.

"제가 늦은 것이 아닙니다. 저는 아침 6시에 출발했으니까 이곳에 6시 45분에는 도착했을 것입니다. 그러나 오는 길에 다른 호랑이님을 만났습니다. 그 호랑이님은 몹시 굶주려 있었고 저를 잡아먹겠다고 했습니다. 하지만 저는 이 숲의 왕인 다른 호랑이님과 약속이 되어 있어서, 그분을 먼저 만나야 한다고 했습니다. 그리고 또 말하길, '그러니 저는 다른 호랑이님께 갈 것입니다. 호랑이님께는 다른 동물이 보내질 것입니다.'라고 했습니다. 이것이 제가 늦은 이유입니다."

호랑이가 말했습니다. "이 숲에는 나 말고 다른 왕이 없다. 내가 이곳의 왕이야!"

"아닙니다. 제가 보여 드리죠. 저를 따라오세요." 여우는 호랑이를 우물 위로 데려갔습니다. 여우가 말했습니다. "보십시오. 제가 말씀드린 대로 다른 호랑이가 여기에 있습니다." 호랑이는 그것을 보고 분노하여 으르렁거렸습니다. 그러자 다른 호랑이도 이에 맞서 으르렁거렸습니다!

"제가 말씀드렸지요. 저 호랑이님은 아주 큽니다. 저를 몹시 난처하게 했어요."

분노에 떨며 호랑이는 우물 속으로 뛰어들었습니다. 그러자 여우가 말했습니다. "됐어! 바로 그거야. 이봐! 나와서 나를 잡쉬 보시지." 모든 동물들이 행복해 했다. 여우는 수많은 형제자매들을 구했던 것입니다.

이것이 자아입니다. 조심스럽게 자아를 다루어야 합니다. 자아가 우물 속으로 뛰어들게 하십시오. 그러면 그대는 즐길 수 있습니다.

　

스승님께서는 욕망을 떠나는 것이 자유로 가는 길이라고 말씀하십니다.

욕망을 위해서는 어떤 대상과 주체가 필요합니다. 그것들은 모두 과거를 의미합니다. 그대는 자신이 사랑하는 것이 영원한 것인지 아닌지를 알아야 합니다. 이것을 마음에 새기고, 욕망들의 결과를 살펴보십시오. 그것들이 행복과 평화, 사랑을 가져옵니까? 그렇지 않다면 그것들을 간직하는 것은 쓸모없는 일입니다. 그러니 매일 밤 잠을 자는 상태에서 그러하듯이 그것들을 버리십시오. 이 상태에서 그대는 행복하지 않습니까? 왜 그대는 이런 대상들을 거부하고 잠을 잡니까? 그대는 마음의 평화를 위해 잠을 잡니다. 그대는 모두를 거부하고, 심지어 그대 자신의 몸조차 거부합니다. 왜냐하면 몸을 생각하면서 동시에 잠을 잘 수는 없기 때문입니다. 그러므로 잠이 그대 자신의 몸보다도 훨씬 좋은 것입니다.

왜 저는 계속 고통 속에 있습니까?

자유를 향한 욕망이 있을 때는 고통이 없습니다! 그대는 동시에 두 가지 욕망을 지닐 수 없습니다. 자유를 원할 때는 고통을 받지 않습니다. 고통 받기를 원할 때는 고통을 받아야 합니다. 왜냐하면 그대가 고통 받기로 결심했기 때문입니다. 지금까지 누가 "나는 고통 받기를 원치 않는다."라고 결정을 내렸습니까? 대부분의 사람들은 고통을 사랑합니다. 그래서 그들은 고통을 받습니다.

파리에 사는 한 여인이 있었습니다. 나는 그녀의 친구의 부탁을 받고 그녀를 만나러 갔습니다. 친구는 그녀가 너무나 심한 고통을 받고 있다고 했습니다. 우리는 그녀의 아파트로 찾아갔습니다. 그런데 나를 보자마자 그녀는 말하기를, 그녀가 소유하고 있는 다른 아파트에 내가 원하는 만큼 오래 머물러도 좋지만 다시는 나를 다시 만나지 않겠다고 했습니다.

나는 그녀가 이렇게 말한 이유가 의아했습니다. 그녀는 나에 대해 알지 못했습니다. 그래서 나는 그녀에게 물었습니다. "나는 당신이 고통을 받고 있다고 들었습니다. 그래서 찾아온 것입니다. 당신이 고통에서 벗어나도록 도와드릴 수 있습니다."

그녀가 대답했다. "그래요. 당신의 얼굴을 보는 순간, 당신이 저의 고통을 없앨 수 있다는 것을 알았어요. 하지만 이제 저는 이 고통을 사랑해요. 저는 고통을 없애고 싶지 않아요. 저는 39년 동안 고통과 더불어 살아왔기 때문이에요. 당신이 그것을 없애 버리면 저는 누구랑 살아가겠어요?"

이상한 이야기였습니다. 그래서 나는 거기에 머무르지 않기로 결심하였습니다. 이처럼 모든 사람이 고통 받기를 원합니다. 모든 사람이 자신을 확실히 속이고 있습니다. 사실은 고통 받기를 좋아하는데, 어떻게 고통이 멈추기를 바랄 수 있겠습니까? 이 여인의 삶은 고통을 기반으로 하고 있었습니다. 많은 사람들의 경우도 이와 같습니다. 그들은 정상적이 되기를, 삶을 즐기기를 원하지 않습니다. 그들은 고통 받기를 원할 뿐입니다. 그대는 고통에 너무나 집착하고 있습니다. 하지만 진정한 여기에서, 그대는 얼마나 오랫동안 고통 받을 수 있습니까? 그대는 진정한 여기에서는 고통 받을 수 없습니다! 진정한 여기에서 그대는 미소 짓고 행복할 것이며, 노래하고 춤출 것입니다. 걱정하지 마십시오. 내가 아픔 없이 그대의 고통을 없애 줄 것입니다.

제가 고통 받기를 그치도록 도와주시겠습니까?

그대는 고통 받기를 그치겠다고 결심해야 합니다. 고통 받기를 그치고, 고통으로부터 진정으로 자유로워지십시오. 마음이 찾아오면, 마음을 따라가지 않겠다고 마음에게 말하십시오. 그리고 그대의 결심을 알려 주십시오. 마음을 거절하십시오. 문을 열어 주지 마십시오! 문을 열어 주지 않는다면, 어떤 손님도 안으로 들어오지 않을 것입니다. 그대를 괴롭히는 마음은 그대가 갈망할 때만 작용합니다. 그러므로 갈망하기를 멈추십시오. 그러면 온 세상이 그대에게 주어집니다.

저에게는 아주 심한 음식 바사나(vasana)가 있어 이것이 저를 괴롭힙니다. 그것으로부터 벗어나고 싶습니다.

동물들에게도 그대처럼 이러한 바사나가 있습니다. 동물에게는 없지만 그대에게 있는 것은 이런 삶에서 자유롭겠다고 강하게 결심할 수 있는 능력입니다. 인간으로 태어난 것을 낭비하지 마십시오. 한 순간도 헛되이 낭비하지 마십시오. 수많은 사람들이 젊은 나이에 죽습니다.

그대의 모든 시간을 명상하는 데 쓰십시오.
그리고 삿상이 있는 곳을 찾아 거기로 가십시오.

나도 그대처럼 먹는 것을 좋아합니다. 하지만 너무 많이 먹어서는 안 됩니다. 적당한 음식을 먹고, 적절한 습관을 갖고, 적당히 잠을 자십시오. 이것은 그대를 건강하게 지켜 주고 그대가 원하는 것을 유지하게 합니다. 강처럼 바다를 향하여 계속 나아가십시오. 살기 위해 먹고, 먹기 위해 살지 마십시오.

그대는 모든 욕망들을 충족시켜야 합니다. 이번 생애에 그것들을 충족시키는 편이 낫습니다. 그렇지 않으면 그것들을 충족시키기 위해 다시 태어나야 할 것입니다! 그대의 욕망이 표면에 드러났으니 밖으로 나가서 그것을 채우십시오. 하지만 다시 돌아온다고 약속해야 합니다. 우리 모두는 그대를 좋아하기 때문입니다. 먹는 것은 기본적인 욕망입니다. 그러니 우선 먹고 이 욕망을 만족시키십시오. 카비르는 말하기를, 육체의 배고픔은 암캐와 같아서 먹이를 주어야 한다고 하였습니다.

2. 마음, 생각, 그리고 마음의 짐

순수한 마음은 가슴에서 마음 없음으로 일어납니다.

이것이 의식입니다.

마음이 움직이고 욕망이 일어날 때 마음의 불순이 있게 됩니다.

이것이 굴레입니다.

이것은 영속하지 않는 어떤 것,

지속되지 않고 희열이 없는 어떤 것을 원하는 것입니다.

"나는 평화다."라고 생각하는 움직임조차도

진정한 평화를 방해합니다.

그대는 움직이지 않습니다. 그대는 움직일 수 없습니다.

오직 의도를 지닌 마음이 움직일 뿐입니다.

마음이 정지될 때,

진정한 자유가 여기에 있습니다!

마음이 있는 곳에는 둘이 있고 과거가 있습니다.

마음이 없는 곳에 진정한 자유가 있습니다.

마음은 다름이 있는 곳에서 강합니다.

마음은 대상과 접촉할 때만 마음이기 때문입니다.

마음은 최악의 오염입니다.

마음은 진정한 사랑으로부터 그대를 훔치는

시간의 개념이기 때문입니다.

마음은 삼사라, 즉 수많은 자궁들을 갈아타는 순환입니다.

마음은 묘사입니다.

그러므로 생각으로 묘사할 수 없는 것을 보십시오.

마음은 그대의 욕망입니다!

이것은 마음의 잘못이 아닙니다.

마음을 괴롭히는 것은 바로 그대이기 때문입니다.

생각과 짐으로 자신의 아름다움을 저해하는

그대의 사악하고 해묵은 버릇들은 쉽게 죽지 않습니다.

그대는 자기 자신의 개념들에 의해 동요되지만,

그것들은 비어 있으며 존재하지 않음을 아십시오.

그러므로 마음은 생각일 뿐이며

그대가 원하는 것은 무엇이나 창조할 수 있다는 것을

아는 것이 무엇보다 중요합니다.

마음은 거지입니다.

원한다는 개념은 그대를 거지로 만들기 때문입니다!

오로지 존재로 있으십시오.

동냥 그릇을 내려놓으십시오.

왕위에 오르려면 자아의 동냥 그릇을 내던지십시오.

마음이 화장될 때 자유가 있습니다.

마음의 완전한 파괴가 자유입니다.

그러면 마음은 마음 없음입니다.

자유를 원하겠다고 결심하십시오.

그리고 마음을 '그것'에 복종시키십시오.

그대가 마음을 바치면,

생각하기를 멈추어야 하며

다시는 고통에 빠지지 않겠다는

단호한 결심을 해야 합니다.

어떤 개념이라도 일으키면

그대는 묘지를 향해 다시 미끄러지기 시작합니다.

이 묘지는 자아의 무도장입니다.

자아는 존재 – 희열 – 의식 안에 있는 지금 여기에서 가라앉습니다.

마음은 움직임이며,

어떤 것을 향해 움직이기 위하여 욕망들을 창조합니다.

과거나 미래와 관련이 있을 때

마음의 놀이가 시작됩니다.

마음이 놀도록 두십시오.

그것은 물이며, 바다와 다르지 않은 물결입니다.

그것은 완벽합니다.

그러나 마음이 악마 같은 마음 자아와 동일시되면

헤아릴 수 없는 불행과 고통이 일어납니다.

그러니 바다로서 노십시오.

자신이 개별적인 물결이라고 생각하는

오만을 버리십시오.

바다에, 나에 깨어 있으십시오.

그러면 자아라는 도둑이 마음의 집으로 들어오지 못할 것입니다.

그대가 마음에게 좋은 일을 주면, 마음은 유쾌한 친구가 됩니다.

그러나 그대가 감각의 대상들과 즐거움들로 인도할 때,

마음은 무서운 적이 됩니다.

마음이 나를 향하도록 인도하는 것이 좋은 일입니다.

탐구 외의 그 어떤 방법으로도

마음을 붙잡을 수 없습니다.

그 밖의 모든 것은 오직 마음일 뿐입니다.

그러므로 그대를 이 순간에게 소개하는 데 마음을 이용하십시오.

빛의 무수한 반사들이 있지만 태양은 하나뿐이듯이,

이 마음이 이 순간이며, 이것이 나입니다.

얽매여 있느냐 자유로우냐는 그대에게 달려 있습니다.

그대는 그대가 생각하는 것이기 때문입니다.

그러므로 탐구하십시오.

생각을 멈추십시오.

마음과의 연합을 완전히 떠나십시오.

그리고 마음 없음에서 그냥 노십시오.

저는 깊은 체험 속에서 제 마음이 속임수들을 부리고 영적인 경험들을 만들어 내고 있다는 것을 깨달았습니다.

이것은 훌륭한 이해입니다. 이제 그대는 마음을 추적하여 마음의 속임수들을 알아보았습니다. 누가 속임수를 쓰는지를 안다면 그는 그대를 속일 수 없습니다. 만약 어떤 종류의 경험이라도 있다면, 그것은 마음의 속임수입니다! 이 경험으로 그대는 매우 행복할 것입니다. 그것을 친구들과 구루들에게 말하십시오. 그들도 이것을 높이 평가할 것입니다. 왜냐하면 그들은 어떤 경험도 없는 곳을 보지 못했기 때문입니다! 그러므로 모두들 그대의 에너지가 어떻게 그대의 밑바탕에서 올라와 그대의 가슴과 그 너머로 가고 있는지 듣고 싶을 것입니다! 그리고 그들은 이것이 마지막 일이라고 그대에게 말할 것입니다. 그러나 그대가 마음을 따라간다면, 그것은 사라질 것입니다.

저는 이런 경험들이 평화로울 때 일어난다는 것을 알아차렸습니다.

그것은 틀린 말입니다. 왜냐하면 그대가 평화로울 때는 아무 일도 일어날 수 없기 때문입니다. 그대가 평화로울 때 어떤 일이 더 일어날 수 있겠습니까? 그대가 평화롭다는 이 알아차림은 마음의 속임수입니다. 그렇지 않다면 그대가 어떻게 알아차리겠습니까? 그대가 알아차릴 수 있을 때는 오직 어떤 것이 그대 앞에 있을 때, 그리고 그대가 자신을 하나의 몸으로서 주체화시키고 그 평화를 그대 앞에 있어 알려질 수 있는 어떤 것으로 객체화시킬 때뿐입니다. 이것은 마음의 속임수입니다. 그대는 정확히 알지 못했습니다. 왜냐하면 지금 그대는 내부나 외부를 알아차리지 못하고 있기 때문입니다. 내부든 외부든 어느 곳도 바라보지 않음으로써 마음이 속이지 못하게 하십시오. 내가 말하는 것을 이해한다면, 이제 모든 것이 끝납니다. 어느 곳도 보지 마십시오! 그대가 이해한다면, 그대는 무엇을 볼 것입니까? 진정한 여기에는 어떤 속임수도 없을 것입니다! '나'가 어디에서 나오는지 가르침을 받는 사람은 아무도 없습니다. 그러므로 여기에서 그대가 찾아내야만 합니다. 그대의 얼굴을 '나'의 근원으로 돌리십시오. 그렇게 하십시오. 그것은 명상하는 것이 아닙니다. 그것은 어떤 노력에 관계하는 것이 아닙니다. 그렇게 하십시오. 그리고 다음에 무슨 일이 일어나는지 말하십시오.

저는 마음의 혼란을 너무 많이 겪고 있습니다. 저를 도와주시겠습니까?

좋아하지 않는 것을 경험할 때 그대는 마음의 혼란을 겪습니다. 그대의 욕망들을 충족시키도록 노력하십시오. 왜냐하면 만약 그대가 그것들을 억누른다면, 그것들은 그대의 뇌 속 어딘가에 머물 것이며 그대는 잠을 이룰 수 없을 것입니다. 그러므로 마음속에 어떤 것도 간직하지 마십시오. 그대의 삶을 최대한 즐기십시오. 모든 것을 즐기고 나면, 그대는 세상의 덧없는 즐거움들 너머에 다른 어떤 것이 있음을 알게 될 것입니다. 그 모든 즐거움들은 뼈와 가죽을 필요로 합니다. 그러나 이런 것들에 의존하지 않는 행복이 있습니다. 이 행복을 찾아낼 때 그대는 고요히 앉아 있을 것입니다. 그리고 뼈들만 가득한 묘지로 되돌아가지 않을 것입니다. 대부분의 사람들은 날마다 묘지에 머물고 있습니다. 이것을 알게 되면 그대는 희열에 이끌릴 것이며, 이 희열은 그대를 그것 속으로 점점 더 깊이 계속 끌어당길 것입니다. 걱정하지 마십시오. 그냥 여기에 고요히 머무십시오. 그대의 마음이 예전의 혼란들로 되돌아가지 못하게 하십시오. 그대의 마음이 밖으로 나갈 때마다 사자처럼 그것을 덮치십시오. 그러면 마음은 예전의 혼란으로 되돌아가지 않을 것입니다. 사자가 되십시오.

마음이 과거 속으로 들어가지 못하게 하십시오. 그것이 전부입니다.

제가 삶에 복종했던 것과 같은 방식으로 스승님께 복종합니다. 하지만 아직까지도 많은 근심들을 경험하고 있습니다.

근심은 그대를 잡아먹을 것입니다. 마음의 근심은 그대의 적이 되고 그대를 떠나지 않을 것입니다. 행복한 상태에서 살고 싶거든, 이 적을 직면하고 그것이 그대의 집에 들어오지 못하게 하십시오. 과거가 그대의 마음에 들어오지 못하게 하십시오. 그러면 그대는 자유롭고 행복할 것입니다. 대부분의 사람들은 근심에 너무나 집착하여 그것과 헤어지지 못합니다. 하지만 그대가 그것에 물리도록 싫증을 느낄 때, 이 근심은 다른 사람에게 가 버릴 것입니다. 그러나 그때에도 그대는 여전히 그것에 집착합니다. 나는 그대에게 근심을 주었던 과거라는 친구에 대한 집착을 포기하라고 충고합니다. 여기에 머무르십시오. 나는 그대에게 이 집착을 점검하는 방법을 가르쳐 주겠습니다.

저는 생각들을 억누르는 대신 인정해야 한다고 느끼고 있습니다.

좋은 방법입니다. 생각들을 억누르지 말고, 어떤 생각이 오더라도 직면하십시오. 만약 그대가 달아나 버린다면, 그대는 그대의 비겁함과 연약함을 드러내는 것입니다. 그러면 생각들은 그대를 뒤따르며 더욱 강해질 것입니다. 이제 멈춰 서서 생각들을 관찰하십시오. 그러면 그것들은 사라질 것입니다. 그대는 더 이상 도망갈 필요가 없습니다. 각각의 생각을 직면하십시오. 그리고 힘을 얻기 위해 요가의 기법들을 사용하십시오.

저는 생각에서 자유로워지고 싶습니다.

그대는 성공의 문턱에 있습니다. 하지만 대담하고 강해야 합니다. 강한 자가 승리할 것입니다. 그러므로 그대의 온 힘을 "나는 자유롭고 싶다."에 쏟아 붓도록 하십시오. 이것으로 충분합니다.

저는 세상을 두루 여행하려는 수많은 계획들이 있었습니다. 저는 여기를 떠날 수 없어서 그 계획들을 계속 취소하고 있습니다.

그대가 어디를 가든, 그대는 마지막 깨달음을 위하여 결국에는 진정한 여기에 머물러야만 합니다. 그대의 가장 좋은 안내자는 자유롭고자 하는 진실한 갈망입니다. 이것은 그대가 있어야 할 곳으로 그대를 데려갈 것입니다. 그곳에서 그대의 마음은 죽임을 당할 것입니다. 그러나 마음은 쉽사리 죽기를 원치 않습니다. 그래서 그대의 친구가 되어 나타날 것입니다. 그 친구가 그대의 적임을 아십시오!

저는 제 마음에 싫증이 났고, 제가 너무나 무력하다고 느낍니다. 어떻게 해야 할지 모르겠습니다.

이 '애인'과 얼마나 오랫동안 함께 했습니까? 만약 그대가 마음에 싫증이 났다면, 멈추고 앉아서 쉬십시오. 그대가 걸으면 마음도 걷고, 그대가 고요히 있으면 마음도 고요히 있습니다. 이 '애인'을 그대의 집으로 들이지 마십시오. 그러면 결국 그는 떠나갈 것입니다.

수없이 시도해 봤지만 아직 생각의 근원을 경험하지 못했습니다.

그대에게 집이 있는데, 밤에 물건들을 도둑맞았다고 가정합시다. 그러면 그대는 도둑을 잡기 위해 밤에도 깨어 있습니다. 도둑이 집에 들어설 때 그대는 기침을 합니다. 그러면 도둑은 몰래 달아나 버립니다. 왜냐하면 도둑은 그대가 아직 깨어 있다는 것을 알기 때문입니다. 곧 그는 되돌아와서 더 많은 것을 훔칩니다. 그대는 도둑이 있다는 것을 알지만 도둑이 놀라서 도망치지 못하도록 하기 위해 모른 척합니다. 도둑은 그대의 집을 떠나고, 그대는 도둑을 뒤따라 몇 킬로미터를 가서 도둑의 소굴에 도착합니다. 그대는 소굴로 들어가 도둑을 잡고 도난당한 물품들을 되찾습니다. 이처럼 생각이라는 도둑을 뒤따라가십시오! 생각은 그대의 평화를 훔치는 도둑입니다. 그 도둑의 소굴은 바로 그대 자신의 나입니다. 그러니 그것을 즐기십시오.

스승님은 생각과 느낌을 직면해야 한다고 말씀하십니다. 어떻게 하면 그렇게 할 수 있습니까?

현재에 머무르며 그것을 살펴보십시오. 과거로 달려가지 마십시오. 현재에 확고하게 머무르십시오. 이것이 생각에 직면하는 것입니다.

제가 이렇게 하려고 할 때 그때는······

'······할 때'는 미래입니다. 그리고 '그때'는 과거입니다. 이 둘 사이에는 어떤 생각이 있습니까?

그것은 마치······

'마치'라는 말은 무슨 뜻입니까? 이것은 장미입니다. (그녀에게 장미를 보여 준다.) "이것은 장미입니다."라고 할 것입니까? 아니면 "이것은 마치 장미처럼 보입니다."라고 말할 것입니까? 그대 앞에 있는 것에 분명하십시오. 그러면 모든 생각들이 사라지고, 그대는 행복하고 평화로울 것입니다.

저는 행복해지고 싶습니다. 제 신경증과 제 모든 문제들을 스승님께 드리고 싶습니다. 제가 제 마음의 유혹에 너무나 자주 넘어간다는 것이 역겹고, 제가 너무나 자주 역겨워지는 것이 역겹습니다.

이 모든 것들을 없애려면, 내면에 있는 그대 자신의 나를 바라보십시오. 내 말대로 그렇게 하십시오. 바깥이 아니라 내면을 바라보십시오. 얼굴을 보면 사람들이 오랫동안 지녀 온 신경증이 보입니다. 그대의 신경증은 어린 시절에서 연유합니다. 그대가 여기에 있다는 것은 행운입니다. 신경증이 사라질 것이기 때문입니다. 어디에서든 적당히 앉아서 내면을 바라보십시오. 바깥에 있는 이웃을 바라보지 마십시오.

내면을 더 많이 들여다볼수록
그대가 더욱 아름다워진다는 것을 발견할 것입니다.
이 아름다움은 수십 년 동안 가려져 있었습니다.
그것을 알기 위해서는 아무것도 하지 말아야 합니다.
그저 생각하지 마십시오.
그러면 그대가 누구인지를 알게 될 것입니다.

저도 그렇게 합니다. 내면을 바라보려고 노력합니다. 하지만 제 마음은 예전처럼 늘 분주한 것 같습니다. 하지 않음이 제게 더 있기를 원합니다.

마음은 그대의 관심을 끄는 어떤 것이 앞에 있을 때 분주합니다. 관심을 끄는 대상이 없다면 마음은 아무것도 발견하지 못합니다. 그대가 잘생긴 청년을 본다면, 그대의 마음은 분주해질 것입니다.

둘이 있을 때 마음은 분주합니다.
오직 하나만 있다면
얼마나 오랫동안 마음이 춤출 수 있을까요?
마음은 피로를 느끼고, 조용해져 잠들 것입니다.

이런 문제들을 풀기는 어렵지 않습니다. 그대가 다른 대상, 사람 혹은 생각에 대한 욕망을 갖지 않을 때, 아무 일도 하지 않는 것이 가능합니다. 그때 그대의 마음은 쉴 수 있을 것입니다.

저는 스트레스를 많이 받고 마음이 불안합니다. 또 저의 삶에 늘 문제들을 만들어 냅니다. 하지만 삿상에서는 고요를 느낍니다. 고요해지도록 도와주시겠습니까?

그대는 어떤 문제들을 만들어 냅니까?

항상 바쁘고 가만히 있지를 못합니다.

현기증이 날 만큼? (웃음) 바쁘다는 것은 좋은 일입니다. 그렇지 않으면 그대는 잠들 것이기 때문입니다. 가장 좋게 바쁜 것은 그대가 나오는 근원을 알기 위해 바쁜 것입니다.

제 나에게 가까이 가려고 노력합니다. 하지만 이 마음의 소음이 저를 안으로 들어가지 못하게 합니다.

그대의 이름은 마트왈리입니다. 마트왈리는 무슨 일이 일어나도 그러한 것들에 신경을 쓰지 않기 때문에 나는 그대에게 그 이름을 준 것입니다. 만약 마음이 그대를 괴롭힌다면, 괴롭히도록 놓아두십시오. 마음이 그대를 괴롭히지 않으면, 괴롭히지 않도록 놓아두십시오. 무슨 차이가 있습니까? 거기에 있는 것에 상관하지 마십시오. 나타나는 것은 나타나도록 놓아두십시오. 나타나지 않는 것은 그대 앞에 앉아 있도록 하지 마십시오. 당신은 누구냐고 묻지도 마십시오. 어떤 것에도 상관하지 마십시오.

저는 지금 고요합니다. 하지만 생각들이 여전히 나타납니다. 그것들이 그다지 중요해 보이지는 않지만 말입니다.

그대가 생각에 대해 이야기하고 그것을 입 밖에 내면, 생각들은 중요해집니다. 그때 그것은 중요해집니다. 그렇지 않으면……. (웃음)

(그녀도 미소 지으며 웃는다.)

그대는 장애들이 얼마나 쉽게 제거되는지를 봅니다. 그대의 얼굴을 보십시오. 그 얼굴은 그대가 여기에 왔을 때의 얼굴이 아닙니다.

그대는 이 문제들을 처리할 수 없습니다. 이 모든 문제들은 나가 처리할 것입니다. 그냥 나에 복종하십시오. 그러면 나가 그대를 돌볼 것입니다. 나는 온 우주를 돌보고 있습니다. 왜 나가 그대처럼 올바른 길에 있는 사람을 돌보지 않겠습니까?

저는 시간과 공간과 마음의 너머에 있는 사람을 만났다고 느낍니다. 저는 그를 신과 나라고 인식합니다. 제게 조언해 주시겠습니까? 그분을 저의 구루로 삼아도 되겠습니까?

마음 너머에는 아무런 구별이 없습니다. 마음 너머에는 돼지와 사람도 차이가 없습니다. 한 사람이 다른 사람보다 우월하다고 구별하는 그대의 생각은 마음입니다.

그대는 그가 시간과 공간, 마음의 너머에 있다고 말합니다. 그러면 그 사람이 있는 곳을 어떻게 찾아낼 것입니까? 그대가 시간과 공간, 마음의 너머에 있을 때에만 그를 찾을 수 있을 것입니다. 그러면 마음을 넘어선

이 두 사람은 우주에서 만날 것입니다. (웃음)

저의 무지를 없애도록, 제가 완전히 고요해지도록 도와주십시오. 저는 희열을 경험해 왔습니다. 하지만 아직까지 세상과 저의 개념들에 많은 영향을 받고 있는 것 같습니다.

만약 일별이라도 했다면, 어느 것이든 그대와 함께 머물게 놓아두십시오. 아무런 문제가 없습니다. 어떤 세상이나 사건들도 그대를 괴롭히지 않을 것입니다. 이 일별을 마음속에 간직하십시오. 그러면 무슨 일이 일어날 수 있겠습니까? 그대의 아버지는 우주의 주인입니다. 그리고 그는 그대와 의절할 수 없습니다. 그대가 우주의 주인의 아들이라는 것을 기억하는 한, 그대는 무엇이든지 원하는 것을 할 수 있습니다. 이 모든 것들은 그대가 즐기기 위한 것입니다. 왕자가 무엇이든지 좋아하는 것을 할 수 있는 것과 마찬가지입니다. 아무도 그를 건드릴 수 없습니다. 모두들 그가 왕자라는 것을 알고 있기 때문입니다. 누가 왕에게 불평한다고 해도 그것은 문제가 되지 않습니다. 왕은 왕자의 아버지이기 때문입니다. 왕은 자기 아들을 벌하지 않을 것입니다. 단, 아버지와 의절은 하지 마십시오. 그러면 그대는 거지가 될 것입니다. 그것은 그대에게 달려 있습니다. 누구나 왕자입니다. 곤경에 처해 있는 사람들은 자신이 왕자임을 잊고 있을 뿐입니다.

스승님께서는 전에 말씀하셨습니다. "가장 탁월한 개념도 단지 개념일 뿐이다." 말들을 이해하기 위해 노력해야 할 어떤 실제적인 이유가 있습니까? 말들은 저를 괴롭히기만 하는 것 같습니다.

노력할 필요도, 이해할 필요도 없습니다.
그대가 이해하는 것은 모두 개념들에 불과합니다.
그대가 이해했거나 이해할 것들은 모두 개념들에 불과합니다.
그대가 주위에서 보는 것은 모두 개념들에 불과합니다.
그대 마음의 개념들은 몹시 강해질 수 있으며
실재하는 것으로 보일 수 있습니다.

개념 없이는 그대는 어떤 것도 인지할 수 없습니다. 그러므로 그대가 보는 모든 것들은 그대의 기억 속에 이미 저장되어 있는 것입니다. 그대의 꿈속에서 그대를 덮치는 꿈속의 호랑이와 같습니다. 호랑이는 그대를 몹시 두렵게 합니다. "너는 꿈속의 호랑이다. 순전히 마음속의 개념들에 불과하다. 나는 네가 두렵지 않다."라고 그대는 말하지 않습니다. 꿈속의 호랑이들은 깨어 있는 상태에서 보이는 숲 속의 호랑이들만큼 사납습니다.

이처럼 모든 것들이 실재처럼 보입니다.
그대가 보고, 만지고, 맛보고, 듣고, 냄새 맡는

모든 것들이 실재인 것처럼 보입니다.
하지만 사실 그것들은 실재가 아닙니다.
그것들은 모두 개념들입니다.

그대가 깨어날 때, 그대는 이런 개념들, 이런 꿈들을 없앨 것입니다. 오직 그때서야 그대는 그것들이 단지 그대의 개념들에 불과하다고 말할 것입니다. 너무나 오랫동안 그대는 이 깨어 있는 꿈에 집착해 왔습니다. 이제 그것은 그대가 실재라고 부를 만큼 대단한 개념입니다. 하지만 그대가 잠자는 상태에 있을 때 거기에는 아무것도 없다. 이것을 그대는 깨어 있는 상태에서도 경험할 수 있습니다. 깨어 있는 상태에서는 잠들어 있고, 남들이 잠들어 있는 동안에는 깨어 있으십시오.

잠을 잘 때 그대 자신의 나에 깨어 있도록 하십시오.
그러면 그대는 그 모든 것이 하나의 개념임을 알게 될 것입니다.
그대는 그곳에서 그대의 영원한 성품을 찾을 것입니다.
그것은 깨어 있거나 꿈꾸거나 잠을 자지 않습니다.

깨어 있는 상태 전체는 꿈의 상태와 같이 하나의 개념에 불과합니다. 이것을 알게 되면 그대는 "이제 저는 매우 새로운 환경에서 바라보고 있습니다."라고 말할 것입니다. 그리고 누가 항상 깨어 있는지, 누가 잠을 자지 않는지를 알 것입니다. 이렇게 하는 방법에 대한 힌트를 주겠습니다. 모든 개념들이 기초하고 있는 개념을 찾으십시오. '나'를 찾으십시오.

저의 짐을 내려 주셔서 감사합니다.

그대의 짐들을 옆으로 내려놓으십시오. 여분의 짐들을 모두 내던지십시오. 나는 이것을 군대 시절에 배웠습니다. 군대에서는 느리면 안 됩니다. 느리면 죽을 것입니다. 짐들이 그대를 느려지게 합니다. 때때로 하찮은 일에 너무 심각한 사람들을 볼 때면 마하리쉬의 말이 생각납니다.

그대가 기차를 타고 갈 때
그대는 짐을 머리 위에 이고 있을 것입니까,
발밑에 내려놓을 것입니까?
이것이 현명한 사람들과 다른 사람들의 차이점입니다.
현명한 사람들은 짐을 들고 있지 않지만
대부분의 사람들은 짐을 들고 있습니다.

아직 오지도 않았거나 벌써 가 버린 친구들이나 금전이나 일들을 생각하는 것은 짐을 들고 있는 것입니다. 이것이 평화로운 삶과 고통스러운 삶의 차이점입니다. 그것은 그대의 짐이 어디에 있느냐에 달려 있습니다.

그대가 들고 있는 짐이 소용없다고 느껴지거든, 짐을 내려놓으십시오. 그 뒤에 깨닫고서 극소수의 사람들이 간 세계로 걸어가십시오. 아무것도 들고 있지 마십시오. 이것은 생각하지 말라는 것입니다. 이것에 관한 이야기가 있습니다.

옛날에 어린 제자를 둔 구루가 있었습니다. 그들은 다른 마을로 가야 할 일이 생겼습니다. 도중에 작은 개울을 건너야 했는데, 그 동안 내린 비로 냇물이 불어서 목까지 잠길 정도였습니다. 그들의 짐은 작은 가방이 전부였기에 머리에 이고 냇물을 건널 수 있었습니다. 그런데 결혼식 행사에 참여해야 하는 한 창녀가 가까이에 서 있었습니다. 그녀는 좋은 옷과 화장 때문에 냇물을 건널 수 없었습니다. 그러자 성자는 창녀에게 목말을 태워 건너편으로 데려다 주겠다고 제안했습니다. 창녀는 시키는 대로 했습니다. 개울을 건넌 뒤 창녀는 길을 갔고, 두 산야신도 길을 떠났습니다.

그런데 이제 어린 제자는 마음이 혼란스럽고 어지러웠습니다. 구루는 늘 여자와 접촉하지 말라고 말했는데, 그런 구루가 창녀에게 자기 어깨 위에 올라타라고 말하다니! 10마일쯤 걸은 뒤에 제자는 조심스럽게 물었습니다. "스승님, 질문이 있습니다. 저는 스승님의 행동 때문에 매우 당혹스럽습니다. 스승님은 우리가 수도승이므로 어떤 여자도 보거나 만지지 말라고 가르치셨습니다. 그런데 스승님이 그 젊은 여인을 만지셨습니다."

"맞다. 그 여인이 시내를 건너고 싶어 하기에 내가 목말을 태워 주었다. 그 뒤에 나는 그녀를 내려 주었고 우리는 길을 떠났다. 이제 우리는 10마일을 걸어왔다. 너는 왜 그 여인을 아직까지 나르고 있느냐? 나는 그녀를 10미터 남짓 날라 주었지만, 너는 그녀를 10마일이나 나르고 있다! 왜 아직까지 그녀를 기억하고 있느냐? 지금은 끝난 일이다!"

이처럼 어떤 일이 그대 앞에 올 때는 상황을 처리하고 나서 그것에 대해 잊어버리십시오. 이것이 길잡이입니다.

그대에게 오는 어떤 것도 피하지 마십시오!
필요 없는 것들에 관심을 두지 마십시오.
최선을 다하여 상황들에 전념하십시오.
그리고 그것에 대해 잊어버리십시오.

저의 옛 버릇들이 다시 살아나고 있습니다. 그것들을 없애도록 도와주시겠습니까?

그대가 럭나우로 오기 전에 가졌던 옛 버릇들은 아직 남아 있을지도 모릅니다. 하지만 그것들의 힘은 크게 줄어들었습니다. 그 버릇들에 대하여 걱정하지 마십시오.

그대의 삿구루의 형상 없음을 명심하기만 하십시오.

실제로는 오직 형상 없음만이 있습니다. 꿈속에서 본 코끼리는 꿈속에서는 실제처럼 보이지만, 깨어 있는 상태에서는 없습니다. 마찬가지로 꿈속의 모든 형상들은 사람이든 동물이든 그 무엇이든 실은 형상이 없습니다. 잠에서 깨어나면 꿈속에 있던 모든 것은 형상이 없어집니다. 이처럼 그대가 진정으로 깨어나면 모든 것의 형상이 없어집니다. 형상은 거짓이고 나는 진리이기 때문입니다.

그대가 형상을 볼 때마다 그것은 그대의 눈과 마음, 지성, 이해가 맑지 않고 그대가 꿈을 꾸고 있기 때문입니다. 그러므로 형상을 보거든, 그대가 꿈을 꾸고 있는지 여부를 자문하십시오. 이런 말들과 더불어 그대는 깨어날 것입니다. 그때 그대는 어떤 존재도 보지 못할 것입니다. 대부분의 사람들은 이것을 보지 않을 것입니다. 그들은 욕망들에 이끌려 각자의 욕망이 선택한 자궁들을 거칠 것입니다. 여기에 있는 그대들은 모두 운이 좋고, 공덕을 쌓았으며, 거룩한 부모들에게서 거룩하게 태어난 사람들입니다.

마음의 심적 경향성들 즉 바사나들은 저를 평화에서 멀어지게 할 만큼 강할 수 있습니까?

그 경향성들이 그대를 즐거움들로 끌고 간다면, 그대는 이 평화를 즐길 수 없습니다. 하지만 그대가 한 번 이 평화를 즐긴다면, 경향성들은 더 이상 그대를 평화에서 벗어나게 할 만한 에너지를 갖지 못합니다. 그대의 경향성들이 그대에게 가져오는 대상들을 즐기고 있을 때, 그대는 행복하다고 생각할지 모릅니다. 그러나 가장 큰 행복은 그런 경향성들이나 욕망들이 없을 때 일어납니다.

일단 그대가 이것을 안다면, 그대가 친구나 식당이나 영화들 또는 무엇이든 원하는 것을 즐겨도 아무런 문제가 없습니다. 그대는 이 진정한 평화를 잊을 수 없을 것이며, 이 평화도 그대를 잊지 않을 것입니다. 그대는 생선 시장에도 갈 수 있어야 할 것입니다. 하지만 그대는 생선의 비린내는 맡지 않을 것입니다.

저는 그 경향성들이 저를 나로부터 후퇴하여 멀어지게 할까 봐 두렵습니다.

내가 말하고 있는 진정한 평화에는 후퇴도 없고 전진도 없습니다.

무엇이 감정들과 생각들을 일으킵니까?

"이 생각들이 어디에서 나오는가?"하고 질문해야만 합니다. 생각들을 멈추는 방법을 가르쳐 주겠습니다. 어떤 생각이 일어나면, 그것은 분명히 어딘가에서 나올 것입니다. 그러므로 생각이 일어나는 생각의 근원으로 가십시오. 지금 그렇게 하고 있다면 그 생각이 아직 거기에 있는지 말해 보십시오. 현재의 생각, 이 순간에 일어나고 있는 생각의 근원을 찾으십시오. 바다에서 파도가 일어나듯이 무엇이든 그대의 마음속에 있는 것이 일어나는 곳을 찾아내십시오. 나에게 말해 보십시오.

생각이 일어나는 곳을 알 수 있을 정도로 자각을 향상시키는 것이 정말 가능합니까?

내가 그대에게 하라고 지금 요구하는 것이 바로 이것입니다. 늘 경계하십시오. 각각의 생각이 어디서 일어나는지 늘 지켜보십시오.

어떻게 제가 마음속에서 고통을 다시 만들어 내는 것입니까?

자아가 없어질 때 그대는 굉장한 행복을 느낄 것입니다. 그대가 고통을 겪고 불행을 느끼는 이유는 오로지 자아 때문입니다. 하지만 일단 그대가 자아를 던져 버린다면, 어떻게 자아를 다시 돌아오게 할 수 있겠습니까? 왜 그대는 자아를 다시 주워 담았습니까? 이것은 그대가 자아를 던져 버리지 않았다는 뜻입니다. 이런 일은 거의 항상 일어납니다. 사람들은 평화를 느낄 때 거의 항상 자아를 뒤에 남기고 떠나지 않습니다. 일단 깨끗이 하고 나면 그대는 진흙으로 옷을 더럽히지 않을 것입니다. 그대가 강가에서 목욕을 했다면, 어떻게 다시 진흙으로 자신을 더럽히겠습니까?

따라서 그대는 목욕할 의도는 있었지만 그렇게 하지 않았습니다. 의도는 훌륭한 것이지만, 그것을 실행으로 옮겨야만 합니다. 배가 고프면 식당에 가야만 하고, 거기에서 메뉴만 봐서는 안 됩니다. 먹어야 합니다! 메뉴판을 들고 핥지만 마십시오. (웃음) 그대는 메뉴판들을 핥아 왔습니다. 일단 밥을 먹고 나면 그대는 옆 식당으로 가지 않을 것입니다. 그대가 지금까지 해 온 일은 단지 메뉴판을 수집하는 것이었습니다. 하지만 메뉴판들은 그대의 배고픔을 없애 줄 수 없습니다. 먹어야 합니다! 먹은 것을 소화시켜야 합니다. 자유는 그대를 적당한 식당으로 데려갈 것이고, 그대에게 음식을 갖다 주기까지 할 것입니다.

> 지난 며칠 동안 저는 아픔에서 좌절에 이르기까지 낯익은 감정들에 사로잡혀 있었습니다. 저는 안전하게 격리된 미국적인 생활로는 이런 감정들에서 벗어날 수 없었습니다. 때때로 경험을 했습니다만…….

'때때로'가 아니라 항상! 그대는 항상 이것을 경험해야 합니다. 그대가 생각할 때는 세상이 있고, 그대가 생각하지 않을 때는 세상이 없습니다. 이것이 실제입니다. 세상도 없고, 꿈속의 몸도 없습니다. 왜냐하면 생각이 없기 때문입니다. 그대가 생각할 때 세상이 존재합니다. 그러니 생각하지 마십시오. 그러면 그대는 행복할 것입니다.

생각하지 않는 것이 힘듭니다.

그대의 마음이 과거로 가면, 그것을 멈추게 하여 현재로 데려오십시오. 마음 자체가 과거입니다. 마음 자체가 생각입니다. 마음을 바라보십시오. 그러면 마음은 빙빙 도는 일을 멈출 것입니다. 그대 앞에 있는 생각을 바라보고 그것에 집중하십시오. 그대가 마음을 보고 있다면 어떤 생각도 오지 않을 것입니다. 그러니 언제든 생각이 올 때마다 그것을 바라보기만 하십시오.

잠자고 있는 사람들은 무슨 일이 일어나고 있는지를 알지 못합니다. 하지만 그대가 그들을 깨우면 모든 것이 끝나 버립니다. 생각이 온 우주입니다. 그러니 생각을 바라보는 것은 모든 것을 사라지게 할 것입니다. 늘 지켜보십시오. "나라는 것이 어디에 있는가?"하고 질문하십시오. 그러면 아무런 생각이 없다는 것을 알게 될 것입니다. '나'가 일어날 때, 그것이 어디에서 일어나는지 바라보십시오.

제가 소용돌이 속에 갇혀 있는 것처럼 느껴집니다. 그런데 저는 소용돌이에서 벗어나는 방법을 모릅니다.

소용돌이에서 벗어나는 기술이 있습니다. 나 역시 갠지스 강에서 소용돌이에 빠진 적이 있었습니다. 그래서 이 기술을 알고 있습니다. 만약 그대가 노력을 한다면, 그대는 살아남을 수 없을 것입니다. 왜냐하면 아이러니컬하게도 그대의 노력은 그대를 소용돌이 속에 가두어 둘 것이기 때문입니다. 그러나 노력을 하지 않으면, 그대는 소용돌이에 의해 소용돌이 바깥으로 내던져질 것입니다.

세상의 어느 누구도 자기 자신의 노력으로는 이 소용돌이에서 빠져나오지 못합니다. 노력하지 않는 사람은 즉시 빠져나올 것입니다. 사실, 그런 사람은 언제든지 원한다면 소용돌이들 속으로 뛰어들 수 있지만 위험에 처하지는 않을 것입니다. 왜냐하면 그는 빠져나오는 기술을 알기 때문입니다. 그러므로 자신을 위해 이 기술을 알아 두십시오. 그러면 그대는 집으로 돌아갈 수 있습니다.

저는 미국에서 살고 있고 교육자입니다. 저는 비디오 매체를 통해 미국인들의 의식을 일깨우고 싶습니다. 제가 미국인들에게 생각에 관하여 어떤 내용을 주로 말해야 할까요?

그들에게 생각하지 말라고 말하십시오! (웃음) 미국인들은 충분히 배웠습니다. 실제로 그들은 전 세계의 선생입니다. 온 세상 사람들이 더 나은 학위를 따기 위해 미국으로 갑니다. 미국인들은 충분히 배웠으니, 지금은 고요할 때라고 말하십시오. 미국에서는 진정으로 존재하는 법만 빼고는 모든 것을 배울 수 있습니다. 진정으로 존재하는 법을 배우려면 럭나우로 와야 합니다. 그들에게 이렇게 말하십시오. 그리고 자기 자신과 다른 사람들에게 항상 성실하라고 말하십시오.

"나는 몸이다."라는 이 생각이 오면, 그것을 점검하고 멀리하라고 말하십시오. 꾸준히 이렇게 해야 합니다. 그러면 새로운 어떤 것이 올 것입니다. 몸이 아닌 무엇인가가 나타날 것입니다. 수십억 년 동안 지속되어 온 "나는 몸이다."라는 생각이 오면, 그것을 점검하십시오. 거듭해서 그것을 점검하십시오.

저는 생각을 멈추는 데 그다지 성공하지 못하고 있습니다.

생각을 점검할 수 없다면, 생각이 오도록 그저 놓아두십시오.
생각이 오면, 그것을 좇아가지 마십시오.
생각은 와서 머무르다 떠날 것입니다.
생각을 바라보는 것이 생각을 멈추게 하는 것보다
더 쉬울 수 있습니다.

어떤 생각이 오거든, 도로 위에서 그대 쪽으로 달려오는 차를 대하듯 하십시오. 그대는 차를 뒤따라 달립니까? 그렇게 하지 않습니다. 이와 같이 생각이 와서 머무르다 가도록 놓아두십시오. 생각은 한순간 이상 머무를 수 없습니다. 왜냐하면 다른 생각이 그 뒤에서 대기하고 있기 때문입니다. (웃음) 이 순간에는 생각이 없습니다. 지나간 순간에만 생각이 있습니다. 이 순간에 그대는 무엇을 생각합니까?

아무것도 생각하지 않습니다.

이 순간에는 아무도 생각할 수 없습니다. 모든 이들이 묘지의 무덤들 속에서 생각합니다. 이 순간은 사랑과 평화의 순간입니다. 하지만 모두들 이 순간을 놓칩니다. 생각은 지금 이 순간이 아니라 지나간 순간입니다.

이 순간에는 생각들을 위한 자리가 없습니다.

그러니 여기에 머무르십시오! 무슨 어려움이 있습니까?

3. 집착과 과거

진정한 평화를 누리지 못하는 유일한 방법은
다른 어떤 것에 관여하는 것,
그대의 나가 아닌 다른 것에 집착하는 것입니다.

나 외의 어떤 아름다움도 좋은 옷을 입은 시체입니다.
이런 것들에 집착하는 것은 시체와 무덤 속에서 사는 것입니다.
마음과 연합하여 살고 있을 때 그대는 무덤 속에 있습니다.
하지만 그대가 탐구를 할 때, 그대는 자유롭습니다.
이 자유를 의심하는 것은 속박에 매달리는 것입니다.

우리는 자신의 집착들에 매달리고 있습니다.
하지만 우리는 멀리 날아갈 수 있으며,
삿상은 이것을 위한 열린 문입니다.
그것은 그대의 선택에 달려 있습니다.
낡은 방식들은 그대를 가두는 새장입니다.
영원하고 변하지 않는 것과 친구가 되십시오.
그러면 그대는 행복할 것입니다.

이것이 지혜이며 구루입니다.

그대의 낡은 생활 방식들을 버리십시오.

그것들은 쿠상가(kusanga), 즉 좋지 않은 연합입니다.

고통을 당하기 위해서는 과거와 생각들이 필요합니다.

자유롭기 위해서는 아무것도 필요하지 않습니다.

과거라는 돌들이 그대의 가슴 위에 얹혀져

그대의 삶과 자유를 파괴하고 있습니다.

'나'라는 생각의 근원을 찾음으로써 그 돌들을 없애십시오.

자유는 기다리고 있지만

대부분의 사람들은 다른 것들로 분주합니다.

그대 자신을 과거나 미래에 있는 어떤 것에 묶지 마십시오.

소용없는 일이기 때문입니다!

이 순간에만 집착하십시오.

그대의 진정한 성품이 아닌 다른 것을 붙들고 있을 때

그대는 혼란에 빠질 것입니다.

덧없는 것들에 대한 집착들을 붙늘고 있는 것은

자신은 진정한 충만이 아니라고 스스로 선언하는 것입니다.

모든 것은 그 충만 안에서 존재합니다.

나는 전체이므로 소유하거나 바랄 수가 없습니다.

그러므로 소유란 가면이며, 거짓입니다!

모두가 붓다입니다.

그대는 집착들을 끊어야 합니다!

그대는 포기해야 합니다.

그렇지 않으면 그대는 자신의 집착들로

그대 자신을 삼사라와 죽음 속에 가두어 버리기 때문입니다.

집착들은 악마이며, 집착들은 고통입니다.

우리의 집착들이 우리의 실재가 되기 때문입니다.

이것은 오로지 삿상 안에서만 없어집니다.

어떻게 하면 과거의 습관들로 인한 어려움을 겪지 않고 자각 안에 머무를 수 있습니까?

만약 그대를 떠받들고 그대에게 평화와 만족을 주며 아주 신선하고 잘생기고 멋진 새 애인이 생겼다면, 언제나 그대를 학대하는 과거의 애인을 어떻게 하겠습니까? (웃음) 어떻게 하겠습니까?

그 행복은 바람직해 보입니다. 하지만 그것 역시 또 다른 속박입니다.

그대가 말하는 것은 철학입니다! 20년 동안 감옥살이를 한 죄수가 풀려났다고 가정합시다. 하지만 그는 나가기를 거절합니다. 그의 자유가 하나의 집착이 될 것이라고 생각하기 때문입니다. 모두들 두려움 때문에 감옥에서 살기를 좋아하지만, 자유가 하나의 집착이라고 말함으로써 그것을 이성적으로 합리화시킵니다. 그대는 다리에서 사슬을 풀어 주는 것이 하나의 집착인지를 내게 묻고 있습니다. 그대는 이론을 세우고 있을 뿐입니다!

실재하는 것을 제가 지금 당장 경험하도록 도와주시겠습니까?

생각과 집착의 덤불 속에 숨기를 그만두고, 그 대신에 덤불을 불태워 버리십시오. 모두들 이 덤불 속에 숨는 것을 좋아합니다.

저는 배우자에게서 행복을 찾으려는 데 몰두하는 것 같습니다. 그것은 더 이상 효과가 없습니다.

그대는 그대에게 행복을 가져다줄 남자가 필요치 않습니다. 애써 노력한다면 나중에는 싫증이 날 것입니다. 그때는 그대 자신의 나를 찾아 나설 때일 것입니다. 그대의 마음은 과거의 즐거움들을 향해 가지 않을 것이기 때문입니다. 마음은 행복하기를 바랍니다. 그러나 마음을 만족시킬 수 없는 행복의 그런 원천들은 결국에는 파괴적입니다. 그래서 그대의 경우처럼, 파괴적인 경험들을 충분히 거친 후에야 마음은 안정될 것입니다.

그대가 해 오던 일이 지나가 버렸다면
그것에 대하여 잊으십시오.
그리고 지금 여기에 있는 행복을 손에 넣으십시오.

스승님의 현존이라는 은총에 깊이 감사드립니다. 스승님은 저의 모든 질문들을 녹여 없애십시다. 대부분은 제가 묻지도 않았는데 말입니다! 저는 모든 집착들이 비워지기를 아직도 갈망합니다.

오직 모든 집착들이 비워졌을 때 그대는 아름답습니다.
마음속에 무엇인가를 가지고 있을 때
그대는 지나간 생각들이라는 묘지에 있습니다.
과거에 집착하고 있는 사람은
추한 마음을 가지고 있으며 그 자신도 추합니다.
그대의 마음이 깨끗하지 않기 때문에
그대는 과거로 떨어진 것입니다.

만약 그대가 당장의 현존 안에서 산다면
그것은 아름다움, 사랑이라 불립니다.

그대뿐만 아니라 온 세상이 이 외부의 집착들 속에서 길을 잃고 있습니다. 이 집착들 가운데 어느 것이 그대에게 마음의 행복과 평화를 준다면, 그것들과 함께 하십시오. 왜냐하면 아직은 그것들을 떠날 때가 아니기 때문입니다. 하지만 만약 소매 속에 있는 뱀들이 그대를 물어뜯는 것을 본다면, 그것들을 거부할 때입니다. 이미 경험해 온 것을 경험하는 것은 아무런 쓸모가 없습니다. 불이 타오르고 있는 것을 안다면 다시 불붙일 필요가 없습니다. 이처럼 불과 같은 집착들을 피하십시오. 왜냐하면 그것들은 그대를 불태울 것이기 때문입니다. 그러나 무집착에도 집착하지 마십시오. 바다가 파도들에 영향을 받지 않듯이, 생각들과 집착들은 신과 아무런 관계가 없습니다. 그러니 그것들을 놓아두십시오.

더 이상 고통을 받기를 원치 않는다는 결심, 이번 생에서 행복을 얻기 위해 여기에 있다는 결심을 확고히 하십시오. 이것이 가장 중요한 결심입니다. 이렇게 결심하면 그대는 은총을 얻을 것입니다. 밖으로 나가서 어떤 대상을 즐기지 마십시오. 그것을 멈추십시오. 여기에서 이렇게 수행하십시오. 그리하면 그대는 성공할 것입니다.

마음이 그대의 가슴을 떠나
바깥으로 나가도록 놓아두지 마십시오!

저는 어떤 고요도 기쁨도 보지 못합니다. 어떻게 하면 머물음 없음에 있을 수 있습니까?

그렇게 머무르십시오! 뒤돌아본다면 그대는 고요하지도 기쁘지도 않을 것입니다. 뒤돌아보는 것을 그만둔다면 그대는 행복할 것입니다. 과거에 대해 말하는 것조차 그만두십시오.

제 마음이 고요할 때조차 가슴속에 긴장과 답답함이 있습니다.

그대가 고요할 때는 당연히 기쁨이 있어야 합니다. 따라서 그대의 가슴에 답답함이나 맺힘이 있을 때는 마음이 고요하지 않다는 것을 의미합니다. 그대에게 맺혀 있는 매듭은 현재의 매듭이 아니라 아주 오래된 것입니다. 그것은 그대의 잠재의식으로 가버렸습니다. 이 매듭이 있는 이유는 어떤 사람이 그대를 잘 대해 주지 않았고 그대를 잘 속였기 때문입니다. (웃음) 이것은 그대가 잊어야 하는 것이고, 그대는 이것을 잊어야 합니다. 그대를 속인 사람들을 기억하지 마십시오. 그러면 매듭이 풀릴 것입니다. 기억하지 않음으로써 그 매듭을 푸십시오. 옛일은 옛일이고, 과거는 과거입니다. 물론 그런 일을 잊어버리는 것은 어려운 일입니다. 하지만 현재의 일들에 집중하고, 과거로 되돌아가지 마십시오. 그렇게 해 보십시오 마음이 과거의 사건으로 되돌아가지 않도록 주먹을 움켜쥐십시오. 주먹을 불끈 쥐고 이를 악무십시오. 그러한 결단으로 그대는 스스로 그것을 멈출 수 있습니다. 그렇지 않으면 이렇게 사는 것이 쓸모가 없습니다.

이 삶을 즐기십시오. 자연은 무수히 아름다운 것들을 선사했습니다. 우리는 그것에 열려야 합니다. 그것을 즐기십시오. 늘 과거로 가고 있는 사람들은 현재의 삶이 주는 아름다움을 즐길 수 없습니다.

그대는 여기 있습니다. 그리고 우리는 그대를 도와야 합니다. 그러한 사람을 도와주는 것은 우리 모두의 의무입니다. 만약 누군가가 불행하다면, 우리는 그가 좋아하건 좋아하지 않건 그에게 행복을 주어야 합니다!

> 저는 슬픕니다. 한때 제가 숨을 수 있었던 많은 장소들이 무너져 내리고 있기 때문입니다. 하지만 기쁘기도 합니다. 왜냐하면 그 안에 빠져드는 것을 그만두고 싶기 때문입니다. 그래서 때로는 기쁘고 때로는 슬픕니다.

때로는 슬프고 때로는 기쁘다니 무슨 뜻입니까? 때때로 슬프다면 그것은 그대가 좋아하는 삶의 한 가지 방식만을 가지고 싶다는 뜻입니다. 그렇게 하지 마십시오. 이것은 게임입니다! 무엇이든지 그대에게 일어나도록 놓아두십시오. 일어나도록 놓아두십시오. 만약 어떤 일이 그대에게 일어나지 않는다면, 일어나지 않는 대로 놓아두십시오. 이것이 구원입니다. 누군가가 그대를 사랑할 때는 그대가 행복하고 사랑하지 않을 때는 불행하다면, 그대는 늘 고통을 겪을 것입니다. 누가 그대를 진정으로 사랑하겠습니까? 사람들은 자신의 이익을 사랑하는 것만큼 다른 사람들을 사랑하지 않습니다. 사람들이 그대를 사랑하는 것은 오직 이익을 위해서입니다. 50년 전에 그대를 사랑했던 사람이 지금으로부터 50년 후에도 그대를 사랑하겠습니까? 이것은 시간에 관계된 것입니다. 때가 적당하면 누구나 친구가 됩니다. 똑같은 채로 남아 있을 수는 없습니다. 그대는 똑같고, 다른 사람들은 모두 변할 것입니다. 시간을 막을 수는 없습니다. 시간은 세상에 있는 모든 사람을 서서히 먹어 치웁니다. 시간은 최고의 적입니다. 아무도 그것을 모릅니다. 하지만 그대는 시간을 사랑합니다.

때때로……

또 그렇게 하는군요. '때'라는 단어를 다시 쓰지 마십시오. 1초라도, 한 순간이라도 '때'라는 단어를 쓰지 마십시오. 그리고 그대가 누구인지를 경험해 보십시오. 시간과 너무 친숙하게 지내지 않는 것이 항상 행복해지는 기술입니다. 시간은 모든 이들을 죽일 것입니다. 시간은 모든 성자들과 현자들을 죽였습니다. 그러니 시간에 대해 이야기하지 않는 것이 낫습니다. 잠을 잘 때는 시간에 대해 이야기하지 않습니다. 그럴 때 그대는 얼마나 행복합니까? 지금 이 방법을 시도해 보십시오.

행복하지 않을 때마다 이것은 그대가 과거의 어떤 사람이나 개념을 붙잡고 있다는 것을 뜻합니다. 과거는 시간입니다. 과거에 집착할 때, 그대는 행복하지 않습니다. 하지만 이것이 모든 사람들의 습관입니다. 세상의 모든 관계들, 모든 대상들은 과거입니다. 그대의 육체조차 과거입니다. 시간에 대해 말하지 마십시오, 그러면 그대는 늘 젊은 채로 있을 것입니다. 어느 누구도, 두려움이나 죽음조차도 그대를 건드릴 수 없습니다. 지금부터 내 말대로 해 보십시오. 그대의 마음이 과거의 어떤 사람, 대상 또는 개념으로 가지 못하도록 하십시오. 한순간이라도 이렇게 해 보고 지금 그대의 나를 경험하십시오. 지금 하십시오. 그리고 그래도 불행한지 말하십시오. 그대의 마음이 지나간 순간, 지나간 날, 지나간 해로 표류하지 못하게 하십시오. 그리고 나에게 그 경험을 말하십시오.

과거에 빠지지 않는 방법이 무엇입니까?

바로 지금 일어나고 있는 생각을 지켜보십시오. 모든 생각들은 과거에 속해 있습니다. 과거에 속하지 않은 것이 무엇입니까?

여기에 있는 존재뿐입니다.

이 말들은 과거에 속하는 것이 아닙니다. 존재는 지금 이 순간입니다. 그러나 이 순간을 위한 말들을 시간에서 사용하지 마십시오. 이 말들이 무엇을 가리키는지를 알아보십시오. 나를 바라보려면 어떤 다른 이름, 대상, 사람을 마음속에 간직하지 마십시오. 어떤 사람도 마음속에 간직하지 마십시오. 그리고 말해 보십시오, 무엇을 봅니까?

제 마음속에는 늘 어떤 대상이 있습니다. 무엇이 저를 자유롭지 못하도록 하는 걸까요?

그대가 붙들고 있는 과거의 어떤 것 말고는 아무것도 그대가 자유로워지는 것을 방해하지 않습니다. 어떤 과거에도 집착하지 않는다면, 그대는 자신이 늘 자유롭다는 것을 알 것입니다. 과거에 집착하는 것이 그대가 자유롭다는 사실을 알지 못하도록 방해합니다. 이해하겠습니까? 내 말에 수긍을 합니까? 럭나우에서 한 번만이라도 그대가 과거의 모든 관계들과 개념들로부터 자유롭겠다고 결심하십시오. 단 1초라도 이렇게 해 보십시오. 그러면 그대가 늘 자유로웠다는 것을 알게 될 것입니다.

하지만 그대는 뉴욕에서 왔습니다. 그렇지 않나요? 그러니 그대가 살던 8번가는 기억해야만 할 것입니다. (웃음) 8번가에 간 사람은 누구나 그곳을 잊지 못할 것입니다. 나는 그곳 근처에서 머물렀고, 14번가에 있는 그리니치빌리지에서도 머무른 적이 있습니다.

과거는 제 마음속에 있는 모래 폭풍과 같습니다!

과거의 이 모든 폭풍들은 그대가 아직도 남들과 과거에 있었던 관계들에 집착하고 있다는 것을 의미합니다. 이것이 매우 맑지 않은 이유입니다. 과거에 대한 집착을 버릴 때 이 폭풍들은 그칠 것입니다. 그대가 참 현재에 집착하게 된다면, 그것은 대단히 다른 사건일 것입니다. 그러니 낙담하지 마십시오. 계속 나아가십시오.

4. 두려움, 그리고 죽음에 대한 두려움

두려움은 죽음으로 뚜렷해집니다!
"나는 몸이다."가 기본적인 두려움입니다.
이 두려움을 없앨 수 있도록 매일 명상하십시오.
두려움이 다가오면 그것을 사랑하고,
가 버리면 매달리지 마십시오.

가장 깊은 곳에 자리 잡은 두려움들을 어떻게 다루어야 합니까?

두려움을 겁내지 마십시오.
두려움이 있는 곳으로 가서 그것을 껴안으십시오.
두려움의 근원으로 가서 그것과 더불어 춤추십시오.
잠자는 상태에서는 아무런 두려움이 존재하지 않습니다.
그대가 과거를 이 순간으로 가져오는
깨어 있는 상태에서만 두려움이 존재합니다.

저는 제 삶에서 많은 것들을 변화시켰습니다. 하지만 아직도 오만과 두려움이 있습니다. 이제 저는 이 두려움을 껴안겠습니다.

무엇을 변화시켰기에 아직까지도 오만과 두려움을 지니고 있습니까?

도덕성과 행동의 변화입니다. 마약과 술을 끊었습니다. 저는 자유롭고 싶고, 두려움으로부터 자유롭고 싶습니다. 이 모든 것들을 놓아 보내는 방법을 가르쳐 주십시오.

그대는 두려움, 오만과 자만을 가지고 있다고 말합니다. 이것들을 없애는 법을 말해 주겠습니다.

두려움과 오만과 자만을 바라보십시오.
그것을 없애려면, 그것을 바라보십시오!
자만과 오만은 행위자 의식이며
이것이 문제를 일으킵니다.
그것들은 결코 이익을 주지 않습니다.
그러니 겸손하십시오.
자신이 행위자라는 오만을 가지고
그대가 '하는' 어떤 일도 나를 감춥니다.
오만은 시간 너머에 있는 이 순간들을 인식하지 못합니다.

오만은 "나는 몸이다."라고 말하는 것입니다.
오만을 없애십시오.
그러면 깨달음은 즉시 일어날 것입니다.
"나는 누구누구이다."가 첫 번째 오만입니다.
"이것은 나의 것이다."가 두 번째 오만입니다.
그것을 바라보십시오!

어떤 것을 볼 때 그대는 그것을 대상화시키고, 주체를 만들어 대상과 구별시킵니다. 그러니 두려움과 자만을 바라보십시오. 그것들은 대상이 되고, 그대는 주체 즉 보이는 것을 보고 있는 보는 자가 될 것입니다. 지금 그렇게 하십시오. 어떤 것이 대상화될 때마다 그대는 주체가 됩니다. 그대는 보이는 것이 아니라 보는 자입니다. 보는 자가 누구인지를 찾아내십시오.

어떤 것을 감지하기 위해서는 보기 위한 눈, 냄새를 맡을 코 등 다섯 가지 감각들이 필요합니다. 하지만 눈이 보는 데 필요한 것은 하나의 시각적인 대상입니다. 그대는 감각의 대상도 아니고 감각들도 아닙니다. 그대는 이것들과는 다른 존재입니다. 이것을 이해하기만 하십시오. 하지만 이해하려고 노력하지는 마십시오. 그저 그대를 모든 대상들로부터 분리시키십시오. 그대가 보는 모든 것은 그대 자신이 아니라는 사실을 식별하여 아십시오. 일단 이것을 하고 나면, 그대가 진정 누구인지를 알아야 한다는 삶의 목적이 달성됩니다.

대부분의 교사들은 그대의 주의를 분산시킵니다. 그들은 그대가 어떤 것이 아니라고 말해 주지 않습니다. 그리고 설교자들은 단지 과거에 살 뿐입니다. 그들은 그대에게 1995년 전에 살았던 어떤 사람에 대하여 얘기할 것입니다. 그들은 바로 이 순간에 있는 것을 그대가 찾아내도록 하지 않습니다. 그들 자신도 이런 일을 시도해 본 적이 없습니다.

여기에 있는 가르침은 2만 5천 년 전의 매우 오래된 것입니다. 이것은 베다들의 가르침입니다.

오로지 그대가 누구인지를 찾아내십시오.
그대는 '이것'을 발견할 수 있습니다.

하지만 사람들은 이 가르침을 잃어버렸습니다. 그들은 이 가르침에 관심을 가지지 않습니다. 그래서 그들은 고통 받습니다. 그대가 이 가르침대로 했다면, 그대는 그것을 일별이라고 하지 않을 것입니다.

그러니 지금 한순간에 그것을 하십시오. 깨닫기 위해 필요한 시간은 그것이 전부입니다. 다른 것들을 뒤로 미루듯이 미루지 마십시오. 사람들은 "퇴직하고 나이가 들었을 때 명상을 하겠다."고 말합니다. 하지만 그대는 노년을 보지 못할 수도 있습니다. 어쩌면 그대는 다음 순간조차 보지 못할 수도 있습니다. 그러니 그것을 지금 하십시오. 지금 가능합니다. 왜냐하면 그것은 지혜이고 빛이며, 그대는 이 빛을 '지금'에서, 럭-나우(Luck- Now)에서 늘 볼 수 있기 때문입니다. 그것을 뒤로 미루지 마십시오.

빛을, 지혜를 보려거든
어떤 노력도 하지 마십시오.
마음에 한 생각도 일으키지 마십시오.
그저 고요하십시오.
이것이 내가 그대에게 주는 기법입니다.
그것은 한순간 이상 걸리지 않을 것입니다.

사람들은 그것을 해냈습니다. 그대는 지금 그것을 할 수 있습니다! 지체하지 마십시오! 그리고 노력하지도 마십시오! 만약 그대가 노력한다면, 이 시도가 시간 안에서 이루어져야 할 어떤 것이라는 의미가 됩니다.

해 보겠습니다!

"해 보겠습니다."라고 말한다면, 그것은 그대가 그 일을 미래로 연기한다는 의미가 됩니다. 그러므로 해 보려고도 하지 말고 노력하지도 마십시오. 어떤 생각도 일으키지 마십시오. 그리고 그대가 그 일을 해냈는지 해내지 못했는지도 신경 쓰지 마십시오. 그때 이것이 무엇인가? "나는 존재이다(I Am)."라는 선언 말고는 아무것도 할 말이 없을 것입니다. 자, 이제 말해 보십시오!!

저는 존재입니다! 그것은 진실입니다!

제게는 두려움과 분노가 너무나 많습니다.

그대는 니스찰라(Nischala), 즉 움직이지 않는 것이 되어야 합니다. 두려움과 분노가 있도록 놓아두고, 그대는 움직이지 마십시오. 이것으로 충분합니다. "나는 움직일 수 없다. 나는 움직이지 않는다."라는 그대의 이름을 반복하십시오. 두려움과 분노가 다가오도록 내버려두십시오. 그것들은 그대 안으로 들어오지 않을 것입니다. 그대가 약해지면 그것들은 그대 안으로 들어옵니다. 하지만 그것들을 마주 대하면, 그것들은 그대를 괴롭히지 않을 것입니다. 움직이지 않는 산처럼 서 있으십시오. 분노의 모습을 한 바람은 와서, 때리고, 사라질 것입니다. 물결은 와서 바위를 물에 잠기게 할 것입니다. 하지만 물결이 물러가면 바위는 움직이지 않은 채 있습니다. 그러므로 움직이지 마십시오. 분노를 가지고 분노와 싸울 수는 없습니다. 가만히 있으십시오. 움직이지 마십시오. 바람은 약한 묘목을 괴롭히고 그 뿌리를 뽑을 수도 있습니다. 하지만 산은 뽑힐 수가 없습니다. 이렇게 하면 그대는 분노를 통제하는 데 성공할 것입니다.

제 삶에는 많은 친구들을 포함해서 저를 평화롭지 못하게 하는 일들이 너무나 많

습니다. 저를 도와주시겠습니까?

그대 자신의 진정한 친구에 대한 기쁨을 먼저 가져야 합니다. 그러면 그대의 얼굴 표정은 변할 것이고, 그대의 친구들도 변할 것입니다. 며칠 만이라도 이곳에 머무르면 이런 일이 일어날 것입니다. 지금은 그대의 얼굴과 눈에 많은 두려움이 서려 있습니다. 두려움을 지니기에는 아직 너무 젊은데도 말입니다.

내가 젊었을 때, 히말라야의 숲에서 호랑이들과 코끼리들을 직접 마주친 적이 있었습니다. 하지만 나는 정신적으로나 육체적으로 대단히 강했으므로 그것들을 무서워하지 않았습니다. 그것들이 나를 공격하면 맨손으로 호랑이와 코끼리들을 죽일 수 있으리라고 확신했습니다. 그리고 종종 나는 사람들의 눈을 똑바로 쳐다볼 수 없었습니다. 왜냐하면 그들이 그것을 감당할 수 없었기 때문입니다. 이 정도의 힘이 나에게 있었습니다. 왜 두려워합니까? 그대가 나에게 말하지 않아도, 나는 그대의 어린 시절로 되돌아가서 그 원인을 찾을 수 있습니다. 그대의 부모가 그대에게 이 두려움을 심어 주었습니다. 크리켓 시합이 끝난 다음, 이것에 대하여 사적으로 그대와 상담할 것입니다. 아니면 지금 계속할 수도 있습니다.

지금 말씀해 주십시오! 어떻게 하면 두려움을 멈출 수 있습니까? 어떻게 하면 자아로부터 분리될 수 있습니까? 저는 다른 사람들과 저 자신에게 심하게 구는 경향이 있습니다.

두려움은 마음으로부터 옵니다. 두려움을 멈추려면 어디서 마음이 오는지를 찾아내십시오.

마음은 저의 머릿속에 있습니다.

어디서 이 머리가 나옵니까? 잠을 잘 때도 그대의 머리를 봅니까?

아닙니다.

그러므로 머리 또한 거기에 없는 것입니다. 그러면 마음은 어디에서 옵니까? 마음은 생각을 의미하고, 생각은 '나'를 의미합니다. '나'와 마음은 차이가 없습니다. '나'가 일어날 때 마음이 일어납니다. 그러므로 '나'가 어디에서 올라오는지를 찾아내십시오. 태어날 때부터 그대는 '나'라는 말을 사용해 왔습니다. '나'는 이 사람에게 집착되어 있으며, 이 사람은 나에게 집착되어 있습니다. 집착되어 있고, 다른 사람들에게 심하게 굴고, 자기에게 심하게 구는 이 '나'는 무엇입니까. 그대가 '나'의 근원을 찾으면 이 모든 것이 즉시 멈출 것입니다.

그것이 없습니다.

그대는 생각하고 있습니까?

아닙니다!

그대는 생각을 멈추는 법을 물었습니다. 이것이 방법입니다! 생각을 멈출 때 두려움이 사라집니다. 그러면 누가 그대를 괴롭힐 수 있습니까? 질문을 하는 것은 좋은 일입니다. 누구나 자신의 의문들을 풀어야 합니다. 부끄러워하지 마십시오. 질문 없이는 어떻게 그것을 깨닫겠습니까? 이곳에 머물고 있으니, 지금 즉시 의문점들을 끝내도록 하십시오.

저는 어떤 것들을 두려워했는데, 특히 강도들에게 살해되는 것을 두려워했습니다.

그대를 살해하는 것은 강도들이 아니라 두려움입니다. 이 두려움은 그대 안에 있으며, 그대의 평화를 훔치는 진정한 도둑입니다. 이것은 어린 시절의 경험, 아마도 가족의 죽음에 기인했을 것입니다.

제가 어릴 적에 저의 여동생이 죽었습니다.

이 상실에 대한 두려움이 지금까지 커져 왔습니다. 내가 그대에게 그 두려움을 없애라고 말해도 효과가 없을 것입니다. 가까운 사람을 잃어버릴 때, 그대는 균형을 잃고 흔들립니다. 지두 크리슈나무르티조차도 동생을 잃었을 때 매우 상심했고, 그것을 극복하기 위하여 노력해야 했습니다. 이 두려움은 그대 자신이 만든 것이며 어린 시절에 뿌리를 두고 있다는 것을 알아차림으로써 그대 자신의 나에 관심을 기울이십시오. 이것은 긴 시간이 걸릴 수도 있습니다. 하지만 어쨌든 그대가 행복한 삶을 살고 있다는 점을 알아야 합니다.

저는 잠을 못 이루고 있습니다. 그리고 이것이 저를 산란하게 합니다.

잠을 잘 수가 없다면, 이것은 그대가 깨어 있는 상태를 보낸 방법 때문에 그러합니다. 그대가 깨어 있는 상태를 잘 사용했다면, 그대는 잠을 잘 것입니다. 하지만 그대가 잠을 자지 못하는 것을 보면 그대는 필요 없는 것들에 지나치게 활동적이었을 것입니다. 그대의 얼굴에서는 일찍이 어릴 적에 일어났던 하나의 두려움에 집중하고 있는 내성적인 마음이 보입니다. 아마도 이제는 잠재의식 속으로 들어가 버린 일종의 학대였을 수도 있습니다.

그렇습니다.

그대가 마음을 밖으로 나타낸다면 그대는 더 나아질 것입니다. 혼자 있지 말고 사람들과 더불어 시내나 숲으로 가십시오. 블랙홀로 다시 빠지지 마십시오. 이것은 치료될 수 있습니다. 큰 문제도 아니고 질병도 아닙니다. 이것은 하나의 마음 상태이며, 어릴 적 과거의 사건으로 항상 되돌아가려는 마음의 과도한 노동입니다. 그러므로 그대가 현재의 삶 속에서 현재의 방식으로 현재의 것들과 함께 살아가는 새로운 장이 열려야만 합니다. 그때 그대는 좋아질 것입니다.

어떤 이유로 잠을 이루지 못할 때는 그 시간을 "잠을 자지 않고 있는 것은 누구인가?"라는 질문에 사용하도록 하십시오. 만약 그대가 좋은 대답을 발견한다면, 그것은 "지금까지 잠든 적이 없는 존재" 또는 "늘 깨어 있고 늘 의식하고 있는 존재"일 것입니다. 그대의 마음이 잠들도록 하십시오. 그대의 몸과 자아가 잠들도록 하십시오. 하지만 진정한 그대는 늘 깨어 있으십시오! 그것들을 바라보십시오. 만약 그대가 이런 질문을 하지 못하고 잠을 자지 못한다면, 그대는 다른 사람과 상담해야 할 것입니다!

두려움과 불안정은 내적인 의식 수준과 외적인 의식 수준, 둘 다에 있는 것입니까?

두려움과 불안정은 외적인 의식 수준에만 있을 수 있습니다. 왜냐하면 내적인 의식 수준에는 두려움이 없기 때문입니다. 내적인 의식 수준을 지켜보면, 그곳에는 두려움이 전혀 없습니다. 그대의 두려움들을 바라보아야 합니다. 이 두려움들을 자각한다면, 그것들은 사라집니다. 그대는 두려움의 목격자이기 때문입니다. 어디에서 이 두려움을 얻었습니까? 그대는 두려움을 현재가 아니라 과거로부터 가지고 옵니다. 이 두려움은 어린 시절의 것입니다! 아무도 그대가 두려움들을 던져 버리도록 도와 줄 수 없습니다. 마음을 어지럽히는 두려움의 근원을 찾아감으로써 그대가 직접 해야 하는 일입니다. 그대는 두려움의 원인이 무엇이며 그것을 어떻게 처리해야 하는지를 발견하게 될 것입니다.

작년에 저는 세상에 대한, 특히 다른 사람들에 대한 두려움을 갈수록 크게 느꼈습니다.

그것은 그대가 무엇인가를 숨기고 있다는 뜻입니다. 그렇지 않으면 두려워하지 않을 것입니다. 도둑이 숲에 간다면, 그는 자기 뒤에 있는 사람이 자기를 뒤쫓는 경찰일 것이라고 의심할 것입니다. 왜냐하면 그는 숨길 것을 가지고 있기 때문입니다. 그의 마음속에는 늘 경찰이 있습니다. 그대는 숨기고 있는 어떤 것이 있습니다. 그래서 그대는 사람들과 세상을 두려워하는 것입니다.

분노를 숨기고 있는 것 같습니다.

분노와 두려움은 함께 합니다. 둘 다 도둑입니다. 그대는 어떤 죄를 지었습니까? 그대를 화나게 한 사람들에게 그대는 어떻게 했습니까? 그대의 분노가 누군가를 파괴하였습니다. 분노와 두려움은 모두 인간의 사나운 적입니다. 그대는 아마도 어린 시절의 어떤 것을 숨기고 있을 것입니다. 하지만 그대가 그것을 모르고 있다면, 그것은 행운입니다. 이제 그대는 두려움과 분노를 직면하는 치료 단계에 와 있습니다. 모두들 정욕, 분노, 탐욕과 같은 적들을 직면하기 위하여 이곳에 옵니다. 누구나 이 세 개의 적들에 의해 해를 입을 것입니다.

저는 프랑스에서 방금 도착했습니다. 저는 믿음이 부족하여 놓아 버릴 수가 없습니다.

무엇을 놓으려 합니까? 놓아 버릴 것은 많이 있습니다.

저의 두려움과 긴장감입니다.

아, 그래서 그대는 항상 그대의 조국을 생각하고 있는 것입니까? (웃음) 그대가 놓아주지 않는다면, 그것은 그대가 어떤 것에 집착하고 있으며 그것이 떠나 버릴까 봐 두려워한다는 뜻입니다. 그대는 과거의 어떤 것에 집착하고 있음이 틀림없습니다. 그리고 그것은 그대를 떠나지 않을 것입니다. 만약 그대가 진정한 친구는 없으며 모두들 자신의 이익과 즐거움을 위하여 그대의 육신을 따라다닌다는 것을 깨닫는다면, 그대는 그런 사람들에 싫증이 날 것입니다. 그리고 늘 함께 있지만 숨겨져 있는 진정한 친구를 찾으려 할 것입니다. 늘 그대의 가슴속에 숨어있는 진정한 친구를 찾아내십시오. 그대는 그대 자신의 진정한 가슴으로 얼굴을 돌린 적이 있습니까? 그대는 이제까지 다른 사람들을 바라보고 있었습니다. 하지만 그대 자신의 나는 바라보지 않았습니다. 생각하지 말고 노력하지 마십시오.

그것이 제가 할 수 없는 일입니다.

그대 자신이 그 일을 하지 않는다면 그것은 누구의 문제입니까? 그대는 이 문제를 스스로 해결해야 합니다. 배가 고프면 먹어야 합니다. 남들이 그대를 위해서 대신 먹어 주어도 그대에게 도움이 되지 않을 것이기 때문입니다. 그러므로 평화를 원한다면 그대가 스스로 찾아내야 합니다. 만약 생각하지 않고 노력하지 않는 것이 그대를 행복하게 하지 못한다면 나에게 말하십시오!

5. 분노와 불만족

분노, 탐욕, 집착, 혐오는
명상을 방해하고 그대가 누구인지를 알지 못하게 하는
마음의 질병들입니다.
둘이 있을 때 분노가 생겨나며, 이 둘임이 자아입니다.
분노, 탐욕, 위선, 정욕과 질투,
이 모든 것은 전쟁터의 막강한 적들입니다.
하지만 자아를 정복하면 이 모든 적들도 정복될 것입니다.

분노, 탐욕, 정욕에 말려들지 마십시오.
이것들은 자아입니다.
자신이 말려들도록 내버려두지 마십시오.
탐욕에 흥미를 느낀다면,
자유에 탐욕스러워지십시오!
화가 난다면,
신에게 화를 내십시오.
그리고 정욕을 일으켜야 한다면,
그대의 가슴과 하나 되기를 갈망하십시오.

댐을 쌓아서 마음의 흐름을 막고
수로를 여십시오.
그렇지 않으면 분노와 탐욕의 홍수로 댐이 터질 것입니다.
수로는 올바른 방향으로 열어야 합니다.
그러면 분노, 탐욕, 슬픔이 해를 주지 않고 흘러갈 것입니다.
그러니 이것들이 일어나도록 놓아두고
이것들이 일어나면
그대가 그 근원임을 깨닫고 이것들은 개의치 마십시오.
단지 그대의 진정한 나만을 기억하십시오.
이처럼 그대는 모든 상황을 직면할 수 있습니다.

이런 개인적인 질문을 드려 죄송합니다만, 저는 최근에 너무 많은 분노를 경험하고 있습니다. 제가 어떻게 할 수 있을까요?

분노는 온 신경계통을 태우고 호흡에 지장을 초래함으로써 그대의 생명을 단축시키는 저주입니다. 그대의 분노를 표현하십시오. 그리고 그대를 분노하게 하는 것에 입을 맞추십시오. 화를 내는 것은 문제가 되지 않습니다. 단지 그대를 화나게 한 상황들을 기억하지 마십시오. 분노나 사랑을 지니고 다니지 마십시오. 모든 것을 잊으십시오. 개인적인 질문들을 한다고 걱정하지 마십시오. 나는 나의 아이들을 돌보아야 하고, 그대가 행복하도록 도와야 하기 때문입니다!

왜 과거의 어떤 사람, 특히 제 아버지를 생각하면 화가 나는 것일까요? 이 오랜 생각들은 감옥의 벽과 같습니다.

그 생각들은 그대가 아닙니다. 그것들은 그대가 어린아이였을 때 다른 사람들로부터 경험한 나쁜 행위의 산물일 뿐입니다. 이제 그것들은 그대를 떠나지 않습니다. 그러나 운이 좋게도 그대는 이곳에 있으니 그것들이 서서히 그대를 떠날 것입니다. 다른 사람들은 이것으로 자살까지 가지만, 그대는 자유로워질 것입니다! 그대의 오랜 생각들은 제압되어 파괴될 것입니다. 그리고 새롭고 신선한 길이 그대의 가슴에 뿌리를 내릴 것입니다. 애쓰지 마십시오. 애쓴다면 이런 일이 생기지 않을 것입니다. 그냥 가만히 있으십시오. 노력하지 마십시오. 이것은 어려울지 모르지만 가능한 일입니다. 활동이 그대를 떠나고, 그대는 고요해질 것입니다.

고요는 활동이라는 개념을 없앨 것입니다.
활동은 어느 누구에게도
평화롭고 사랑하는 상태를 준 적이 없습니다.

그대가 고통을 받을 때는 "이것은 나에게 일어나는 것이 아니다."라고 계속 반복하십시오. "나는 사랑, 평화. 나는 나를 원한다." 마음을 이 방향으로 전환시키십시오.

방해하는 힘들이 너무나 많은 것 같습니다.

이 방해하는 힘들이 실제로는 그대를 도와주고 있다는 것을 알게 될 것입니다. 그것들이 향하는 방향은 그대에게 유익한 것입니다. 그것들은 그대의 적이 아닙니다. 파괴적인 것은 대상들을 향한 그대의 욕망입니다. 고요와 활동 간에는 아무런 차이가 없음을 알게 될 것입니다. 그대가 성공할 것이라는 것을 아십시오. 다른 질문이나 의문이 있습니까?

이 소중한 삿상을 포함해서 너무나 많은 것들이 주어졌지만, 저는 제 삶에 만족하지 못하고 있습니다. 마음을 열 수가 없고, 행복과 즐거움을 느낄 수가 없습니다!

그대의 불행의 원인은 그대가 즐길 어떤 것, 그대에게 만족을 줄 수 없는 어떤 것을 원한다는 것입니다. 왜냐하면 그대가 원하는 것은 과거의 것이기 때문입니다. 그러나 과거의 어떤 것도 사람에게 행복을 주지 않는다는 점을 이해해야 합니다. 행복과 평화는 지금 여기에 있습니다. 그대에게 휴식과 평화와 행복을 즉시 줄 수 있는 것을 찾으십시오. 그대는 그것을 위해 노력할 필요가 없습니다.

이제 말해 보십시오, 이 불만족은 그대를 속여 온 사람에게 속하지 않습니까!? 모든 사람들이 그대를 속일 것이며 또 속이고 있습니다. 이 개념을 그대의 마음속에서 없애십시오. 그리고 만족하는지 말해 보십시오. 만약 그대가 단 1초만이라도 어떤 사람, 어떤 대상, 어떤 개념에 집착하지 않는다면, 기분이 어떠한지 나에게 말해 보십시오.

저는 아직도 사람들에게 집착하고 있는 것 같습니다.

아, 하지만 나는 단 1초만이라도 그렇게 하지 말라고 했습니다. 그대는 서른 살쯤 되었을 것이고, 오랜 세월 동안 불만족 속에서 지내 왔습니다. 하지만 나는 그대의 시간 중에서 어떤 것에도 집착하지 않는 짧은 순간만을 원할 뿐입니다. 이후로도 그대는 계속 집착한 채로 있을 수 있습니다! 왜 지금 이것을 한번 시도해 보지 않습니까? 이 1초를 그대의 나에게 주십시오. 그대는 그렇게 해 본 적이 없습니다. 그래서 불만족스럽고 실망하고, 이 불만족 속에서 죽을 것입니다. 그러나 내 말대로 하면 죽음이 그대를 건드리지 않을 것입니다. 그대의 모든 고통은 육체적인 관계들에서 일어납니다. 하지만 50년 후에는 그대가 어떻게 보일지, 얼마나 매력적일지 말해 보십시오.

저는 그것을 원치 않습니다.

그렇다면 하루는 아름다운 소녀를 보여 주고 다음 날은 고개 숙인 늙은 여인을 보여 주는 거울을 그만 들여다보십시오. 대신에 내가 보여 주는 거울을 보십시오. 세상의 방식은 모두들 자신의 이익을 위하여 다른 사람을 원하는 것입니다. 그대는 지금 이것을 변화시킬 수 있습니다. 그대의 공덕으로 그대는 삿상에 오는 기회를 얻었기 때문입니다. 지금 이 순간, 그대는 만족스럽습니까 아니면 불만족스럽습니까?

만족합니다!

이 지금에 그대는 만족하고 있습니다. 이 지금에 그대는 원하는 대로 달려갈 수 있습니다. 그대가 집착하고 있는 것들과 함께 머무를 수도 있지만 바로 이 순간을 잊지는 마십시오. 그대가 집착하고 있는 사람과 같이 앉아서, 그 사람에게 이것에 대하여 말하십시오. 그리고 그가 그대에게 무슨 말을 하는지를 보십시오. 그의 눈을 들여다보십시오. 이것이 전부입니다.

저는 무기력하고 불만족스럽습니다. 신성한 맑음으로 보였던 석 달간의 경험 이후에 이런 현상이 나타났습니다. 저에게 빛을 비추어 주시어 이 고통스러운 상태를 해소하여 주시겠습니까?

내일 우리는 음악을 연주하고 그대는 노래를 불러야 할 것입니다. 준비가 되어 있습니까, 아니면 예행연습을 해야 하겠습니까?

준비되지 않았습니다. 예행연습을 좀 할 것입니다.

그대는 생각들을 끝내야 합니다. 배가 고프면 먹어야 합니다. 방금 그런 말을 하고서도 어떻게 그대는 이런 음악 프로그램에 그렇게 쉽게 빠져 들었습니까? 나는 그대가 얼마나 쉽게 길을 잃고 산란해질 수 있는지를 알아보고 싶었습니다. 나는 그대가 얼마나 배고픈지를 알아보고 싶었습니다. 만약 그대가 배고프다면, 먼저 식당에 갈 것입니다. 친구들과 축구를 하지는 않을 것입니다. 나는 그냥 그대를 시험해 보았습니다. 하지만 그대는 너무나 쉽게 길을 잃었습니다! 나는 그대에게 조언을 해 줄 수도 있었지만, 그대는 그것을 필요로 하지 않는 것이 분명합니다. 왜냐하면 지금 그대는 예행연습을 준비 중이며, 두 가지 일이 동시에 일어날 수는 없기 때문입니다.

평화롭고 싶습니다. 최근에 저는 스승님 댁에서 명상을 하고 있었습니다. 그런데 누군가가 저에게 떠나라고 했습니다. 이 일은 저를 정말로 화나게 했습니다.

명상을 한 뒤에 곧바로 그처럼 혼란스러워진다면, 대체 그것이 무슨 명상입니까?

모르겠습니다.

그러면 그대를 대신해서 누가 알아야 합니까? 알아내십시오!

어느 왕이 코끼리들 위에 단과자들과 옷감, 음식을 가득 싣고서 수피 성자인 피르(Pir)를 찾아갔습니다. 그는 왕비도 데려갔으며, 나라의 대신들도 말을 타고 뒤따랐습니다. 이 행렬은 피르가 머물고 있는 숲 속의 초막으로 향했습니다.

초막에 도착한 왕은 피르의 제자에게 이르기를, 이 나라의 왕이 피르에게 존경을 표시하고 싶다는 말을 전하라고 했습니다. 그래서 이 제자는 안으로 들어가서 성자에게 이 사실을 알렸습니다.

성자는 제자를 통하여 말을 전하기를, 왕은 나무 밑에 앉으라고 했고 가져온 선물은 모두 내려놓으라고 했습니다. 그리고 나중에 왕을 부르겠다고 했습니다. 왕은 성자가 부르기를 기다리다가, 왕비는 아이들을 돌보고 대신들은 나랏일을 돌보라고 돌려보냈습니다.

왕은 나무 밑에 앉아서 밤을 새웠습니다. 다음 날 아침 그는 이제 성자를 만날 때가 되었는지 물어보았습니다. 하지만 나중에 부르겠다는 말만을 들었습니다. 그러는 사이에 사흘이 지났습니다. 단과자들과 과일들이 모두 썩기 시작했습니다. 비도 내리기 시작했습니다. 다시 왕은 자신이 피르를 만나기 위해 기다리고 있다는 것을 전해 달라고 부탁했습니다.

이제 일주일이 지났고, 다음에는 15일이 지났습니다. 마침내 피르가 왕에게 한 시간만 더 기다리면 된다는 말을 전했습니다. 한 시간이 지난 후 왕은 이제 피르를 만날 수 있느냐고 물었습니다. 하지만 5분을 더 기다려야 한다는 말을 들었습니다. 5분이 지난 뒤에도 1분을 더 기다리라는 말뿐, 안에서는 어떤 부름도 없었습니다.

하지만 왕은 더 이상 기다릴 수가 없었습니다. 그래서 안으로 달려 들어가 성자의 발을 만지고 말았습니다. 성자는 왜 이전과는 달리 지금은 허락을 받지 않고 들어왔느냐고 그에게 묻고는, 그의 자아를 없애는 데 29일이 걸렸다고 왕에게 말했습니다. 성자가 얘기했습니다. "전하는 왕이라는 자아를 지녔으며 왕처럼 대접받기를 바랐습니다. 그러나 그런 일은 결코 일어나지 않을 것입니다. 전하는 자아를 가지고 있었습니다. 그러나 이제 전하는 자아 없이 들어와서 저의 발밑에 엎드렸습니다. 전하에게 안 된다고 말할 사람은 아무도 없습니다! 도착하자마자 전하는 안으로 들어올 수 있었습니다."

왕은 그렇게 한 달간 머물렀습니다. 그러나 그대는 여기 럭나우에 수많은 달 동안 머무르고 있지만 그대의 자아는 아직도 남아 있습니다. 만약 누군가가 그대에게 가라고 했다 하여 그대의 마음이 산란해진다면, 명상은 아무런 소용이 없습니다. 누군가가 그대에게 가라고 한다면 그대는 가야 합니다. 왜냐하면 오는 것과 가는 것은 차이가 없기 때문입니다. 그대가 방을 나가라는 말을 듣거든, 가십시오. 나는 그대를 다시 부를 것입니다. 많은 경우가 이와 같습니다.

파파지, 제가 느끼는 이 깊은 불만족은 마음의 또 다른 층입니까, 아니면 다른 무엇입니까?

물론 불만족은 그대 앞에 놓인 하나의 층입니다. 그래서 그대는 분명함을 볼 수가 없는 것입니다. 모든 층들을 제거해야만 합니다. 이 엽서를 보십시오. (파파지는 그에게 크리슈나 앞에서 벌거벗은 채 수영하는 고피들의 그림을 보여 준다.) 그들은 그들과 나 사이에 놓인 모든 층들을 없애 버렸습니다. 이 그림이 그것을 설명해 줍니다. 나와 그대 사이에 놓인 층은 무엇입니까? 그대는 이 층을 없애야 합니다. 그들이 입고 있는 이 옷은 그대와 나 사이에 놓인 층입니다. 그대의 경우에 이것은 불만족입니다. 그러므로 모든 것을 제거하십시오. 모든 생각들을 제거하십시오. 나를 가리고 있는 옷을 벗으면 나를 볼 것입니다. 이것은 그것을 설명하는 그림입니다. 옷을 벗는다는 것은 그대의 마음속에 어떤 생각이나 개념, 어떤 자아, 어떤 과거도 걸치지 않는 것을 의미합니다. 그러면 그것은 깨끗해질 것입니다.

저도 최근에 그런 깊은 불만족을 경험해 왔습니다.

자아를 가지고서 바다의 깊이를 재려고 하기 때문에 만족스럽지 않은 것입니다. 깊이를 재고 싶거든 자아를 버리고 사랑의 깊이 속으로 용해되십시오. 그대의 자아들, 그대의 계산들, 일어나야 할 것과 일어나지 않아야 할 것들에 대한 그대의 기대들을 버리십시오. 어떤 일이 일어날 것이라는 그대의 개념들을 던져 버리십시오.

저는 어릴 적부터 이러한 의기소침과 실망감 속에 갇혀 있었습니다.

그대는 그런 의기소침과 실망감으로부터 자유로워지겠다는 강한 결심을 해야 합니다. 그러면 즉시 그렇게 할 수 있습니다. 강한 결심 하나로 충분합니다. 어디로 가고 싶은지, 무엇을 얻고 싶은지를 결심하십시오. 이것을 지금 여기에서 결심하십시오. 그대는 무엇을 원합니까, 그리고 이것을 얻기 위하여 얼마나 멀리 여행해야 합니까? 그러므로 결심하는 것에 대해서만 혼란이 있을 뿐입니다. 왜냐하면 일단 결심하면 그대는 전체 거리를 벌써 여행한 것이기 때문입니다. 그러므로 우선 그대의 결심을 돌보십시오. 자유로워지겠다고 결심하십시오!

제게는 너무나 많은 분노와 문제들이 있었습니다. 하지만 지금은 그것들이 무엇이었는지 기억하기가 어려울 지경입니다!

오, 아주 훌륭합니다! 이것은 매우 좋은 경험입니다.

> 심지어 망각과 분노, 수면 속에 있을 때조차 포옹에 대한 자각이 있습니다.

그대가 어떤 상태에 있는지, 그것이 분노인지 오만인지 개의치 않는다면, 그때 그대는 이 상태들 너머에 있습니다. 이 상태들은 그대 앞에 올 것입니다. 하지만 그대는 구별하지 못할 것입니다. 왜냐하면 그대는 다른 무엇을 발견했으며 이 상태에 대해 생각할 시간이 없기 때문입니다. 분노와 같은 장애물을 넘어선다는 것은 좋은 일입니다. 분노는 체온을 높여 그대가 평화롭게 먹거나 자도록 허락하지 않습니다. 어떤 사람들은 평생 동안 분노로 마음을 어지럽히고 있습니다. 분노는 평화의 무서운 적입니다.

> 스승님과 함께 있는 것으로 이 모든 분노들이 사라졌고 너무나 많은 평화가 주어졌습니다.

구루의 눈길은 자비이며, 진정으로 자유롭고자 하는 사람들의 어둠을 없앱니다. 스승 가까이 있을 때는 시간이나 노력이 들지 않습니다. 스위치를 누르면 불이 들어오듯이, 즉시 빛이 거기에 있습니다. 단지 그대의 정직하고 성실한 헌신만이 필요할 뿐입니다.

기대들에 대하여 말씀해 주시겠습니까?

행복하기 위해서는 어떤 것도 기대하지 말아야 합니다. 실재에 대하여 아무런 기대도 하지 마십시오. 그저 실재로서 있으십시오. 잠을 잘 때 그대는 행복합니다. 왜냐하면 그대는 어느 누구에게도 아무것도 기대하지 않고 홀로 있기 때문입니다. 아무런 기대도 없을 때, 이것이 행복입니다. 결과들에 대한 아무런 기대 없이 그대의 일을 하십시오. 그것은 그대가 어찌할 수 있는 것이 아닙니다. 다른 누군가가 결과를 결정합니다. 그대의 다르마(dharma)는 그대의 기준에 맞는 행위를 하는 것이며 결과들을 추구하는 것이 아닙니다. 이것이 그대에게 행복을 줄 것입니다. 아무도 이런 기대들을 충족시킬 수 없습니다. 사람들이 나이 들어 늙어도 그들의 기대들은 여전히 젊습니다. 그러므로 어떤 종류의 기대에도 말려들지 마십시오.

저는 예수가 사막에서 마주쳐야 했던 것들과 같은 저의 악마들, 해결되지 않은 온갖 어두운 두려움들을 대면하기 위하여 이곳에 왔습니다.

만약 그대가 "내가 이 죄를 저질렀다."라고 생각한다면, 이 생각이 유령으로 악마로 나타납니다.

내가 리쉬케시에 있을 때, 뉴욕에 살고 있는 한 남자가 찾아와서 하는 말이 여자 악마가 자신을 끊임없이 쫓아다닌다는 것이었습니다. 나는 그가 자신의 아내를 죽인 뒤로 지니고 있어 온 죄의식이 이 악마라는 것을 알았습니다. 아내에게 축복을 보내고, 강가 강에서 목욕하여 정화되고, 나와 함께 지내면서 그는 좋아졌습니다. 아내의 영혼은 진정되었고, 죄의식이라는 그의 악마들도 없어졌습니다.

제5장

자유

자유, 해방, 깨달음.

이것은 그대 자신의 근본적인 궁극적 나입니다.

이것은 존재이며, "나는 존재이다."조차 아닙니다.

그저 존재! 이것은 고요한 마음입니다.

이 고요함이 가장 위대한 성취입니다.

그대는 자신인 존재의 파동을 모든 사람들에게 퍼뜨릴 것입니다.

그러므로 그대의 나, 사랑의 꽃을 잘 간직하십시오.

자유로서 그대는 가는 곳 어디에나 늘 좋은 파동들을 남깁니다.

1. 깨달음

깨달음은 고요함인 그대의 진정한 성품을 아는 것입니다.
이것은 모든 것을 아는 것입니다.
자유는 매 호흡과 더불어 이것을 아는 것입니다.
이 자유는 고요함이며 이원에 접촉하지 않습니다.
이 고요함은 행위자가 아니며 평화의 언어입니다.

자유는 홀로임이며, 하나임이며, 둘이 아닙니다.
의식 안에 아무런 대상이 없을 때
고요함이 있으며 이것이 자유입니다.
만약 그대가 이 세상이 실재한다고 생각한다면
그리고 '나'와 '너'가 있는 한, 거기에는 자유가 없습니다.
자유는 내 안에 있는 '나'가
네 안에 있는 '나'와 같음을 아는 것입니다.
이 나는 너이며, 거기에는 어떠한 차이도 없습니다.

현재로 남아 있는 것이 자유입니다.
과거 속에 남아 있는 것이 삼사라입니다.

자유는 모든 존재들의 가슴속의 여기에 늘 있습니다.

그것은 그대 앞에, 안에, 바깥에, 모든 곳에 있습니다!

자유가 항상 있을 때, 굴레가 어디에 있습니까?

진리 아닌 것이 무엇입니까?

자유는 마음의 모든 변화들로부터 자유롭습니다.

마음이 소각되어 완전히 파괴될 때, 자유가 있습니다.

그때 마음은 마음이 아니며,

오고 가는 어떤 것도 그대를 변화시키지 못합니다.

왜냐하면 그대는 항상 가득 차 있기 때문입니다.

자유 안에는 옳고 그름이 없습니다.

자유 안에는 옳고 그름으로부터의 자유가 있습니다.

자유에는 과정이나 길도 없고,

여기도 없고, 저기도 없고, 이것도 없고, 저것도 없고,

안도 없고, 바깥도 없고, 벽도 없고, 깊이도 없고, 이해도 없습니다.

아무 일도 일어난 적이 없고, 아무 일도 일어나지 않고 있으며,

아무 일도 일어나지 않을 것입니다.

마음도 없고, 굴레도 없고, 자유도 없습니다.

지혜 안에는 현상들이 없습니다.

주는 사람도 없고, 받는 사람도 없으며,

그래서 삶이 매우 아름답고, 세상도 매우 아름답고,

관계들도 매우 아름답습니다.

왜냐하면 그것들 모두가 그대의 나와 함께 있기 때문입니다.

궁극은 이름과 형상에 의해 가려져 있습니다.

그러나 진리가 알려질 때 그것은 이름과 형상을 가릴 것입니다.

모든 것이 사라지면 그대는 집에 있습니다.

이것이 깨달음입니다! 그대가 깨어 있을 때,

그대는 잃어버릴 수 있는 것을 아무것도 소유하지 않습니다.

존재는 모든 개념들의 사라짐입니다.

그대가 이 근원을 만날 때 모든 것이 사라집니다.

모든 질문들, 해답들 그리고 경험들은

근원으로 이르는 과정에만 있을 뿐입니다.

질문들은 무지 속에 있습니다.

왜냐하면 깨달음은 어떤 질문자도 남기지 않기 때문입니다!

그대가 깨어날 때,

그대는 어떠한 것도 존재한 적이 없음을 알게 될 것입니다.

주체 – 객체, 또는 어떤 이원이 있다면,

그대는 꿈속에 있습니다.

깨달음은 그대가 이미 자유롭다는 것을 드러내는 것입니다.
그것은 언제나 여기에 있으며 그대를 굴레로부터 해방시킵니다.
그것은 욕망, 의지, 생각 또는 집착의 끈 없이
그대의 개별성이라는 두레박을
존재의 우물 속으로 던지는 것입니다.
어디로도 가려고 하지 말고, 그저 단순히 존재하십시오.
유일하게 '필요한 것'은 존재하는 것입니다. 봄조차도 아닙니다.
그것은 너무나 단순해서 어렵습니다.
그것은 여기, 지금 바로 이 순간입니다.

자유의 비밀은 삿상입니다.
삿상은 그대의 나를 가리고 있는 마음을 벗깁니다.
이것은 믿음들, 개념들, 욕망들
그리고 환영들을 포기하는 것입니다.
그것들이 사라지고 나면, 의식이 자유로서 남아 있습니다.

지금 안에는 오늘도, 어제도, 내일도 없습니다.

아무것도 존재한 적이 없는데,
무엇으로부터 자유로워지겠습니까?
공에서 공이 비워져야 합니다.
자유는 자유로부터 자유로워야 합니다.
자유 안에는 할 것도 없고 하지 않을 것도 없습니다.
그것은 상상될 수도 없고 만져질 수도 없습니다.
인간으로 태어나는 것은 이 자유를 위한 것입니다.
그러니 자유를 냄새 맡고, 자유를 들이마시고, 자유로 존재하십시오.
매 순간 자유는 그대를 끌어안기 위해 여기에 있습니다.
영원은 순간순간 살아 있습니다.

태양은 밤을 보기를 원하였습니다.
그래서 한밤중에 나타났습니다.
그러나 그것은 여전히 어떠한 밤이나 어둠을 발견할 수 없었습니다!
무지의 경우도 마찬가지입니다.
한 번만 바라보면 무지가 사라집니다!
어떤 무지도 없습니다. 오직 진리만이 있습니다!
빛 속에는 어둠이 있을 수 없습니다!
태양이 뜨면 환영의 안개는 증발합니다.

거지를 왕좌 위에 앉히면,

큰 충격을 받습니다. 그러나 진실로 그대는 자유롭습니다!

몸은 이러한 행복의 충격 속에서 오직 21일 동안만 머물 수 있습니다.

이것이 그렇게 많은 성자들이 젊은 나이에 죽은 이유입니다.

오직 특별한 임무를 받은 존재들만이 몸을 입고 오래 삽니다.

마음이 순수하고 아무런 물결이 없을 때,

그대는 태초 이래 모든 존재를 알아 왔다는 것을 알게 될 것입니다.

삶의 자유를 위해서는

이 아름다움을 한 번 힐끗 보는 것으로 충분합니다.

이름과 형상을 제거하십시오.

그러면 이 봄이 존재입니다!

나는 순수한 자각입니다!

그렇게 머무르십시오.

무엇이 깨달음입니까?

깨달음은 모든 상태들의 바탕입니다. 깨달음은 견고한 믿음입니다. 여기에 있는 것은 항상 여기에 있다는 믿음입니다.

깨달음에 여러 수준들이 있습니까?

깨달음에는 수준들이 없습니다. 하지만 그대가 접근하는 데에 수준이 있습니다. 진지한 접근, 적당한 접근, 그리고 나이가 들어서 그것을 하는 수준.

라마나는 그것을 발견했을 때 곧장 쉬바의 처소로 갔고, 예전의 상황들로 되돌아오지 않았습니다. 수준들이란 단지 결심의 수준들일 뿐입니다. 이 수준들은 자아에 대한 것이지, 깨달음에 대한 것은 아닙니다. 빛은 거기에 있습니다. 그대가 눈을 반쯤 뜨면 태양을 보지 못할 것입니다. 태양은 항상 거기에 있으며 지구에 등을 돌리지 않습니다. 지구가 태양으로부터 등을 돌리며, 그 결과는 밤입니다. 태양에는 밤도 없고 수준들도 없습니다. 의식에는 아무런 수준이 없습니다. 그것은 왕의 자아가 왕으로 하여금 피르에게 다가가지 못하도록 하는 것과 같습니다. 그러나 자아가 사라지면 왕은 즉시 안으로 달려갑니다. 그대 자신의 빛과 지혜는 그대를 기다리고 있습니다. 그러나 그대는 백만 년 동안 그것을 미루어 왔습니다.

깨달음이 신체를 화학적으로 또는 에너지적으로 변화시킵니까?

라마나 마하리쉬는 나의 힘이 그를 통해 너무나 강하게 밀려와 머리를 제대로 가누지 못할 때가 있다고 말했습니다.

나를 깨달은 사람에게는 어떤 표시들이 있습니까? 행동의 변화가 있습니까?

그렇습니다. 궁극에 이르렀는지를 알아볼 수 있는 몇 가지 표시들이 분명히 있습니다. 주요한 표시는 그대가 그들을 바라보거나 그들 가까이 있으면 그대의 마음이 평화로울 것이라는 점입니다. 그대가 마하리쉬의 사진을 보거나 그에게 가까이 갈 때, 그대는 다른 사람과 함께 있을 때는 느끼지 못하는 어떤 것을 느끼게 됩니다.

때때로 마음은 공포 때문에 고요해집니다. 예를 들면, 그대가 숲 속에서 정면으로 호랑이를 만나는 경우가 그러합니다. 그러나 내가 말하는 고요함은 공포가 아니라 사랑과 평화에서 나오는 것입니다. 그러므로 그대가 확신하지 못한다면 그 사람을 시험해 보십시오. 그대는 그들을 시험해 보아야만 합니다! 붓다 가까이 갔던 사람들은 누구나 마음이 고요해졌습니다.

2,600년이 지난 오늘날까지도 심지어
붓다가 걸었던 땅의 먼지조차 사람들에게 평화를 주고 있습니다!

보드가야, 사르나트, 룸비니 같은 장소에 가서 직접 확인해 보십시오.

이러한 장소들은 흙의 모든 알갱이마저도 성화되었습니다.

행동에 대해 말하자면, 갸니의 행위들은 완전합니다. 왜냐하면 행위자가 없기 때문입니다. 옳고 그름의 판단들은 종교를 위한 것일 뿐, 갸니를 위한 것이 아닙니다.

스승님은 머지않은 장래에 깨달은 자들이 이 지구상에 많이 존재하게 될 때를 예견하십니까?

미래도 없고, 사람도 없고, 지구도 없고, 깨달음을 추구하는 자도 없으며, 깨달음을 얻는 자도 없습니다. 이것이 마지막 진리입니다. 시간은 개념일 뿐입니다. 그대가 시간에 대해 생각하지 않는다면 시간은 존재하지 않습니다. 이 지구도 그대의 개념입니다. 그대가 침묵을 지킨다면, 아무런 존재도 없고, 아무도 존재한 적이 없으며, 아무런 시간도 없습니다. 시간은 마음입니다. 시간이 없으면 마음도 없습니다. 그대가 잠자고 있을 때는 시간도 없고 세상도 없습니다. 이것은 그대에게 달려 있습니다. 마음은 하나의 생각이고, 마음은 과거이며, 마음은 모든 것입니다. 만약 그대가 근원으로부터 하나의 생각도 일으키지 않는다면, 그대가 무엇을 보고 거기에 무엇이 있는지를 말해 보십시오. 그대조차도 존재하지 않습니다.

깨달음은 언제나 행복하며 결코 화를 내지 않는 것을 의미합니까?

행복은 항상 존재합니다! 그대가 결코 변하지 않는 '그것'과 동일시한다면 이것을 알게 될 것입니다. 화에 대해 말하자면, 만약 화가 나는 상황이 일어난다면 나는 분노할 수 있습니다. 마치 호랑이처럼. (웃음) 그리고 나는 그 사람을 홀로 남겨 두지 않을 것입니다.

두 사람 모두 나를 깨달았을 때 서로 사랑하는 것이 가능합니까?

나 속에는 다른 사람이 없습니다.

사람은 언제 깨달을 만큼 무르익습니까?

공덕의 힘이 그대를 깨달음으로, 성스러운 사람과의 접촉으로 밀어 넣습니다. 성스러운 사람과 접촉하는 것은 무엇이나 성스러워집니다.

성스러운 사람들은 진리에 도달할 것입니다.
성스러움이 주요한 조건입니다.
마음의 순수는 자유이며, 모든 욕망으로부터 자유롭습니다.

만약 그대가 어떤 것을 기억한다면, 그대는 깨달을 만큼 무르익지 않았습니다. 그대는 감각의 대상들에 대한 모든 욕망이 없어야 하고, 그런 대상들에 행복을 의존하지 말아야 합니다. 욕망 없음이 유일한 행복입니다. 감각의 대상들이 오면 오게 놓아두십시오. 오지 않는다면, 그것이 와서 그대에게 행복을 주기를 기다리지 마십시오. 왜냐하면 세상의 어떤 것도 그대에게 행복을 주지 않을 것이며, 어떤 것도 그대에게 행복을 줄 수 없기 때문입니다. 이것은 확실합니다. 아무도 자신의 나 외의 다른 사람으로부터 행복을 얻을 수 없으며, 이것은 그대에게 아무런 욕망이 없을 때만 가능합니다. 이 얼마나 단순합니까.

나를 깨달은 사람의 운명은 떠남으로 끝납니까, 아니면 마하사마디 너머에서 더 위대한 발견이 계속되는 것입니까?

깨달은 존재는 다시 태어나지 않으며, 그래서 그에게는 운명도 없습니다. 운명은 깨닫지 않은 자들을 위한 것입니다. 그들은 피할 수 없는 운명의 손아귀 안에 갇혀 있습니다. 그러나 깨달은 사람은 깨달은 날로부터 운명이 없습니다. 그가 지은 모든 카르마들은 결과도 없고 반응도 없습니다. 그래서 미래의 카르마는 죽습니다. 현재의 행위들은 신에 의해 다스려집니다. 그래서 그가 하는 행위는 신의 의지 아닌 것이 없습니다. 그러므로 그는 현재의 행위들로부터 카르마를 얻을 수 없습니다. 왜냐하면 그런 행위들은 그에게 귀속될 수 없기 때문입니다. 과거의 카르마는 되돌릴 수 없지만, 다음 생애에 그에게 영향을 미칠 수도 없습니다. 왜냐하면 다음 생애가 없기 때문입니다. 그러므로 과거의 카르마는 꿈과 같은 형태로 그에게 올 것입니다. 이런 식으로 전 생애의 카르마는 한순간의 꿈속에서 전부 타서 없어질 수 있습니다. 남아 있는 좋은 카르마는 그를 사랑하는 사람들에게로 갈 것이며, 남아 있는 나쁜 카르마는 그에 대해 나쁘게 생각하고 나쁘게 이야기하는 사람들에게 갈 것입니다.

스승님은 힌두교인으로 보입니다. 깨달은 사람이 어떻게 종교에 얽매일 수 있습니까?

깨달은 뒤에는 어느 누구에 대해서도 미움이나 판단을 갖지 않습니다. 깨달은 존재는 힌두교인이고 불교인이며, 회교인, 기독교인, 유대교인 그리고 다른 모든 이들입니다. 왜냐하면 이 존재는 이러한 종교들의 본질을 알며, 이 존재가 바로 그 본질이기 때문입니다. 깨달은 존재는 모든 것들에서 어떠한 차이도 보지 못합니다. 그래서 그대는 이 삿상 홀의 벽에 걸린 여러 종교들의 표현들을 봅니다. 왜냐하면 우리는 아무도 미워하지 않기 때문입니다. 자유 안에서는 어떤 것의 상표나 꼬리표가 필요하지 않습니다.

나의 경우를 보면, 나는 힌두교 집안에서 태어났고 그 전통은 매우 잘 유지되고 있습니다. 그러나 그대 안에 있는 그대의 아트만은 기독교인도, 힌두교인도, 회교인도, 불교인도 아닙니다. 이 점에 대해서는 어떤 이름으로 불려도 내버려두십시오. 그것은 문제되지 않습니다. 백 개의 컵을 가져와서 백 가지 다른 색깔의 물로 채워 보십시오. 이 물과 접촉하는 태양 광선은 색깔에 영향을 받지 않습니다. 물을 비워 보십시오. 컵의

흰 자기와 태양의 순수한 광선들이 남습니다. 이 색깔이 "나는 힌두교도다." 혹은 "나는 회교도다."입니다. 그대가 그대의 마음에서 이 생각을 없앨 때, 그대는 세상 모든 곳에서 빛나고 있는 아트만을 보게 될 것입니다. 그것이 차이점입니다.

> 현대 물리학에서는 실험자가 실험의 결과에 영향을 미친다는 것이 분명합니다. 사물들은 깨달은 사람에게 보일 때와 깨닫지 않은 사람에게 보일 때 어떻게 영향을 받습니까? 프라크리티(prakriti)와 그것을 보고 있는 집단의식의 관계는 무엇입니까?

관점이 다릅니다. 깨닫지 않은 사람은 관찰자로서 보지만, 깨달은 사람은 관찰자와 관찰 대상의 뒤에서 바라봅니다. 깨달은 존재는 자아인 관찰자를 알며, 관찰자와 관찰 대상, 관찰을 초월합니다. 깨달은 존재 말고는 어느 누구도 관찰자가 누구인지, 누가 뒤에서 관찰자를 보고 있는지를 알지 못합니다. 그러므로 그대는 관찰자를 관찰하고 있는 존재에게로 얼굴을 돌려야만 합니다.

이것이 그대에게 던지는 나의 질문입니다! 그대로 하여금 "나는 모든 것을 의식하고 있다."를 알 수 있도록 하는 그 의식은 무엇입니까? 그 지고의 의식은 개별 의식과, 감각들을 통해 이루어지는 것을 보고 있습니다. 감각의 대상들이 있습니다. 그보다 앞서 감각들이 있습니다. 그보다 앞서 감각들에게 명령하는 마음이 있습니다. 마음 너머에는 결정을 내리는 지성이 있습니다. 지성 너머에는 자아가 있습니다. 이제 자아 너머로 가십시오. 어떤 의식이 자아를 알아차리고 있으며, 이것은 어디에서 일어납니까? 여기로부터 모든 것이 행해지며, 여기는 어떤 것에 의해서도 영향 받지 않습니다. 여기에서 그대는 행위자도 아니고 행해지는 것도 아닙니다. 이것이 깨달음이고 자유이며, 카르마 너머의 것입니다. 우리가 앞서 말한 카르마는 모두 마음의 틀 안에 있는 것이며, 카르마의 이런 활동들이 일어나는 것은 마음의 기억 안에서입니다. 마음 너머에는 아무런 일어남이 없습니다.

충고는 마음의 수준에 있는 사람들에게 주어집니다. 그러나 만약 그대가 이것 너머로 가면, 아무것도 존재한 적이 없다는 것을 알게 될 것입니다. 이것이 근본적인 진리입니다. 어떤 것도 존재한 적이 없으며, 어떤 것도 존재하지 않을 것입니다. 이것이 궁극의 진리입니다.

보이는 것은 자아를 통해서만 보입니다. 그대가 보는 이 현상계는 단지 그대가 볼 필요가 있었던 것, 보기를 원했던 것입니다. 그리고 그것은 모두 그대의 개별적 동일시와 관련되어 있습니다.

그대가 잠잘 때는 이 모든 것이 사라지는 것처럼, 그대가 진리를 알 때도 이 모든 것들이 사라질 것입니다. 그대가 보거나 말할 수 있는 모든 것은 깨어 있는 상태나 꿈의 상태에 관한 것입니다. 그러나 그대의 곤히 자고 있음을 목격하는 자는 누구입니까? 그대의 모든 고통은 깨어 있는 상태와 꿈의 상태에 속해 있습니다. 그러나 일단 그대가 깨어나면, 잠의 고요한 행복에 무슨 일이 일어납니까? 그대는 다음의 깨어 있는 상태에서 이 행복을 어떻게 현명하게 활용할 것입니까? 이러한 고요한 행복은 그대가 나온 곳에 있습니다. 이 의식은 심지어 그대가 의식하지 못할 때에도 자각하고 있습니다. 왜 그대는 깨어날 때 이 행복을 잊습니까? 그대는 이 행복을 존중해야만 합니다. 그대는 잠을 자는 동안에 깨어 있는 '그것'을 알아야만 합니다. 다른 사람들이 모두 잠자는 동안에 깨어 있으십시오. 다른 사람들이 모두 깨어 있는 동안에 잠을 자십시오. 그러면 그대는 결코 삶의 고통에 의해 영향 받지 않을 것입니다. 왜냐하면 그대는 그것 너머에 있기 때문입니다.

이해는 어떤 수행도 필요로 하지 않습니다. 그저 그것을 흡수하고 그것으로 존재하십시오. 수행은 마음을 강하게 할 뿐입니다. 수행은 시작이 있고 끝이 있습니다. 그러므로 진리는 아닙니다. 늘 있는 것이 진리입니다. 수행들은 그대에게 얻은 것을 줍니다. 그러나 모든 얻은 것들은 잃게 될 것입니다. 그대 자신의 성품은 결코 잃어버릴 수 없으며, 그대는 '그것'입니다. 그대는 잠을 자는 동안 깨어 있고 세상이 깨어 있는 것에 대하여 잠이 드는 '그것'입니다. 이 '그것'은 설명될 수 없습니다.

선생님의 제자들은 선생님을 깨달은 존재라고 얘기합니다. 선생님은 깨달은 존재입니까?

나는 나 스스로 그렇게 말하지 않습니다. 그리고 "여기 깨달은 사람이 지나간다."라고 말해 주는 명찰도 가지고 있지 않습니다. 나는 그대와 나 사이에 어떤 차이도 보지 않습니다. 나는 내가 깨달은 사람이라고 말하지 않습니다.

많은 사람들은 선생님을 실현한 사람이라고 말합니다. 실현과 깨달음은 어떤 차이가 있습니까?

많은 사람들이 나를 실현한 사람이라고 말하고 있습니다. 이것은 실현에 관한 그들의 개념들에 기인합니다. 그러므로 그들은 내가 실현했다고 생각합니다. 그러나 나는 그들과 나 사이에 어떤 차이도 보지 못합니다. 그리고 우리는 흔히 이런 단어들을 바꾸어 사용하지만, 실현과 깨달음 간에는 어떤 차이가 있습니다. 실현은 어떤 사다나 혹은 수행 혹은 방법을 실천한 뒤에 실현하였다는 것이며, 실현된 것은 이전에는 없었던 것입니다. 어떤 방법을 통해서 실현하는 것을 실현이라고 부릅니다. 깨달음이란 이전에는 분명하지 않았던 어떤 것을 아는 것입니다. 마치 그대가 다이아몬드를 돌이라고 생각했지만 나중에는 다이아몬드라는 것을 알게 되는 것과 같습니다. 그것이 돌이 아니라는 것을 안 뒤에 빛이 오며, 그래서 그대는 그것에 가치를 부여하기 시작합니다.

그것은 자각과 깨달음 너머에 있습니다. 이것은 본질입니다. 거기에는 전혀 어둠이 없기 때문에 누구나 자각할 수 있고 누구나 깨달을 수 있습니다. 그것은 이미 그곳에 있으며, 그대의 개념들이라는 먼지가 닦일 때 드러납니다. 그때 그것은 스스로 드러날 것이며, 그것은 그대와 하나로 합쳐지고, 그대는 자신과 그것 사이에 차이를 보지 못할 것입니다. 그대는 다른 어떤 것을 보지 못할 것입니다. 어떤 말로도 그것을 설명할 수는 없습니다.

> 서구인들은 신을 믿거나 혹은 믿지 않습니다. 신이 있습니까, 그리고 만약 신이 있다면 신은 무엇이며 누구입니까?

사람들이 신을 믿든지 믿지 않든지 내버려두십시오. 나는 어떤 신앙이나 신에 의해 영향을 받지 않습니다. 신은 그대의 생각이며 그대 자신의 마음의 창조물입니다. 그대는 심지어 창조자도 창조하였습니다. 창조, 유지, 파괴는 하나의 생각일 뿐입니다.

> 선생님께서는 라마나가 선생님의 눈을 들여다보았고 '보는 자'를 보여 주었다고 말씀하셨습니다. 그때 무슨 일이 일어났는지 말씀해 주시겠습니까?

아니, 어떤 설명도 과거이며, 과거나 미래가 아닌 즉각적인 지식이 아닙니다. 아무도 그것을 묘사할 수가 없습니다.

그렇지만 행동이 변화하고, 어떤 사람들은 산처럼 고요해집니다. 마하리쉬는 이러했습니다. 어떤 사람들은 어린아이 같아지고 천진해집니다.

이런 경우에 사람들은 그들이 깨달았다는 것을 믿지 않습니다. 그러나 이런 행동은 '그것'을 아는 사람의 정확한 외적 행동입니다.

이 경험이 선생님의 삶에 어떤 영향을 미쳤습니까?

그것은 하나의 경험이 아니었습니다. 경험은 경험하는 자와 경험되는 대상이 필요합니다. 그러나 이것은 그런 것이 아니었습니다. 어떤 것이 나를 내부로 끌어당기고 있었습니다. 이 어떤 것은 어떤 것의 화신이 아니었습니다. 이것은 그저 내부에서의 끌어당김이었습니다. 나는 이 '내면'이 무엇인지조차 알지 못합니다. 이 끌어당김 이후로 나는 어떤 특별한 이유 없이 항상 행복하였습니다.

왜 선생님은 람(Ram)의 달샨(darshan)이라는 신성한 경험을 한 뒤에 크리슈나 명상을 계속할 수 없었습니까?

나는 내가 크리슈나라고 느끼기 때문에 그 명상을 계속할 수 없습니다. 나는 그의 헌신자가 될 필요가 없으며, 크리슈나 또한 나의 신일 필요가 없습니다. 우리는 같습니다. 이것이 그대가 이해해야 하는 본질입니다. 만약 그대가 '그것'을 완전하고 전폭적으로 사랑한다면, 고피들이 크리슈나가 되었듯이 그대는 '그것'이 됩니다.

파파지께서도 자아를 가지고 있습니까?

그렇습니다, 나는 가지고 있습니다! 나는 자아를 가지고 있습니다. 자아는 하녀로서 나에게 봉사하기를 좋아합니다. 하녀가 없이는 집안 살림을 꾸려 나가지 못합니다. 그녀는 매우 잘 돕고, 심지어 일어나는 상황들을 내게 알리지도 않고 알아서 처리합니다. 나는 자아에 대하여 불평하지 않습니다. 그녀가 내 집에 살도록 놓아둡니다. 그녀와 나 사이에는 아무런 문제가 없습니다. 그녀와 나 사이에 어떤 적대감도 발견할 수 없습니다. 그녀는 매우 행복합니다.

어떤 사람들은 내가 아이스크림을 먹고 코카콜라를 마시는 것을 보고 놀랍니다. 스와미는 코카콜라나 아이스크림을 먹지 않기 때문입니다. 그러나 아이스크림은 깨달음과 아무런 관계가 없으며, 깨달음은 아이스크림에 의하여 영향을 받지 않습니다. 아이스크림은 혀에서 위장으로 갑니다. 그리고 나의 깨달음은 아이스크림을 싫어하지 않습니다. 그래서 아이스크림이 오면 나는 그것을 먹습니다. 내게는 어떤 제한도 없기 때문에 나에게는 아무런 문제가 없습니다. 스와미들과 달리 나에게는 해야 할 것과 하지 말아야 할 것이 없습니다. 나는 "당신은 이것과 저것을 해서는 안 된다."와 같은 것에 속하지 않습니다.

하고 싶은 것은 무엇이든지 하면서 정상적인 삶을 사십시오. 어떤 다른 것이 되려고 하지 말고 사회에서 그대 자신을 분리시키려 하지 마십시오. 말라(malas)를 목에 걸고 옷을 염색하는 것은 '그것'과는 아무런 상관이 없습니다. 그대가 흰옷을 입건 검은 옷을 입건 오렌지색 옷을 입건, 그대가 어떻게 행동하건, 그런 것들은 문제가 되지 않습니다. 이런 것들은 종교에 속합니다. '해야 한다.'와 '하지 말아야 한다.'들이 종교들입니다. 그들은 말합니다. "교회에 나가면 당신은 천국에 갈 것이다. 하지만 교회에 나가지 않으면 당신은 죽은 뒤에 지옥에 갈 것이다."

나는 그대에게 죽은 뒤에 무엇을 하라고 말하지 않습니다. 나는 그저 죽기 전의 시간을 잘 활용하고 그대가 좋아하는 대로 살고 행동하되, 다만 그대에게 해가 되지 않는 방식으로 하라고 말할 뿐입니다. 어떤 신체적 접촉도 그대의 이해를 방해하지 않을 것입니다. 그러므로 나는 이런저런 옷을 입으라거나 어떤 방식으로 행동하라고 지시하지 않습니다.

스승님에게도 여전히 생각들이 있습니까?

상황이 일어날 때는 생각들이 일어납니다. 그러나 나는 그것들을 따라가서 붙잡아 이용하지 않습니다. 도로에서 차가 지나갈 때 그것을 붙잡지 않는 것과 같습니다. 그러나 대부분의 사람들은 차를 뒤따라가서 붙잡고 매달리려 합니다. 나는 차가 올 때 오도록 놓아두며, 차가 사라질 때 관심 갖지 않습니다. 나는 차가 아닙니다!

깨달음은 마음의 긍정적 상태들이나 부정적 상태들과 아무런 관계가 없습니다. 깨달음은 마음과 아무런 관계가 없습니다.

왜 깨달음 뒤에도 '나'가 스승님과 함께 있습니까?

그대는 그대가 사용하는 '나'와 내가 사용하는 '나' 사이의 차이를 이해하지 못하고 있습니다. 그것이 차이를 낳습니다! 대부분의 사람들이 사용하는 '나'는 자아나 신체, 마음 그리고 감각들을 가리킵니다. 그것은 태어난 어떤 사람을 나타냅니다. 그대는 그대 자신이 어떤 형상을 가지고 있다고 생각합니다. 그리하여 어떤 이름을 붙이기를 원하는데, 가장 기본적 이름이 '나'입니다. 그러나 그대가 잠을 잘 때는 '나'라는 것이 없습니다. 그러면 그대가 잠들었을 때는 그곳에 누가 있으며 깨어 있을 때는 누가 있습니까?

그저 고요하십시오. 그리고 고요함이나
형상들, 혹은 이름들을 바라보지 마십시오.
그럴 때 그대는 어떤 종류의 자각이
여전히 거기에 있다는 것을 알게 될 것입니다.
이것을 아함 브람마스미(Aham Brahmasmi)라고 부르며,
그것은 모든 이를 위한 하나의 만트라입니다.
그러나 그것을 반복하지 마십시오.
그것의 진리 속으로 들어가십시오.

1초 동안 어떤 대상, 장소, 혹은 개념에 접촉하지 마십시오. 그러면 이

름들과 형상들이 없는 초의식이 있음을 그대는 알게 될 것입니다. 그것은 진정한 나인 '그것'입니다. 그대가 '그것'으로 갈 때, 그대는 더 이상 존재하지 않으며 '그것'이 나입니다!

스와미 라마 티르타는 이 나를 매우 아름답게 말했습니다. 그는 스물네 살 때 깨달았으며 이렇게 말하였습니다.

내가 깨어날 때 온 세상이 깨어납니다.
내가 먹을 때 온 세상이 먹습니다.
내가 잠들 때 온 세상이 잠 듭니다.

이 몸이 가도록 두십시오, 나는 개의치 않습니다.
왜냐하면 나는 산들바람으로 움직이며
꽃과 식물에 입을 맞추고
히말라야의 폭포를 만지기 때문입니다.

내가 가리키는 것은 이 나입니다. 사람들은 자아를 가리킬 때만 '나'라는 단어를 사용하며, 이런 식으로 '나'를 사용하는 사람은 누구도 행복하지 않을 것입니다.

삿상은 그대에게 무엇을 주기 위한 것이 아닙니다. 단지 보일 수 없는 것이 그대의 심장 동굴 속에 감추어져 있다는 사실을 알게 하려는 것입니다. 그것은 빛이며 지식입니다. 그대가 그것에 복종할 때, 그것이 그대를 떠맡을 것입니다. 그러면 그대가 "나는 이것을 하고 있다."고 말할 때, 단어는 같지만 그것을 하고 있는 것은 '그것'입니다! 그것이 차이를 낳습니다.

왜 스승님은 라마나 마하라쉬의 이 모든 사진들을 가지고 있습니까?

그대가 어떤 사람의 은혜를 입었다면, 어떻게 그 사람을 잊어버릴 수 있겠습니까? 아무도 줄 수 없는 '그것'을 준 존재를 어떻게 잊을 수 있겠습니까? 아무도 그 행복을 보여 주지 않았고 고통을 없애 주지 않았습니다. 그러므로 그대가 이 지구상에 신체적으로 존재하는 한, 그 사람에게 빚을 지고 있음이 틀림없습니다.

만약 그대가 어떤 사람의 도움을 받았다면, 그대는 "고맙습니다."라고 말하거나 그에게 100달러를 줄 것입니다. 그러나 그대의 모든 고통을 영원히 없애 준 사람에게 진 빚을 어떻게 갚을 수 있겠습니까? 어디를 가든지 그대는 그 사람이 그대를 뒤따르는 것을 보게 될 것입니다. 그는 심지어 편잡에 있는 나의 집까지 찾아왔습니다. 그것은 아무도 믿지 않는 기적입니다. 왜냐하면 그가 편잡에 나타났을 당시에 그는 아루나찰라에도 있었기 때문입니다.

나는 내 안에 있는 '그것'을 찾아 온 나라를 돌아다녔지만 그것을 알지 못하였습니다. 그때 이 나가 편잡에 있는 나의 집으로 나를 찾아와서 아루나찰라에 있는 그의 주소를 나에게 알려 주었습니다. 그러나 어떻게 그를 만나러 갈 것입니까? 나는 군에서 전역하였고 구루를 찾기 위해 여행하면서 가진 돈을 다 써 버렸습니다. 그때 나는 트리뷴(Tribune)지에서 구인광고를 보았다. 그것은 첸나이 근처의 아바디에 있는 한 군수품 회사의 창고들을 관리하는 일을 맡을 퇴역 장교를 구한다는 광고였습니다. 그래서 나는 지원을 해서 채용이 되었고 선불로 약간의 돈까지 받았습니다. 나는 직장으로 가는 대신에 마하리쉬에게 곧장 갔고, 직장에는 한 달 뒤에 일을 시작하겠다고 연락했습니다.

아쉬람에 도착한 나는 편잡에서 내게 주소를 준 사람과 같은 사람이 홀에 앉아 있는 것을 보았습니다. 나는 그 사람이 자기 자신을 선전했다고 느껴서 홀 안으로 들어가지 않았습니다. 한 파르시(Parsi) 신사가 나에게 "당신은 북인도인 같습니다."하고 말을 걸었습니다.

나는 "예, 그렇습니다."라고 대답하였습니다.

"당신은 방금 이곳에 도착하였는데, 어째서 벌써 떠나려 합니까?" 하고 그가 물었습니다.

그래서 나는 말하였습니다. "이 사람이 편잡에 있는 나를 찾아와서, 내 질문의 답을 얻으려면 이곳으로 오라고 말하였습니다."

그 파르시가 대답하였습니다. "당신은 잘못 알고 있습니다. 그는 집을 떠나 이곳에 온 이래 지난 50년 동안 여기를 벗어난 적이 없습니다. 그는 이곳에 온 이래 한 번도 아루나찰라를 떠난 적이 없습니다. 이곳에 있는 사람들 누구에게 물어보아도 좋습니다!"

이렇게 하여 그 모든 일이 시작되었습니다.

～

저는 아주 많은 경험들을 하였고, 이제는 평화만이 가득합니다.

이제 가서 이 경험을 그대의 친구들과 가족, 나라와 함께 나누십시오. 먼저 도움을 받고, 다음에는 그것을 잘 소화하고, 그 다음에는 그것을 다른 사람에게 주십시오. 이것을 알 때 그대는 자신이 항상 그것을 알아 왔음을 알게 될 것입니다. 다른 모든 경험은 신선하고 새롭지만, 이 경험은 항상 있는 것입니다. 이 지식은 "나는 붓다이다."를 의미합니다.

스승님께서 저에게 주신 이 나의 선물에 대하여 감사를 드립니다.

그대가 집에 있다는 이 경험을 할 때, 모든 것을 던져 버리고 스승을 섬기십시오. 스승을 섬기는 가장 훌륭한 길은 침묵을 지키며 헌신자들을 섬기는 것입니다.

～

스승님은 제 안에서 '그리스도 마음'을 일깨워 주셨습니다. 이제 모든 것이 하나로 보입니다.

그대가 성직자로서 이곳에 왔을 때, 나는 아버지를 향한 예수의 사랑을 보여 주겠다고 그대에게 말하였습니다. 그때 그대는 그것을 믿지 않았지만 지금은 그것을 믿어야만 합니다. 왜냐하면 그대는 다음의 것을 알기 때문입니다.

모든 사람은 신의 아들입니다.
만약 그대가 신을 사랑한다면,
그대는 언젠가 그분과 하나가 될 것입니다.
왜냐하면 신과 그 아들 사이에는 아무런 차이가 없기 때문입니다.

저는 제 가슴속에서 그와 같은 평화와 사랑을 경험합니다. 그리고 차마 이곳을 떠날 수가 없어서 출발을 미루고 있습니다.

떠나지 않은 것은 좋습니다. 이 경험이 안정되었다고 느낄 때, 그대는 떠날 수 있습니다. 마음은 종종 사람들을 속입니다. 그러므로 이제는 그 마음을 속이십시오. 마음 앞에 다른 상황들을 떠맡김으로써 마음과 함께 노십시오. "나는 힘들다." 혹은 "나는 평화롭지 못하다."라고 말해 보십시오. 그러면 그는 그대의 집에 오지 않을 것입니다.
이렇게 젊은 여성이 이곳에 있는 것을 보니 참으로 기쁩니다. 대부분의 사람들은 노년에 이를 때까지 삿상을 미루고 있습니다. 그러나 이것은 너무 늦습니다. 왜냐하면 노년에는 고요하지 못하게 방해하는 질병들로 가득 찰 것이기 때문입니다.

그러므로 지금 하십시오!
그것은 어렵지 않습니다.

생각에는 아무런 문제가 없으며, 생각을 심각하게 받아들이는 것이 문제라고 느껴집니다. 만약 제가 깨닫기를 원한다면, 그것은 제가 제 자신을 '그것'이 아닌 다른 사람으로 여기고 있다는 것을 의미한다고 느껴집니다.

깨달음은 오로지 자신이 몸이라고 생각하는 사람들을 위한 것입니다. 그들만을 위한 것입니다. 몸을 보지 않는 사람들 혹은 자신을 몸이라고 생각하지 않는 사람들은 어떤 종류의 깨달음도 필요치 않습니다. 깨달음이란 "나는 몸이다."라는 개념을 버리는 것입니다.

만약 그대가 나의 교정을 바란다면, 내가 말하고 싶은 것은 그대가 지금 '몸 없음'을 지니고 있다는 것입니다. 몸에 대해 말하는 것과 몸 없음에 대해 말하는 것은 아무런 차이가 없습니다. 몸 없음이라는 생각이 그대에게 왔고, 그대는 그것을 받아들였습니다. 그대는 생각 없음에 대하여 생각하고 있습니다!

관찰자는 여전히 관찰하고 있는 마음입니다!
그러므로 먼저 생각을 관찰하십시오.
그 다음에 관찰자를 관찰하십시오.

어떤 면에서는 흡연자가 흡연을 싫어하는 사람보다 더 낫습니다. 왜냐하면 흡연자는 담배를 피우고 난 뒤 꽁초를 버리지만, 비흡연자들은 자신이 담배를 싫어한다고 늘 말하고 생각합니다. 그대의 손에 담배를 가지고 있는 것이 그대의 마음속에 담배를 가지고 있는 것보다 더 낫습니다.

이와 마찬가지로 만약 그대가 몸을 가지고 있지 않다고 생각한다면, 그것이 실제로 의미하는 것은 그대가 이 죽은 몸, 이 시체를 그대의 마음속에 지니고 있다는 것입니다. 그러므로 몸이라는 개념과 몸 없음이라는 개념을 둘 다 피하십시오. 그러면 그대는 무엇에 대하여 말할 것입니까? 다음에는 이것을 바로잡으십시오.

이 가슴은 평화와 희열 속에 거주하고 있습니다. 정말 고맙습니다. 모든 바사나들이 제거될 때까지 이것이 꾸준히 계속되게 해 주십시오.

마음이 칫(Chit) 속으로 들어갈 때, 가슴은 춤을 추며 평화와 희열 속에 거주합니다.

지금 새들이 지저귀는 소리와 모든 것이 믿을 수 없을 만큼 아름답습니다.

새들의 노래, 바람소리, 그리고 물체들의 선명한 색상 등은 마음이 매우 미묘해질 때 사람이 갖는 경험들입니다. 그들은 이처럼 아름다운 소리들에 귀를 기울이며 다양한 색의 빛을 경험합니다. 성자 카비르는 미묘한 소리들과 색채들의 경험에 대해 말하고 있습니다.

저는 모든 낡은 것들과도 더 이상 접촉하지 않습니다. 저는 매우 행복합니다.

그러면 그대는 지금 춤을 추어야 합니다! 춤을 위한 춤을 추지 말고 행복으로 춤을 추십시오. 그것은 내가 아니라 다른 어떤 것이 즐기는 춤입니다. 나는 그대를 춤추게 만드는 '그것'을 즐깁니다.

파파지, 저는 스승님께 정말 감사드립니다. 저는 당신을 위하여 노래하고 춤추는 것을 사랑할 것입니다.

다음 이틀간 고요히 머물며 마음속에 어떤 생각도 일으키지 마십시오. 만약 그대가 이 이틀 동안 고요히 머문다면, 그대는 넘치는 희열과 행복으로 저절로 일어나서 즉시 춤추게 될 것입니다. 그리고 그대는 결코 춤의 끝을 모를 것입니다! 심지어 그대는 누가 춤추는지도 모를 것입니다. 그저 고요히 머무르며 일어날 일을 기다리십시오.

한때 내가 카베리 강 근처의 숲에 있을 때, 나는 누구를 위해서도 아니고 아무런 목적도 없이 그냥 춤을 추고 있던 어떤 사람을 발견하였습니다. 나는 누구를 위해 춤을 추느냐고 그에게 물었습니다. 그는 말했습니다. "내가 아무도, 어떤 형상도 보지 않았을 때 이 춤이 저절로 시작되었습니다."

그러므로 만약 그대의 마음속에 어떤 대상도 없다면, 그 춤을 감상할 대상조차 없다면, 그대는 구름들이 산 앞에서 춤을 추듯이 자연스러운 춤을 추게 될 것입니다. 움직이지 않는 산 앞에서 춤을 추는 구름들이 어떤 용도로 쓰이겠습니까? 그때 구름은 비의 형태로 떨어집니다.

고요히 머물고, 그 뒤에 춤을 추십시오. 이 춤으로 충분합니다. 그러므로 그대는 명상을 할 필요가 없습니다. 이것이 해체의 날에도 춤을 추는 나타라자(Nataraja)의 춤입니다.

개념들로 된 올가미들의 파괴가 영원한 사랑의 춤입니다.
이 올가미들을 평화와 바꾸는 것은
나쁜 거래가 아닙니다!

좋은 춤꾼은 노력을 하지 않습니다.

매 스텝은 가락에 맞고 완벽합니다.

그대 자신을 아십시오.

그 뒤에 이 행성 위를 자유롭게 노력 없이 걸으십시오.

파도들이 일어날 때

바다는 파도들이 도망갈까 걱정하지 않습니다.

"나는 바다다."라는 것을 알기에

바다의 파도들은 일어나는 것이 허용됩니다.

그대가 물이라는 것을 알 때

파도들은 아무런 문제가 되지 않습니다.

아무것도 의식 안에 정박하지 않습니다.

저는 "나는 존재한다(I Am)."가 우주적인 춤꾼임을 봅니다. 대단히 감사합니다.

나는 이 경험으로 매우 행복합니다. 사실, 그것은 하나의 경험이 아닙니다. 그러나 이것은 여기에서 불태워졌습니다. 그래서 그대는 진리의 마지막 단계에 있습니다. 이것이 그대의 삶의 목적입니다. 이제 나는 그대에게 새로운 이름을 주겠습니다. 그것은 집착들이라는 악마와의 전쟁에서 이긴 자의 이름입니다. 사티야반(Satyavan), 반드시 해야 하는 일에 진실한 자. 나는 이 이름을 사랑합니다.

저 역시 그 이름을 사랑합니다!

깨달음 뒤에 그대는 좋고 나쁜 모든 것을 목격합니다. 그리고 그대는 모든 것이 그저 하나의 게임이라는 것을 깨닫습니다. 만약 어떤 사람이 그대에게 입을 맞추면, 그것은 좋은 일입니다. 만약 어떤 사람이 그대의 뺨을 때린다면, 그의 손이 상하지나 않았는지 살펴보십시오.

옛날에 한 성자가 있었습니다. 물을 마시기 위하여 강가로 내려갔을 때, 그는 전갈이 물에 떠내려가고 있는 것을 보았습니다. 그래서 그가 전갈을 향해 손을 뻗자 전갈이 그의 손을 찔렀습니다. 전갈에게 찔리면 대단히 고통스럽습니다. 그는 몇 번이나 전갈을 구하려고 시도했지만 그럴 때마다 전갈에 찔렸습니다. 근처에 서 있던 사람이 성자에게 물었습니다. "이 전갈이 당신을 계속 찌르는데도 왜 자꾸 구해 주려 합니까?" 성자가 대답하였습니다. "이 전갈이 찌르는 습관을 그만두지 못한다고 하여 내가 왜 봉사하는 나의 습관을 버려야 하겠습니까?"

그러므로 유희하는 것은 어려운 게임일 수 있습니다. 그대를 찌르려는 많은 전갈들이 있고, 그대가 먹이가 되기를 기다리는 많은 벌레들이 있습니다. 그러나 우리는 이것을 잊고 있습니다. 그래서 우리는 고통을 받고 있습니다. 우리가 밟고 있는 이 지구가 우리를 자기 밑으로 데려갈 것이라는 것을 우리는 기억하지 않습니다. 아무도 기억하지 않습니다. 그러나 기억하는 사람들은 현명합니다. 따라서 그대의 코로 숨이 오가는 동안 게임을 하십시오. 이러한 놀이, 이러한 게임, 이러한 스포츠는 릴라입니다. 이런 게임을 즐기고 주위에서 일어나는 일을 목격한다면, 그대는 현명한 사람입니다.

어떤 구루가 여러 번 저를 찾아왔는데, 신체가 아닌 모습이었지만 신체 아닌 것도 아니었습니다. 이 만남들이 무엇을 의미하는지 말씀해 주시겠습니까? 그리고 그가 취하고 있는 이 '모습'은 무엇입니까?

그것은 특별한 만남입니다. 의식의 한 수준에서 우리는 다른 세계 즉 단기간 동안 사는 대상들이 태어나고 사라지는 세계를 봅니다. 이 의식의 수준은 우리의 깨어 있는 18시간 동안의 세상입니다. 그리고 꿈의 의식과, 수면 상태라 불리는 잠재의식의 상태가 있습니다. 그대가 무슨 상태에 있다 생각하더라도 의식은 거기에 있습니다. 깨어나십시오. 그대는 이것을 압니다. 왜냐하면 어떤 사람이 그대에게 잠을 잘 잤느냐고 물어보면 그대는 푹 잘 잤다고 말할 수 있기 때문입니다. 그러므로 그대는 깨어 있지 않았지만, 어떤 의식은 자각하고 있었습니다. 이 의식 안에는 현재와 과거, 미래가 없습니다. 그렇지만 그대는 이 모든 것들을 지각할 수 있으며, 모든 것은 있는 그대로 있습니다. 많은 성자들은 이 의식 안에서 살고 있습니다. 그대가 이 의식 안에 있을 때, 그대는 모든 것들을 있는 그대로 볼 것입니다. 이 의식 안에서는 아무도 죽지 않습니다. 의식 안에는 어떤 죽음도 있을 수 없습니다. 비록 태어나고 죽는 것이 실제인 것처럼 보이는 의식 수준이 있기는 하지만, 실제로는 아무도 죽지 않습니다. 다른 수준에서는 그대는 태어난 적도 없고 죽지도 않을 것입니다. 많은 성자들과 성스러운 도시들은 이 초의식 상태에 있습니다. 그러나 모든 것들은 여전히 있는 그대로 있습니다. 의식 안에서는 아무것도 파괴되지 않습니다.

의식은 늘 의식을 의식하고 있습니다.

모든 것이 의식 안에 있습니다. 그대의 '수준'이라고 불릴 수 있는 그대의 관점을 제외하고는 아무것도 변하지 않습니다. 그대의 관점이 거칠 때는 거친 창조물을 보게 되며, 그대의 관점이 꿈의 상태처럼 미세할 때는 더욱 미세한 창조물들을 보게 됩니다. 그대의 기질이 매우 조화롭고 평화로워지면 그대의 관점은 훨씬 더 미세해질 수 있습니다. 우리는 타마스 구나(tamas guna)로 세상을 보고, 라자스 구나(rajas guna)로 꿈들을 보며, 매우 미세하고 순수한 삿트와 구나(sattvic guna)에서는 성자들을 봅니다.

삿트와 너머에는 아무것도 존재한 적이 없는 상태가 있습니다. 거기에는 시간이 없고, 존재도 없으며, 파괴도 없습니다. 거기에는 창조자가 없고, 창조물도 없고, 형상도 없고, 개념도 없으며, 아무도 없습니다! 이것은 이 모든 의식 수준들의 궁극의 바탕입니다. 성스러운 사람을 본다는 것은 좋은 징조입니다. 그들이 그대를 인도할 것입니다. 그대는 이런 성자들을 볼 수 있는 의식의 수준에 이르렀습니다.

궁극적으로는 과거도, 현재도, 미래도 없습니다. 그대의 마음이 움직이지 않을 때는 곧바로 이것을 경험할 수 있습니다. 호수에 물결들이 일지 않을 때, 그대는 호수에서 그대의 얼굴을 볼 수 있습니다. 이 물결들은 생각의 동요들입니다. 만약 그대가 마음속에 물결들을 일으키지 않는다면, 그대는 그대의 얼굴을 지금 볼 수 있습니다. 모든 현상계는 호수의 물결들에 불과합니다. 표면 아래에서 그대는 고요하고 조용합니다. 이것이 그대의 성품입니다. 생각이 일어나서 표면을 어지럽힐 때, 그대는 그대의 얼굴을 정확히 볼 수 없습니다. 그대는 항상 여기에 살고 있습니다. 현상계가 그치기를 그대가 원할 때마다 그것은 즉시 그칠 것입니다. 그대는 결정만 하면 됩니다! 그대가 쉬기를 원한다면 현상계들, 물결들로부터 자유로워지겠다고 결정하십시오. 그러면 그대는 자신이 누구인지를 즉시 알게 될 것입니다!

아주 좋습니다. 그것은 좋은 신호입니다. 깨달은 사람을 보는 것은 매우 드문 현상이며 아주 좋은 행운입니다. 한 세기에 스무 명의 붓다도 나오지 못합니다.

오늘은 붓다 푸르니마(Purnima) 날입니다. 붓다가 어떻게 깨닫게 되었는지 말씀해 주시겠습니까?

오늘은 붓다가 태어난 날이며, 그날도 오늘 같은 보름날이었습니다. 그에 관해 짧은 이야기를 하고자 합니다.

붓다의 어머니는 그녀가 낳게 될 아들이 우주의 왕이 될 것이며 그의 별자리에 의하면 아들은 궁전에 머물지 않을 것이라는 이야기를 들었습니다. 실제로 이런 일이 일어났습니다. 그래서 그의 아버지는 소년이 궁전 안에 머물도록 호화스러운 모든 것들을 마련해 놓았고, 그가 궁전 바깥에 나가는 것을 허락하지 않았습니다. 궁전의 담장 안에는 나라의 방방곡곡에서 온 젊고 아름다운 처녀들이 머물게 하였습니다. 그리하여 그는 궁전의 즐거움들 말고는 다른 어떤 것을 생각할 겨를이 없었습니다. 어느 날 그는 승마를 가르쳐 주는 사람에게 궁전 바깥에 무엇이 있는지 물어보았지만, 말 조련사는 그가 바깥에 나가는 것이 허락되지 않는다고 대답하였습니다. 이 말 조련사의 이름은 아차나였습니다. 그의 이름까지 기억되고 있습니다.

　소년은 바깥세상을 보아야겠다고 계속 우겼고, 결국 아차나는 소년을 데리고 나갔습니다. 그들이 궁전을 떠날 때는 문빗장들이 저절로 열렸습니다. 그리고 문지기들도 잠들었기 때문에 그들은 궁전을 떠날 수 있었습니다. 그들은 들키지 않았습니다. 흙이 너무나 부드러워서 말발굽 소리도 크게 나지 않았습니다. 그래서 그들은 밖으로 나왔습니다.

　그가 첫 번째로 본 것은 병자였습니다. 그는 등이 굽었고 기침을 하고 있는 노인이었습니다. "아차나, 어째서 이 사람은 우리처럼 똑바로 걸을 수 없습니까?"

　아차나가 대답했습니다. "저 사람은 노인이라서 똑바로 걸을 수 없습니다. 일흔 살 정도가 되면 사람들은 등이 굽어져서 똑바로 걸을 수 없습니다."

"너도 나중에 늙는가?"라고 싯다르타가 물었습니다.

"예, 그렇습니다. 왕자님도 마찬가지입니다."

다시 길을 가던 그는 다음에는 들것에 실려 가는 사람을 보았습니다. 그 뒤에는 가족들이 울면서 따라가고 있었습니다. "아차나, 어째서 이 사람은 들것에 실려 가고 있는가, 어째서 그는 걷지 않는가?"라고 왕자가 물었습니다.

"왕자님, 그는 죽었습니다! 그래서 그는 화장터로 실려 가는 것입니다"

"너도 나중에 죽는가?" 그가 질문하였습니다.

"예, 그렇습니다. 왕자님도 마찬가지입니다. 태어난 사람은 모두 죽게 됩니다." 아차나가 대답하였습니다.

잠시 후에 그는 빛나는 얼굴을 하고 나무 아래에 앉아 있는 사람을 보았습니다.

"말을 멈추어라!" 왕자는 소리치고 그 남자에게 다가갔습니다.

"이 사람은 웃고 있고 미소를 짓고 있다! 아차나, 어째서 그는 병자나 노인과 다른가?"

아차나가 말하였습니다. "왕자님, 그는 명상을 하고 있습니다."

"왜?" 왕자가 물었습니다.

"내면에 있는 그 자신의 깨달음을 찾기 위해서입니다. 그 빛은 내면에 있습니다. 그는 그것에 대하여 매우 행복해 하고 있습니다." 말 조련사가 대답하였습니다.

"너도 이렇게 할 것이냐?" 싯다르타가 물었습니다.

"저는 명상을 할 수 없습니다. 저의 아버지는 명상을 한 적이 없고, 사실 어느 누구도 명상을 하지 않습니다."

"아차나, 집으로 말을 돌려라." 왕자가 말하였습니다.

이제 그는 당분간 명상하는 사람처럼 되고자 결심하였습니다. 궁전으로 돌아온 그는 아내와 아들을 보러 갔습니다. 그들이 자고 있을 때 궁전을 떠났지만, 혹시 자신이 사라진 것을 알아차렸을 경우를 대비하기 위해서였습니다. 여전히 아내 야소다라는 잠을 자고 있었고, 아들 라울은 어머니의 젖을 빨고 있었습니다.

그는 결정하였습니다. '밖으로 나가자!' 한쪽 발은 문지방 안에 있었고, 한쪽 발은 바깥에 있었습니다. 그는 돌아서서 뒤를 보았습니다. 그리고 그들에 대한 강한 애착을 느끼며 생각했습니다. '아니 나는 갈 수가 없어! 나의 아내는 홀로 남겨지고 나의 아들은 아버지를 보고 싶어 할 거야.'

이제 애착과 빛 사이에서……
(눈물이 파파지의 얼굴에서 흘러내린다.)
……문지방 바깥에 있는 발은 매우 확고하였습니다!
그는 떠났고 뒤돌아보지 않았습니다.

그래서 그는 깨닫게 되는 방법을 가르쳐 줄 수 있는 구루들을 찾아 나셨습니다. 그는 사람들이 오랫동안 명상을 하고 있는 한 아쉬람을 찾아갔습니다. 그는 그곳에 6개월 동안 머물렀지만 나무 아래에서 본 첫 번째 사람과 같은 사람을 발견하지 못하였습니다. 그래서 그곳에 머물지 않겠다고 결심하였습니다. 그는 그곳을 떠나 다른 아쉬람으로 갔습니다. 그곳에서는 매우 엄격한 수행들과 고행들을 가르치고 있었습니다. 그들은 심각한 명상들인 우파사나(upasana)를 하고 있었으며, 발을 나무에 묶고 거꾸로 매달려 있었습니다. 그들은 단식을 가르쳤고, 그는 결국 피골만 남게 되었습니다. 마침내 그는 몸을 거부하는 것이 빛을 주지 않을 것이라는 점을 알게 되었습니다. 그는 다른 아쉬람으로 갔습니다. 그곳에서는 밤낮으로 명상을 하고 있었습니다. 그러나 그들의 얼굴에는 아무런 빛이 없었습니다.

그는 그들이 놓치고 있는 무엇인가를 보았습니다. 그래서 보드가야로 갔습니다. 그곳에서 그는 앉아서 오로지 침묵을 지키며 깨달을 때까지 일어나지 않기로 마음먹었습니다. 그곳에서 그는 난생 처음 아주 새로운 어떤 것을 발견하였습니다.

그는 오랫동안 음식을 거의 먹지 않고 있었습니다. 그를 돌보던 한 소녀가 그에게 꿀과 우유를 가져다주었고, 그는 처음으로 그것을 먹었습니다. 그 후 아난다가 그에게 다가와 물었습니다. "당신이 발견한 것이 무엇입니까?" 그러나 그는 대답하지 않았습니다. 그가 다시 물었습니다, "당신은 매우 빛나고 몸 전체가 달라 보입니다. 선생님, 말씀해 주십시오. 이 비밀이 무엇입니까?" 다시 그는 침묵을 지켰습니다. 그의 삶은 이러했습니다. 내가 붓다를 처음 알게 된 것은 역사책을 통해서였습니다. 책에는 붓다의 일생에 관한 부분이 있었습니다. 나는 보리수나무 아래에서 명상하고 있는 붓다의 그림을 역사책에서 보았습니다. 내가 그와 사랑에 빠지게 된 것은 열네 살 무렵이었습니다. 나는 깨달음이 무엇인지 몰랐습니다. 그러나 그의 모습은 무척 아름다워서 나는 그와 같이 되겠다고 결심하였습니다. 그를 닮는 유일한 방법으로 마음에 다가온 것은 음식을 거부하는 것이었습니다. 그러면 나는 모든 뼈가 앙상히 드러난 그와 같아질 것입니다. 그래서 나는 음식을 거부하였습니다. 어머니가 주시는 음식을 개에게 던져 주었습니다. 한 달 정도 음식을 먹지 않자 나는 피골만 남았고 개들은 살이 통통 쪘습니다. 나의 학교 친구들은 허약해진 나를 보고 붓다라고 부르기까지 하였습니다.

역사책에는 붓다가 음식을 동냥한 것과 황토색 가사를 입었다는 이야기도 쓰여 있었습니다. 그래서 다음으로 나는 어머니의 사리(sari)를 꺼내 황토색으로 염색했고, 그것으로 가사를 만들었습니다. 나는 어머니가 눈치 채지 못하도록 내 책들 속에 옷을 보관하였고, 밖으로 나가서 탁발을 하였습니다. 나는 가게들과 가정집을 찾아갔는데, 그들은 나를 몰랐지만 내게 빅샤(biksha)를 주곤 하였습니다. 그 뒤에 나는 한 친구의 집으로 탁발을 갔습니다. 그들이 나를 알아보는지 확인해 보려는 심산이었습니다. 나는 먼저 친구네 집에서 운영하는 가게에 들렀습니다. 친구의 아버지는 나에게 1파이사를 주었습니다. 다음에 나는 친구의 어머니에게 갔습니다. 사람들은 보통 거지들에게 문을 열어 주지 않았습니다. 그래서 나는 친구에게 집에 들어가서 그의 어머니한테 내게 빅샤를 주도록 말하라고 하였습니다. 사두들은 부인들을 딸이라고 부르기에, 나는 내 친구의 어머니에게 같은 방식으로 말하였습니다. "내 사랑하는 딸아, 신의 축복으로 너에게 여섯 명의 아들이 있기를……." 모든 사두는 인도의 여성들에게 이렇게 말합니다. 그러자 친구의 어머니는 내 가사를 훌렁 벗기더니 말하기를, 나를 알아보지는 못했지만 "빅샤"라고 외치는 내 목소리를 듣고서 나인 줄 알았다고 했습니다.

그 뒤 가게에서 돌아온 친구의 아버지는 내가 그 집을 찾아와서 발각된 이야기를 듣고 나서, 내가 날마다 그 집에 와서 놀았고 때로는 잠도 자고 갔기 때문에 누구라도 나를 알아보았을 것이라고 말했습니다. 나는 친구의 아버지에게 그의 가게에서 받았던 파이사를 보여 주었습니다!

때때로 나는 읍내에 있는 시계탑으로 갔는데, 많은 사람들이 내 말을 듣기 위하여 그곳에 모여들곤 하였습니다. 그 뒤 이웃 어른 가운데 한 분이 나의 어머니에게 무슨 일이 일어나고 있는지를 알려주었습니다. 그러나 어머니는 그 사람이 나일 리가 없다고 말하였습니다. 이웃 어른은 주장을 굽히지 않았습니다. 어머니가 이웃 어른의 말이 맞느냐고 나에게 물었을 때, 나는 그것을 부인하였습니다. 어느 날 어머니는 결혼식에 참석하기 위해 사리를 입으려고 하였습니다. 집 안 구석구석을 다 뒤진 후에야 어머니는 내 책들 뒤편에서 가사로 변한 사리를 발견하였습니다. 그래서 이웃 어른의 주장이 사실인 것을 알게 되었습니다.

어린 시절부터 있는 어떤 것이 있습니다. 그것이 나중에 뚜렷해지기까지는 시간이 걸립니다. 때로는 그것이 젊은 시절에 일어나고 때로는 노년에 일어납니다. 그러므로 그대가 처음으로 여기에 있다고 생각하지 마십시오. 그대가 세계 곳곳으로부터 이곳으로 온 이유가 있습니다. 이것은 정해진 어떤 시간에 일어나야만 했고 이제 여기에서 일어나고 있으며, 많은 사람들이 혜택을 받고 있습니다.

저 별은 저기에서 우리를 바라보고 있습니다. 우리들은 붓다 푸르니마를 축하하기 위하여 여기에 모여 있습니다. 이것은 우리가 아시아의 빛의 탄생을 기릴 것이라는 것을 의미합니다. 오늘 밤 우리는 이것을 축하하고 있으며, 우리 모두가 여기에 있어 나는 행복합니다.

2. 자비와 봉사

자비는 자유로운 사람을 스스로 장식하는 보석입니다.

그대는 이러한 종류의 자비를 훈련할 수 없습니다.

왜냐하면 '그것'은 모두 그대 자신의 나이기 때문입니다.

그러므로 누가 돕고 있습니까.

이러한 자비는 인간의 모습,

보디사트바(Bodhisattva)의 모습을 취할 수 있습니다.

자비는 행위자가 사라질 때 일어나는 그대의 다르마입니다.

그대의 즐거움을 모두가 즐기게 하십시오.

인색하지 마십시오.

숨기지 말고, 모든 것을 주십시오.

모든 것을 사랑하십시오. 그것이 무엇이든 모두를 사랑하십시오.

모든 사람들을 존경하십시오.

왜냐하면 모두가 그대 자신의 투사이기 때문입니다.

어떤 지바(jiva)도 고통 받지 말아야 합니다.

모든 지바들이 행복해야 합니다.

어떤 존재도 괴롭히지 말고,

어떤 존재도 그대를 괴롭히지 않게 하십시오.

아무도 해를 입지 않아야 합니다.

평화 속에 머무르십시오. 이것은 그대의 책임입니다.

만약 그대가 그냥 평화 속에 머문다면

이 행성은 무척 아름다울 것입니다.

세상에게 무엇인가를 주고 싶다면

그대 자신인 것, 평화와 행복을 주십시오.

행복을 주려면 그대 자신이 행복이어야 합니다.

평화를 주려면 그대 자신이 평화이어야 합니다.

지혜를 주려면 그대 자신이 지혜이어야 합니다.

행복하십시오. 그리고 자비로 이것을 나누어 주십시오.

그러면 '나'는 온 우주를 의미합니다.

그대가 음식이나 담요를 준다면

이 세상은 곧 배고파지고 다시 추워질 것입니다.

그러니 그냥 행복하십시오.

그대는 이것을 나누어 주어야 합니다!

그대 자신인 경험을 나누는 것 외에 무슨 일이 남겠습니까?

그것은 나누어져야만 합니다.

그것은 충만함으로 충만하여 늘 줍니다.

이것이 주는 지혜입니다.

어리석은 사람들에게 진리에 대하여 말하지 마십시오.
그냥 사랑과 행복을 나누어 주십시오.
가장 큰 선물은 텅 빈 마음이기 때문입니다.
그러나 비록 그대가 말하지 않아도
고요한 장미가 아름다움을 발하듯이
그대의 침묵은 온 행성에 이를 것입니다.
고요히 앉아서 그대의 가슴으로부터
모든 세계들의 모든 존재들에게 평화를 보내십시오.
바닷물은 마를 수 있지만 사랑과 평화에는 끝이 없습니다.
그러니 사심 없는 봉사로서 항상 그것을 나누십시오.
이것이 경배입니다.

이 몸에 남아 있는 시간은
이 행성과 모든 존재들을 돕는 데 사용되어야 합니다.
존재로 남아서 모두를 도우십시오.
이것은 욕망이 아니라 자연스러운 복종입니다.
그대는 은행의 출납계와 같은 하나의 도구일 뿐입니다.
그대가 주고 있는 것은 그대의 돈이 아닙니다.
항상 주십시오, 그러면 그대는 결코 부족하지 않을 것입니다.

만약 그대가 주지 않는다면, 그대는 항상 부족할 것입니다.
그대 자신을 나 속으로 녹이십시오.
그러면 온 세상이 보살핌을 받습니다.
이 행성을 돕고 싶거든
모든 존재들을 위한 자비의 삶을 사십시오.
사랑의 삶을 사십시오.

파파지, 탐구를 할 때 저는 본래의 상태, 희열의 상태로 들어갑니다. 그러나 그것은 이기적이기 때문에, 나 자신만을 위한 것일 뿐 다른 사람들을 돕는 것이 아니기 때문에 완전한 깨달음이 아니라는 말을 들었습니다. 다른 사람을 향한 저의 책임은 무엇입니까?

만약 그대가 이 경험을 갖는다면, 그대는 그대 자신과 세상의 모든 존재들에 대한 모든 책임들을 완수한 것입니다. 어째서 그대는 이것을 이기적이라 합니까? 그대 자신을 아는 것은 모든 존재들과 모든 사람에 대한 그대의 책임을 완수하기에 충분한 것입니다. 이것은 이기적인 것이 아닙니다.

모든 것이 사라지지만, 다른 존재들을 도와야 한다는 이 생각만은 예외입니다.

사라지지 않는 이 생각은 누구에게 속합니까? 사라지지 않는 생각의 근원을 발견하지 않는 한, 어떤 수행이나 명상도 그대에게 혜택을 주지 않을 것입니다. 사라지지 않는 이 생각은 '나'라는 생각입니다. '나' 또한 하나의 생각이라는 것을 아무도 알지 못합니다. '나'라는 생각이 없을 때는 다른 생각이 없습니다. 그러므로 그대는 '나'라는 생각의 뿌리를 쳐야만 합니다. 오랫동안 명상을 하거나 히말라야의 동굴에 머물거나 스승과 함께 머물고 있을지라도 그대가 그렇게 하지 않는다면 아무런 쓸모가 없습니다. 그대가 명상할 때는 '나'가 나타나지 않아야 합니다. 그대는 가까이 가고 있습니다. 그러나 그대는 도둑이 누구인지를 모르고 있습니다. 그 도둑은 잡히지 않았습니다. '나'라는 것은 그대를 속이는 도둑입니다. "나는 이런저런 사람이다."와 "이것은 나의 것이다."와 "저것은 나의 것이 될 것이다."등은 결코 잡히지 않은 도둑입니다. 만약 그대가 다른 사람들을 돕고 싶다면, 가장 좋은 방법은 그대 자신이 자유로워지는 것입니다. 이 행성에서 가장 부유한 사람은 아마도 온 세상 사람들을 하루나 이틀 가량 먹일 수 있을 것입니다. 그러나 붓다는 2,600년 동안이나 세상 사람들을 먹여 왔습니다.

세 가지 선택밖에 없는 것 같습니다. 자아에게 봉사하는 것, 다른 사람들에게 봉사하는 것, 신에게 봉사하는 것. 저는 첫 번째 것만 선택했습니다.

나는 그대가 세 가지 모두에게 봉사하기를 권합니다. 왜 신과 그대와 다른 사람들을 구별합니까? 그대 자신과 그대의 부모, 그대의 나라, 그리고 온 세상에 봉사하십시오. 이것 자체가 신에게 봉사하는 것입니다. 사심 없는 봉사는 경배이며 에고를 부술 것입니다.

스승님은 깨달은 뒤에 왜 즉시 다른 사람들을 돕지 않았습니까?

그대는 내가 왜 즉시 다른 사람들을 돕기 시작하였느냐는 말입니까? 나는 어떤 결과나 보상을 바라지 않고 다른 사람들을 돕습니다. 이것을 자비라고 합니다. 빛을 얻은 사람은 자비도 얻게 되며, 모든 사람에게 평화가 있기를 바랍니다. 나는 1920년대 초인 열두 살 무렵에 사람들에게 영적인 조언을 함으로써 사람들을 돕기 시작하였습니다. 내가 다니던 학교의 교장 선생님을 포함하여 사람들은 나를 요기라고 여겼습니다. 한 번은 학급에서 "옴 샨티 샨티 샨티."를 찬송하고 있을 때 내가 사마디에 든 적이 있었습니다. 담임선생님은 나를 나무랐지만, 교장 선생님은 현명하여 오히려 나를 자랑스럽게 여겼습니다. 세월이 흐른 뒤 그 교장 선생님은 자신의 학교가 정치와 사업 분야에서 많은 지도자들을 배출하였고 요기도 한 명 배출하였다며 자랑했습니다. 나는 평범한 사람으로 나의 활동들을 계속하였고, 수염을 기르거나 오렌지색 가사를 걸침으로써 내가 우수하다는 것을 암시한 적이 없습니다. 아무도 나를 알아볼 수 없습니다. 그대는 다른 사람들과 다른 무엇이 될 필요가 없습니다.

어떻게 우리가 이 세상을 개선할 수 있습니까?

나의 가르침은 세상을 개선하는 것이 아니며, 그대 자신을 개선하는 것도 아닙니다. 그냥 내가 말하는 것을 이해하고 들으십시오.

이 세상은 존재한 적이 없습니다.
결코 존재한 적이 없는 것을
어떻게 그대가 개선할 수 있습니까?

스승님은 제가 이 몸을 가지고 있는 동안에 깨달아야 한다고 말씀하셨습니다. 저 또한 스승님이 저에게 주신 것을 모든 존재들이 그것을 알 때까지 나누고자 하는 강한 욕망을 느낍니다. 나누고자 하는 이 마음이 완수될 때까지 다시 태어나야 합니까?

만약 그대의 일이 이번 생에서 완수되지 않았다고 생각한다면, 그대는 그대의 일을 완수하도록 도와줄 수 있는 부모를 빌어 어떤 적당한 환경에서 다시 태어날 것입니다. 만약 그대가 그대의 일을 마치지 않았다면, 그대는 끊임없이 계속되어야만 할 것입니다.

왜 바로 지금 끝내지 않습니까? 그대의 나를 위하여 1초를 쓰십시오. 그렇지 않으면 모든 생애들이 다른 것들을 위하여 쓰이게 됩니다. 어린 시절부터 그대는 부모와 사제에게 속합니다. 젊을 때는 선생님들에게 속합니다. 그 뒤에는 아내와 아이들, 그리고 고용주에게 속합니다. 늙은 뒤에는 의사들에게 속합니다. 마침내 이 참새가 날아가 버리면, 영혼이 그대를 떠나 버리면, 그대는 성직자들과 장의사들에게 속하게 되고, 마지막에는 벌레들에게 속할 것입니다. 그대는 모든 사람들에게 속하지만, 그대 자신에게는 속하지 않았습니다.

그러므로 지금이 이해할 시간입니다. 그대 자신에게 오늘, 이 시간, 이 순간, 1초만 바치십시오! 그러면 그대의 일이 끝날 것입니다. 미루지 마십시오. 나는 그대가 미루기를 바라지 않습니다. 해결하거나 풀어야 할 것이 아무것도 없기 때문입니다. 이것은 그대가 늘 깨달아 있었다는 것을 깨닫는 것뿐입니다. 이것을 아십시오. 그러면 다음 생애를 위한 것이 아무것도 남지 않을 것입니다.

또 다른 생이 있을는지 없을는지 그 누가 알겠습니까! 아무도 우리에게 와서 말해 주지 않습니다. 죽은 사람은 그것에 대하여 말하지 않습니다. 죽은 뒤에 무슨 일이 일어나는지는 살아 있는 사람들에게나 문제일 뿐입니다. 그러니 이제 그것을 마치십시오. 그때 그대는 아무도 알지 못한 비밀을 알게 될 것이며, 그저 웃게 될 것입니다.

저는 제가 녹고 있고 확장되고 있음을 느낍니다. 그리고 저의 확장 안에서 제가 온 우주를 자유롭게 할 것이라는 것이 정말로 느껴집니다.

이것은 모든 사람과 존재와 바위에게 깨어나라고 말하도록 그대를 보내는 나의 자비입니다. 이것은 붓다가 여든 살까지, 마지막 숨을 쉴 때까지 했던 것입니다. 그가 죽어 가고 있을 때 어떤 사람이 그를 만나러 왔습니다. 그러나 아난다는 스승에게 한두 번의 호흡만 남았다고 말하면서 그 사람을 제지하였습니다. 붓다는 한 호흡으로 그 사람을 불렀고, 다음 호흡으로 그에게 가르침과 축복을 주었습니다. 그리고 숨을 거두었습니다. 이것을 자비라고 합니다. 그러므로 그대 자신이 자유로워진 뒤에는 모든 사람이 자유롭다는 것을 알아야만 합니다. 그러나 이것을 명심하십시오. 그대가 꿈을 꾸고 있고 이 꿈 안에서 그대가 깨달음을 얻었다고 가정해 봅시다. 꿈속에는 여전히 비참한 상태로 살아가고 있는 다른 사람들이 많이 있습니다. 이 사람들을 위해 그대는 무엇을 할 것입니까? 지금 말해 보십시오. 그대의 꿈속에 있는 이 사람들을 위하여 할 수 있는 최선의 것이 무엇입니까? 그대의 꿈속에 있는 '다른 사람들'은 누구입니까? '다른 사람'이 있는 것은 '그대'가 있기 때문입니다.

이것은 하나의 꿈입니다! 그대는 꿈속에서 깨달음을 얻었습니다! 깨어나십시오. 그러면 그대는 모든 사람을 도와줄 수 있을 것입니다. '다른 사람들'은 사라질 것이며, '그대'도 사라질 것입니다. 그 꿈꾸는 자는 더 이상 존재하지 않습니다. 깨어나십시오. 그리고 이 우주와 이 모든 고통들과 즐거움들이 어디에 있는지 말해 보십시오. 깨어나십시오. 그대가 창조되지도 않았다는 것을 아십시오.

아무것도 존재한 적이 없습니다.
창조물들을 창조한 창조자들마저도.
그 훨씬 너머, 거기에는 아무도 존재하지 않습니다.
거기에는 태양이 빛나지 않고,
거기에는 달이 반사하지 않습니다,
거기에는 별들이 나타나지 않습니다.
아무도 없는 곳,
그곳이 그대가 머물러야 할 곳입니다.

그대가 무엇인가를 하고 있기에 나는 행복합니다. 30억 명의 여자들이 바깥에서 언제까지나 고통을 겪고 있지만, 그대는 여기에 있기로 선택되었습니다. 그대를 삼사라 바깥으로 밀어내며, 그대의 가족들 중 어느 누구도 가져 보지 못한 경험들을 그대에게 주고 있는 어떤 것이 그대의 뒤에 있음이 틀림없습니다. 이제 가서 이 경험을 초월하십시오. 그대가 읽고 생각하는 것은 모두 마음의 속임수입니다. 그것은 '그것'이 아닙니다. 앞으로 더 나아가십시오.

더 나아가고 그것을 거부하고, 나아가고 거부하십시오.

나중에는 거부가 거부될 것입니다.

거부하는 자, 거부, 거부되는 것이 끝나는 곳을 말해 보십시오.

그곳이 모두가 도달하게 될 곳이며

실제로는 모두가 이미 거기에 있습니다.

자주 망각하는 연인은 연인이 아닙니다.

그러므로 그대는 사랑을 잊을 수 없습니다.

그대의 연인은 그대의 가슴속에 앉아 있습니다.

그러나 그대는 그것을 밖에서 찾고 있습니다.

그대는 '다른 것들'에서 행복을 찾고 있습니다.

그러나 그 모든 것들이 거부될 때

그대는 그 사랑과 하나가 될 것입니다.

자비 너머에 어떤 것이 있는 것 같습니다.

슬픔과 개별성, 동일시에서 자유로워질 때, 그의 마음속에서 고통 받는 사람들을 위한 자비가 일어납니다. 그러나 이 자비에는 고통 받는 자와 자비를 가진 사람이 있습니다. 실제로는 고통 받는 사람도 없고 행복한 사람도 없습니다. 그대는 둘 너머에, 공과 희열 너머에 있습니다.

알려지지 않은 것의 마음속에서

그 자신의 알 수 없음을 알기 위해 파도가 일어납니다.

알려진 것은 알려지지 않은 것의 자궁 안에 있습니다.

그러므로 그대는 그것이 알려졌다거나

알려지지 않았다고 말할 수 없습니다.

부르는 자도 없고 부름을 받는 자도 없습니다.

그것은 있는 그대로 있습니다.

3. 사랑 : 너머의 너머

자유는 아무도 모르는 어떤 것의 시작입니다.

삿상에는 끝이 없습니다.

그것은 언제나 심연을 알 수 없는 새로운 희열입니다.

자신은 존재 - 의식 - 희열이라는

견고한 확신이

가르침의 끝입니다.

그러나 이 너머에도 어떤 신성한 비밀이 있습니다.

이 신성한 비밀은 비밀리에 질문되어야 하며

신성하게 따라져야 합니다.

근원을 향해 꾸준히 가십시오.

근원 안에 머물지도 마십시오.

언제나 더 깊이 들어가십시오.

여전히 너머에 그것이 있습니다.

그대는 평화 - 자각 - 희열로부터

마음 너머의 불가사의 속으로

마지막 반 발자국을 떼야만 합니다.

스승님은 지금 계시는 진보의 이 마지막 단계에서도 여전히 나아가십니까?

이것은 매우 훌륭한 질문입니다. 많은 사람들은 이것이 마지막 단계이며 모든 것이 끝나서 더 이상 경험할 진보나 진전이 없다고 말합니다. 모든 사람들이 이렇게 말할 것입니다.

그러나 내게는 여전히 이 방향에서 해야 할 어떤 것, 어떤 책에서도 언급되지 않은 어떤 것이 남아 있습니다. 이해에는 끝이 없습니다. 매우 순수한 의도가 있는 한, 완전한 마지막 깨달음 뒤에도 해야 할 어떤 것이 여전히 있습니다. 나는 그것에 대해 말하지 않으며 말한 적도 없습니다. 그것은 어떤 책에도 언급되어 있지 않습니다. 그것은 지적인 이해를 넘어서는 것이기에 그것을 아는 사람들은 설명할 수가 없습니다. 나는 그것이 무엇인지를 말하고 싶습니다. 그것은 크리슈나가 아르주나에게 "내가 그대에게 주는 지식은 신성한 지식이므로 다른 사람에게 다시 말해질 수 없다."라고 말하듯이 하나의 신성한 비밀입니다.

나는 대단히 진귀하며 신성하고 비밀스러운 불가사의를 알고 있습니다. 그것은 말로 설명할 수 없는 것입니다. 그럼에도 불구하고 나는 내가 좋아하는 몇몇 사람들에게 그것을 말할 것입니다. 서구에 몇 사람이 있습니다. 나는 이것을 감추지 않습니다. 문제는 내가 그것을 말로 할 수 없다는 것입니다. 아마도 내가 말하는 때가 올 것입니다. 그것은 매우 미묘하며 오직 지고의 지성에 의해서만 이해될 수 있습니다. 내가 그것을 말해도 아무도 이해하지 못할 것입니다. 그것은 바라봄, 접촉 혹은 말을 통해 전달되는 것이 아닙니다. 그것은 그 너머에 있는 무엇입니다.

그 불가사의에 대하여 조금이라도 얘기해 주실 수 있습니까?

만약 내가 그 불가사의에 대하여 얘기할 수 있다면, 그것이 어떻게 불가사의일 수 있겠습니까? 그것은 역사일 것입니다. 역사에 대해서는 이야기할 수 있지만, 불가사의에 대해서는 이야기할 수 없습니다. 이 지혜가 무엇인지를 아는 사람은 아무도 없습니다. 그곳에 가는 사람은 결코 되돌아오지 않습니다.

나와 존재는 불가사의에서 일어나는 것 같습니다.

모든 것은 불가사의에서 일어납니다. 그래서 나에 대해서는 묘사를 하고 있지만, 불가사의에 대해서는 그렇게 하지 않습니다. 보일 수 있고 느껴질 수 있는 모든 것은 불가사의에서 기원합니다. 불가사의는 보일 수 없습니다.

불가사의는 나의 너머에 있습니까?

그렇습니다.

나가 나 안에 있는 불가사의를 탐색하기 때문에 창조가 일어납니까?

불가사의에는 안도 바깥도 없습니다. 안과 바깥은 생각에서 일어납니다. 이 생각이 어디에서 일어납니까? 생각이 일어나는 곳을 향하여 나아가십시오. 이곳은 아무도 접촉하지 않았고 아무도 말할 수 없는 신비한 곳입니다. 신들과 존재마저도 불가사의에서 나옵니다. 창조물과 창조자 뒤에 불가사의가 있다는 것을 아무도 모릅니다.

우리가 창조물을 본다는 것조차 신비일 수 있으며, 아예 창조물이 존재하지 않을지도 모릅니다. 그것은 신비한 것이기 때문입니다. 그대가 꿈꿀 때는 강과 숲, 사람, 동물, 새들과 같은 많은 것들을 보지만, 꿈에서 깨어나면 아무것도 없고 존재한 적도 없는 것과 같습니다. 따라서 그대가 잠깐 낮잠을 자는 동안 수많은 것들을 보는 것은 하나의 불가사의였습니다. 그대가 깨어나면 아무것도 없습니다. 꿈에서 깨어날 때 그대는 아무것도 존재한 적이 없다는 것을 깨닫습니다. 불가사의를 보려면 형상들과 이름들이라는 잠에서 깨어나야 합니다. 만약 그대가 형상이나 이름을 보지 않는다면, 그때 그것은 묘사할 수 없습니다.

만약 그대가 불가사의를 사랑하고 있다면, 더없이 자비로운 불가사의를 정말로 사랑하고 있다면, 그녀는 그대에게 불가사의를 드러낼 것이며 그대는 이 불가사의일 것입니다. 그러나 그대는 자신이 본 것을 묘사할 수 없을 것입니다. 불가사의와 아름다움, 평화와 사랑은 모두 같은 것입니다.

> 스승님께서는 마지막 가르침을 아직 주지 않았다고 말씀하신 적이 있습니다. 왜 이것을 아직 아무에게도 전해 주지 않으셨습니까?

내가 아직까지 그렇게 하지 않았다는 것은 진실입니다. 왜냐하면 진리는 성스러운 사람을 높이기 때문입니다. 그러므로 그것은 성스러운 사람에게로 갈 것입니다. 진리는 자신이 선택하는 사람에게 스스로 드러낼 것입니다.

그것은 매우 신성한 비밀스러운 가르침입니다. 그래서 나는 그것을 모든 사람에게 줄 수 없습니다. 그리고 이제까지 나는 그것을 누구에게도 주지 않았습니다. 때가 오면 그 사람이 달아나는 것을 나는 이제껏 보아 왔습니다. 이것은 그들이 받아들여지지 않고 거부되었기 때문입니다. 왜냐하면 진리는 성스러운 사람에게 드러나기 때문입니다. 그는 모든 면에서 매우 성스러워야만 합니다. 그러면 그것은 그 자신의 영광을 드러낼 것입니다. 그러므로 모두들 기다리며 누가 선택되는지를 보아야 합니다. 아무것도 요구할 수 없습니다. 선택받을 사람은 절대적으로 신성하며 아름답고, 가장 아름다울 사람이어서 진리 자체가 매료됩니다. 그 아름다움을 가져야 합니다. 그의 아름다움을 보기 위해 바깥을 보는 사람은 내면에 있는 그의 아름다움을 보지 못할 것입니다. 좋습니다, 기다리며 보십시오.

사랑은 이렇게 단순한데, 제가 너무나 정직하지 못해서 모든 것을 복잡하게 만들었습니다.

그렇습니다. 사랑은 그대 안에, 지금 여기에 있습니다. 그대는 이것을 가르쳐 주는 어떤 수련원이나 교회에 갈 필요가 없습니다. 방법이라는 것들은 항상 지금 여기에 있는 사랑으로부터 달아나는 것입니다. 그것을 회피하기를 그만두고, 그대가 있는 곳에 그냥 머무르십시오. 그러면 그것이 그것 자체를 그것 자체에게 드러낼 것이며, 그대는 누가 사랑하는 자였고 누가 사랑 받았는지를 잊어버릴 것입니다. 사랑은 순수하며 티 없이 깨끗합니다. 그것이 전부입니다!

저는 사랑이 무엇인지를 알고 싶은 갈망이 있습니다.

이 갈망이 충분히 길지 않으므로 그대는 여전히 사랑에 관하여 질문할 수 있습니다. 그대의 머리가 강물 바깥에 있을 때에만 그대는 말을 할 수 있습니다! 그대의 머리를 사랑의 강물 속에 잠기게 하고서 말해 보십시오! 그대가 말할 때마다 그대의 머리는 사랑의 표면 밖에 나와 있으며, 그대는 강가에 있는 사람들에게 말하고 있습니다.

사랑은 깊이를 헤아릴 수 없는 것입니다. '사랑'이라는 이 단어는 그것이 가리키는 '그것'에 비하면 아무런 가치도 없습니다.

사랑 그 자체가 그대 몸의 모든 땀구멍을 통하여 말하고 있습니다.
그대는 입을 열 필요가 없습니다.
사랑을 나타낼 수 있는 말은 없습니다.
그대가 말할 수 있는 것,
그대가 경험할 수 있는 것은 사랑이 아닙니다.
모든 생각과 말은 철학이지 사랑이 아닙니다.

다른 모든 것을 위해서는 노력할 필요가 있습니다.
사다나들과 길들과 방법들이 있습니다.
그러나 사랑으로 가는 길은 없습니다.
그대에게 사랑을 가르칠 수련원은 없습니다.
뼈들은 진정한 사랑 속에 녹을 것입니다.
마음과 자아는 그대로 두십시오.
진정한 사랑 안에는 아무것도 없습니다.

사랑 안에서 그대는 사랑입니다.

누가 누구에게 말할 것입니까?

그저 '그것'을 바라보십시오. 그러면 그것이 일어날 것입니다.

모든 것은, 사랑을 제외한

모든 것은 인위적입니다.

사랑할 때 그대는 사랑하는 법을 압니다.

그렇지 않으면 그대는 모릅니다.

그것은 안에서 저절로 나옵니다.

그대는 그것에 관하여 아무것도 할 수가 없습니다.

사랑이 여기에 있을 때 나머지 모든 것은 다 끝납니다.

어떤 것에 대한 집착도 없습니다.

그것 자체를 사랑하는 사랑만이 있을 뿐입니다.

그러므로 그대 자신의 나만을 갈망하십시오.

그러면 그대는 '그것'일 것입니다.

시간이 걸리는 것은 단지 미룸일 뿐이며

다른 어떤 것에 대한 흥미일 뿐입니다.

사랑은 자연스럽게 일어나는 것이며

그대 가슴속의 거주자입니다.

> 우리가 진정으로 스승님을 사랑한다는 것을 아십니까?

어째서 내가 그것을 모르겠습니까? 나는 사랑하는 사람입니다! 나는 사랑하는 사람이며, 사랑하는 사람은 자신이 사랑하는 사람이 얼마나 많은지를 압니다. 그는 숨을 수 없으며 그대 또한 숨을 수가 없습니다.

> 파파지, 저는 언제나 영원히 집에 있습니다. 떠난 적이 없는 곳으로 들어가는 것은 불가능하며, 들어간 적이 없는 곳을 떠나는 것은 불가능합니다. 오로지 이 한없이 넓고 움직이지 않는 평화만이 있습니다. 저는 스승님을 너무나 사랑합니다.

내가 설명할 수 없는, 여전히 계속 이어지는 어떤 갈망의 저류가 항상 있습니다. 깨달음이 동트기 전에도, 자유 자체로 나타난 뒤에도 여전히 이 갈망이 있습니다. 그러나 그것은 무지로부터 지혜를 향하는 그러한 갈망이 아닙니다.

어떤 사람들은 지혜 속에서 모든 것이 끝나며 더 이상의 경험이 없다고 말합니다. 그러나 나는 움직임이 있음을 느낍니다. 그것은 헤아릴 수 없는 것이기 때문입니다. 그대는 '그것' 자체입니다. 그리고 그대를 사랑으로 더 깊이 더 가까이 데려가기 위해 작용하는 어떤 저류가 여전히 있습니다. 그것에는 끝이 없습니다. 그대가 이 경험을 한다면 그대는 동의

할 것입니다. 그러나 그것은 결코 묘사될 수가 없습니다.

만약 그것이 깊이를 헤아릴 수 없는 것이라면, 이 사랑의 과정 또한 깊이를 헤아릴 수 없고 끝이 없으며 하나의 저류로서 계속 증가할 것입니다. 그것은 강이 바다로 흘러드는 것과 같습니다. 그것은 계속 확장되며, 바다이며, 바다와 강의 관계를 초월합니다. 이제 그것은 바다로부터, 바다의 바닥에서부터 표면까지입니다. (웃음)

저는 그 사랑이 공 속에서 더 깊다고 느낍니다.

어떤 사람들은 공 안에는 사랑도 없고 아름다움도 없다고 말합니다. 이런 전통들과 스승들은 공은 아무것도 없이 비어 있는 것이라 말합니다. 이것은 나의 경험이 아닙니다.

그것은 깊이를 모르는 심연입니다.
공의 바로 그 가슴,
공의 심연에 도달할 때
거기에는 사랑과 아름다움이 있습니다!
그것은 매우 아름답습니다.

파파지, 스승님께서 우리 모두에게 주신 것에 대하여 모든 존재들의 가슴의 심연으로부터 감사드립니다. 우리가 필요로 하는 것들을 위하여 우리에게 봉사하고 조언하는 데 스승님의 삶과 시간과 몸을 완전히 바침으로써 스승님께서는 우리에게 진정한 복종과 헌신, 자비를 보여 주셨습니다. 스승님의 현존 자체로, 스승님의 현명한 말씀으로 스승님께서는 우리에게 진정한 지식을 보여 주셨고 참된 평화를 주셨습니다. 우리를 스승님의 일상생활로 데려가심으로써 이 세상에서 지혜롭게 사는 법을 우리에게 가르치셨습니다. 우리를 스승님의 가슴속으로 영원히 데려가심으로써 더없이 달콤하고 행복한 사랑 속에 우리가 잠기게 해 주셨습니다. 너무나 감사합니다. 스승님께서는 우리를 이 사랑 속에 녹이고 계십니다. 파파지, 이 사랑은 도대체 무엇입니까? 우리는 스승님을 너무나 많이 사랑합니다. 믿을 수 없을 만큼 많이 사랑합니다. (스승의 발에 입을 맞춘다.)

사랑을 사랑 속으로 끌어당기는
끊임없고 헤아릴 수 없는 끌어당김이 있습니다.
나가 나 속으로 영원히 확장되는 어떤 저류가 있습니다.
이것은 내가 공의 깊이로서 사랑을 경험하는 방식입니다.
그대가 헤아릴 수 없는 이것 속으로 들어가면 들어갈수록

그대는 더욱 끌어당겨지고, 이끌리고, 그 속으로 용해됩니다.
이 아름다움은 끌어당김입니다.
그대가 그 속으로 더 깊이 들어감에 따라

그대는 매 순간 더욱 사랑 속에 있을 것입니다.

이 순간은 순수한 사랑이며,

이 사랑은 절대적으로 영원합니다.

모든 것이 사랑이며, 모든 것이 이 사랑입니다.

피할 곳이 없습니다!

사랑은 나입니다.

이것은 너무나 완전하여

그것은 이해할 필요조차 없습니다.

사랑 말고는 아무것도 없습니다.

그것은 기쁨의 원천입니다.

여기, 여기가 사랑의 비밀입니다. 여기에 사랑이 있습니다.

먼저 사랑 안에 있으십시오.

그 뒤에 시간이 남으면, 사랑에 대하여 얘기할 수 있습니다.

사랑을 말하는 데는 머리가 필요치 않습니다, 오직 가슴뿐.

이 가슴 안에서는 집으로 가는 지도들이 필요치 않습니다.

가장 쉬운 것은 이 사랑 안에서 여기에 있는 것입니다.

나머지 모든 것은 노력이며 노력이 듭니다.

모든 개념들을 버리십시오. 이것이 사랑입니다.

사랑, 가슴, 이 순간이 진리입니다.

모든 곳에서 이 사랑을 보려면 오직 사랑으로부터 보십시오.

가슴으로부터 보십시오. 그리하면 그대는 가슴만을 볼 것입니다.

그러나 자아로부터 보면 그대는 자아를 볼 것입니다.

사랑의 이 순간은 '나' 혹은 '너'에게 속하지 않습니다.

그러므로 나는 사랑 속에 있습니다.

마음이 마음 없음일 때 그것이 가슴입니다.

가슴은 나이며, 아트만이며, 텅 빔입니다.

알려지지 않은 것은 사랑해야 하는 '그것'입니다.

사랑하는 하나는 앎 이전에 있습니다.

그것은 자유이며 깊이를 헤아릴 수 없는 사랑입니다.

그곳에서 존재, 의식, 희열이 일어납니다.

이것은 그대 자신의 창조물입니다. 그러므로 그것을 즐기십시오!

모든 것을 사랑하십시오. 사랑으로 존재하며 사랑을 발하십시오.

사랑으로서 그대는 모든 존재들의 가슴 안에 자리 잡고 있으며

그들은 그대의 가슴 안에 자리 잡고 있습니다.

여기 가슴 안에서 그대는 모든 것을 볼 수 있습니다.

왜냐하면 모든 것은 여기로부터 투사되기 때문입니다.

장미는 말이 없지만, 그것은 매혹적입니다.
그러므로 사랑 속에 있는 사람들의 얼굴은 아름다움으로 빛납니다.

만약 그대가 사랑을 잡을 수 없다면,
만약 그대가 사랑을 담을 수 없다면,
그것을 모든 이에게 나누어 주십시오.
그것은 언제나 충만하기 때문입니다.
모두를 사랑하십시오, 그것이 무엇이든, 모두를 사랑하십시오.
그것은 모든 전투에서 승리할 것입니다.
사랑은 그대를 항상 사랑하고 있습니다.
이 사랑이 없으면
그대는 숨을 쉴 수가 없습니다.
공기 없이는 살 수가 없듯이.

사랑이 명상이며, 명상이 사랑입니다.
가슴에는 경계들이 없습니다.
이것을 명상하십시오.

그대는 이 사랑입니다. 그대는 그것입니다.
그저 고요하십시오. 그렇게 머무르십시오.

고맙습니다. 나는 그대를 사랑합니다.

파파지의 삶

파파지라 불리는 슈리 H.W.L. 푼자는 1910년 10월 13일, 지금은 파키스탄 지역인 펀잡 서부 지방의 파이살라바드에서 브람만 계급인 아버지 파르마 난다와 어머니 야무나 데비의 9자녀 중 맏이로 태어났다. 아버지의 가계는 전통적으로 판디트였다. 그러나 그의 아버지는 시골 역장의 길을 택했다. 그 당시의 전통에 따라 그의 어머니는 리얄푸르에서 약 50마일 떨어진 그녀의 고향인 작은 마을 무랄리왈리로 가서 아들을 낳았다. 그의 외삼촌인 라마티르타도 이곳에서 태어났다. 아버지가 시골 역장이었던 연고로 이동이 잦았기에 그의 첫 6년은 어머니의 고향에서 주로 살았다. 나중에 아버지는 리얄푸르에 집을 장만하였다. 그곳에서 인도와 파키스탄으로 분할된 1947년까지 보냈다. 슈리 푼자의 부모님은 독실한 힌두교인이었다. 열렬한 크리슈나 헌신자인 그의 어머니는 인도의 성자 중 한 사람인 스와미 라마 티르타의 누이였다. 그녀는 자신의 집에 동네 부인들을 오게 하고는 바잔을 열기도 하였다. 많은 사람들이 그녀

파파지의 삶 363

의 헌가를 듣기 위해 집에 모이곤 했다. 반면에 아버지는 '제이 시타람'이라는 자파에 몰두하였다.

슈리 푼자에게 매우 중요한 사건이 되는, 최초의 놀라운 사마디의 경험은 여덟 살 때 일어났다. 1919년 영국은 제1차 세계대전에서 승리하게 되자, 학생들에게 한 달간의 방학을 주었다. 승전 축하에 참여할 수 있도록 하기 위해서였다. 그의 어머니는 이 예정에 없는 방학을 라호르에 있는 친지를 방문할 좋은 기회라 생각했다. 때는 여름이었고 망고가 제철을 만나 풍성하였다.

어느 날 저녁, 모두 라호르의 친척집에 앉아 있을 때, 누군가가 망고와 우유 및 아몬드가 든 음료를 준비하기 시작했다. 그것은 그 또래의 아이들에게는 군침이 도는 음료였다. 그 음료가 컵 가득한 상태로 그에게 건네졌을 때, 그는 손을 내밀어 받을 수 없었다. 그것을 원치 않아서가 아니었다. 그때 그는 너무나 평화롭고 행복하게 만든 그 경험에 압도되어 있었기 때문이었다. 모두들 크게 놀라고 당황하였다. 그래서 그를 원래의 상태로 돌려놓으려고 했다. 그는 눈을 감은 상태로 있었다. 그러나 주위에서 일어나는 모든 말들을 들을 수 있었고 또 모든 일들을 선명히 자각할 수 있었다. 다만 그 어떤 신체적 반응도 전혀 할 수가 없었다. 체험이 워낙 압도적이어서 그 어떤 외부 자극에 반응할 능력이 마비된 것이었다. 이틀 동안 그는 그 평화롭고 희열과 행복이 넘치는 상태에 머물렀다.

그가 깨어나자, 열렬한 크리슈나 헌신자인 그의 어머니는 그것이 마비가 아니라 신비적 경험이라는 것을 알았다. 그래서 "크리슈나를 보았니?"라고 물었다. "아뇨, 제가 말할 수 있는 것은 아주 행복했다는 것뿐이에요."라고 그는 대답했다. 그는 그가 무슨 체험을 했는지, 무엇이 그런 강렬하면서도 몸을 마비시키는 행복 속으로 갑자기 끌고 갔는지 알지 못하였다. 어머니가 자꾸 묻자 그는 "엄청난 행복, 엄청난 평화, 엄청난 아름다움이 있었어요. 그 이상은 말할 수 없어요."라고 대답했다. 여러 해가 지난 뒤에야, 그는 그때 자신에게 일어났던 일이 어떤 것인지 완전히 이해하게 되었다. 그것은 경험이 아니었다. 경험이 일어나려면 경험하는 자와 경험의 대상이 있어야만 한다. 그러나 그것은 그러한 것이 아니었다. 무엇인가가 그를 안으로 당겨 버렸다. 여하튼 그 결과는 그 당시에 그가 행복하였다는 것이었다.

그는 친척집에서 리얄푸르로 돌아와 다시 학교에 나갔다. 그러나 항상 마음속에는 "나에게 행복을 준 이것이 무엇인가?"라는 생각이 늘 일어났다. 이 행복은 그를 그것 자체에게로 끌어당겼다. 그의 집에는 큰 정원이 있었는데 거기에는 오렌지 나무숲도 있었다. 그는 자주 그 숲 뒤에 앉곤 하였다.

그러나 그의 어머니는 아들에게 일어난 일이 궁금하였다. 종이 위에 아기 모습의 크리슈나를 그리고는 그것을 그에게 보여 주면서 이것을 보앉느냐고 물었다. 그는 아니라고 대답했다. 그러나 그의 어머니는 그 행복이 크리슈나와의 접촉에서 왔다고 확신하였다. 그래서 그녀는 그가 크리슈나의 헌신자가 되길 바랐다. 크리슈나를 명상하고 크리슈나의 이름을 부르길 바랐다. 어머니는 그에게 크리슈나 숭배와 관련이 있는 여러 의식과 수행법들을 가르쳤다. 그러자 오래지 않아서 그에게 크리슈나의 형상에 대한 강렬하고도 열정적인 사랑이 일어나기 시작하였다.

그 강렬한 박티의 결과로 그림에서 본 모습의 크리슈나가 그 앞에 나타나기 시작하였다. 그 시점에 그는 크리슈나를 신으로 생각하기보다는 그냥 친구로서 사랑하였다. 그러자 크리슈나가 친구의 모습으로 와서 그와 더불어 놀았다. 크리슈나가 올 때면 그의 방이 밝은 빛으로 가득 차기도 하였다. 크리슈나는 밤에 정기적으로 나타났다. 그와 놀다가 침대에서 자려기도 하였다. 그러나 그는 그 당시에는 이분이 힌두교의 위대한 신이라는 사실을 몰랐다. 이 신의 희미한 모습이라고 보려고 얼마나 많은 사람들이 온 생애를 보내고 있는가…….

크리슈나는 인간의 모습으로 오기도 하였고, 미묘한 모습으로 오기도 하였다. 그는 그를 보지 않으려고 담요를 뒤집어쓰고도 그를 볼 수 있었다. 눈을 감아도 보였다. 잠자는 것을 방해하기도 하였다. 다소 귀찮기도 하여 어머니에게 가보라고도 하였다. 그러나 크리슈나는 어머니에게는 관심이 없는 듯하였다. 그는 그것을 비전이라고는 생각하지 않았다. 왜냐하면 그가 크리슈나에게 사랑한다고 엽서를 보내면 우체국 소인이 찍힌 우편물이 배달부를 통해 그에게 오기도 하였기 때문이다.

크리슈나가 나타나기 시작한 이후로 그는 학교 공부에 더욱 관심이 없어졌다. 그가 교실에 앉아 있어도 그의 마음과 가슴은 크리슈나의 모습에 젖어 들었다. 희열의 물결이 내면에서 물결칠 때면, 그는 자신을 그 경험에 맡겨 외부 세상과의 접촉을 잃곤 하였다. 그는 온 밤을 명상으로 보내기도 하였다. 그럴 때면 빛의 홍수를 보기도 하였다. 깊은 명상에 들어갈 때는 다른 사람과 의사소통도 불가능하였다. 먹지도 자지도 않은 채, 그는 내적 평화를 즐기며 앉아 있었다.

그의 어머니는 크리슈나에 대한 박티의 길 이외에도 베단타를 배우고 있었다. 그녀는 유명한 베단타 스승을 여럿 두어 그는 어머니와 함께 베단타를 배우는 곳에 참석하곤 하였다. 그때는 아마 일곱 살이었을 것이다. 그 경전들의 의미를 이해한다는 것은 어려웠을 것이지만, 그는 열심히 배웠다. 어머니는 자신의 아들이 베단타에 관심을 보인다는 것을 확인하고는 집에서 그에게 베단타를 가르치기도 하였다. 그녀는 베단타의 유명한 많은 시행들을 암송할 수도 있었다.

"나는 브람만이다. 온 우주에 브람만 이외에는 아무것도 존재하지 않는다. 그대는 그것이다."라고 읊기도 하였다. 그가 여덟 살 때 체험한, 매혹적인 망고 음료수를 앞에 두고 일어났던 신비스러운 경험은 그를 붓다의 삶에 대한 관심으로 나아가게 하였다.

열세 살 때쯤에 그는 학교의 역사책에 나오는 붓다를 보았다. 뼈만 앙상한 모습이었지만 너무나 아름답게 보였다. 그는 깨달음을 얻기 위해 집을 나섰던 붓다에게 이끌렸다. 처음에 슈리 푼자는 붓다의 신체적 형상에 더 매력을 느꼈다. 그래서 그는 붓다를 흉내 내어보기로 결심했다. 그는 명상을 어떻게 하는지는 몰랐지만 그림에서 본 명상 자세를 취하고 장미넝쿨 아래 앉았다. "나도 저 분처럼 될 수 있어. 나를 사랑에 빠지게 한 저분처럼 살고 싶어."라고 생각하며 행복해하고 만족해했다. 그는 붓다와 더욱 비슷해지고 싶어서 자신의 몸을 해골처럼 만들기도 하였다. 또 책에는 붓다가 주황색 옷을 입고 발우를 든 채 집집마다 다니며 음식을 탁발했다는 이야기가 있었다.

어머니의 스승들 중 한 분은 슈리 푼자를 소중하게 여겨, 그에게 영적 장서가 풍부한 지방 대여도서관에서 영적 책들을 구해 읽도록 조언했다. 그는 그 자신에게 일어난 것에 대하여 더 나은 이해를 얻고 싶어 하였다. 그는 베단타와 힌두 성자들에 관한 책을 읽기 시작하였다. 그는 여기서 《요가 바시슈타》를 만나게 되었다. 그는 그 책을 사랑하였다. 도서관 직원은 푼자가 보통 수준 이상의 영적 책들을 읽는 것을 걱정하였다. 그가 외삼촌이면서 성자인 스와미 라마 티르타의 책을 읽을 때엔 그의 어머니와 심각하게 상의한 적도 있었다. 스와미 라마 티르타는 말년을 히말라야에서 보냈으며 그곳에서 짧은 일생을 마쳤다.

또 그는 비베카난다의 저서들도 접하게 되었다. 이 스승들은 베단타의 저서들과 그 가르침들을 서구에 전하는 데 모든 힘을 바친 사람들이다. 인도 안에서도 그들은 영적 성취에 있어서 이름이 알려져 있는 사람들이다. 이들이 슈리 푼자의 초기의 역할 모델이었다. 슈리 푼자의 외가 가문에서 가장 유명하였던 분은 라마 티르타였다.

슈리 푼자의 또 다른 특별한 영적 경험은 16세 때에 일어났다. 스와미 다야난다는 그들 자신의 문화와 역사에 학생들을 접하게 해야 하겠다는 운동으로 앵글로 베딕 기숙학교를 세웠다. 슈리 푼자는 그 학교에 다니고 있었다. 매일 아침 학생들은 운동장에 반원을 그리고 앉아 기도를 했다. 이 기도는 항상 '옴 샨티 샨티 샨티'라는 말로 끝났다. 기도가 끝나면 '옴' 자가 인쇄된 깃발이 운동장에 있는 깃대에 올라갔다. 그때 학생들은 "다르마에 승리를! 조국 인도에 승리를! 스와미 다야난다에 승리를!" 하고 외치며 힘차게 뛰어올랐다.

어느 날 아침, 슈리 푼자는 기도의 끝에 나오는 "옴 샨티 샨티 샨티"라는 말에 온몸이 마비되었다. 그것은 8살 때 건네주는 망고 음료를 받을 수 없었던 것과 같은 감각의 마비상태였다. 그는 주위에서 일어나는 모든 일들을 선명히 감지할 수 있었지만 신체적 반응은 전혀 할 수 없었다. 거기에는 다만 내면의 큰 평화와 행복감만이 존재했다. 학생들은 그러한 상태에 들어간 그를 두고 장난으로 장례 행사를 치렀다. 그들은 그의 몸을 그들의 어깨 위에 올리고는 화장터로 가져갔다. 그리고 난 뒤 그의 집 침대 위에 내려놓았다. 그동안에도 그는 불평하거나 저항할 수 없었다. 그 대신에 그는 내적인 평화와 행복의 상태에 있었다.

16세에 대학입학자격 시험에 합격하였지만, 아버지는 그의 동생들을 전부 공부시키기에는 역부족이었다. 그래서 그를 라호르에 있는 대학으로 보낼 여유가 없었다. 그는 대학을 포기하고 직업을 택해야 했다. 신문의 광고를 보고 교정용 기구와 스포츠용품을 파는 회사에 입사했다. 그 일자리는 온 인도를 다니는 세일즈맨 자리였다. 그는 또 봄베이에 적을 두고 있는 또 하나의 세일즈 자리를 얻었다. 그곳은 대우가 좋았다. 그래서 가족을 봄베이로 오게 하였다. 가족을 부양하고도 돈이 남아 리얄푸르에 있는 부모님을 도왔다.

1930년, 푼자가 20살이 되자 그의 아버지는 그가 결혼할 때가 되었다고 했다. 그의 아버지는 큰 읍의 역무원이었던 비디야바티라는 브람민 소녀를 찾아냈다. 찬성하지 않았지만 그는 피할 수 없었다. 그는 가장이 되었고 나중엔 딸 하나와 아들 하나를 두게 되었다. 그 이후 몇 년간은 그의 민족주의 정치에 대한 관심과 크리슈나에 대한 관심이 서로 경쟁하는 시기였다.

    제2차 세계대전이 한창일 때, 영국은 인도 병사들을 적극적으로 모집했다. 슈리 푼자는 1942년 4월, 영국이 세운 인도사관학교에 입학하였다. 군대에서 전술, 군사학 등을 배워 나중에 영국 정부에 대항할 수 있는 능력을 키우고자 하는 목적이었다. 그러나 그의 내면에서 여전히 타고 있는 영적 불을 억제할 수는 없었다. 사관학교를 졸업하자 그는 소위로 임관되었다. 처음 그의 자리는 병참 장교였다. 이상하게 들릴지 모르겠지만 크리슈나에 대한 그의 집요함과 인간에 대한 강렬한 사랑은 이 군대 기간에도 그대로 유지되었다. 크리슈나를 생각할 때마다 희열의 물결이 그를 압도하곤 하여 몸을 가눌 수 없을 정도였다. 한번은 길거리를 걸어갈 때 누가 크리슈나라는 이름을 말하자 그는 길 한가운데에서 황홀경 속으로 들어가기도 하였다. 낮에는 장교로서 엄격하게 생활하고 밤에는 문을 잠그고 자신을 크리슈나 고피로 변형시키곤 했다. 그는 어렸을 때만큼 크리슈나가 자주 나타나 주길 원하였다. 크리슈나에 대한 사랑이 더욱더 증가되어, 그 이외의 것은 생각할 수 없게 되자 그의 앞에 크리슈나가 나타났다. 그러면 그의 열정은 더욱 고조되어 이제 다른 것은 생각할 수가 없었다. 그는 또 그들의 혁명 계획들이 비현실적이라는 것도 깨달았다. 군대는 크리슈나에 전념하기를 좋아하는 사람들에겐 적당한 곳이 못 되었다. 전시에 그러기 어려웠지만 그는 사임을 허락받았다.

그는 리얄푸르에 있는 집으로 돌아왔고, 아버지의 격노에 부딪쳤다. 아내와 가족을 부양해야 할 그가 아무런 대책도 없이 전도유망한 사관학교 장교직을 포기한다는 것은 용서할 수 없는 일이라는 것이었다. 그것은 사실이었다. 군대에서 그는 좋은 직위를 차지할 수 있었다. 사관학교 시절의 그의 모든 급우들은 1947년 인도가 영국으로부터 독립하자 군의 요직 대부분을 차지했다.

군대를 떠난 뒤 그는 달리 직업을 구할 마음이 없었다. 대신 크리슈나에 대한 그의 사랑이 완전하도록 도와줄 영적 스승이 필요했다. 그는 자신이 기대하는 스승을 찾아다녔다. 단, 그 스승은 반드시 그 자신이 신을 본 사람이어서, 그에게 신을 보여 줄 수 있는 능력을 지닌 사람이어야 했다. 그는 이 기준을 가지고 인도 전역을 다녔다. 거의 모든 유명한 아쉬람이나 구루들을 찾아다녔다. 결국, 그는 그에게 신을 보여 줄 수 있다는 사람을 만날 수 없었다. 그래서 그의 긴 여정은 끝을 맺었다.

리얄푸르에 있는 가족들에게로 돌아온 뒤의 일이었다. 그의 삶을 변화시킬 한 사두가 그의 집 대문 앞에 나타나 음식을 청했다. 그는 안으로 사두를 들게 하여 약간의 음식을 제공하고 그의 마음에 크게 자리 잡고 있는 질문을 하였다. "당신은 저에게 신을 보여 주실 수 있습니까? 만일 못한다면, 그렇게 할 수 있는 사람을 압니까?" 놀랍게도 사두는 그에게 긍정적인 대답을 주었다. "예, 나는 당신에게 신을 보여 줄 수 있는 한 사람을 알고 있습니다. 당신이 가서 그 사람을 만난다면, 당신의 소원은 잘 이루어질 것입니다. 그의 이름은 라마나 마하리쉬입니다." 그 이름을 들어 본 적이 없었기 때문에, 그는 마하리쉬가 어디에 살고 있는지 물었다. "슈리 라마나스라맘, 티루반나말라이에 있습니다."라고 사두는 말했다. 그는 그 장소를 들어 본 적이 없었다. 그래서 거기로 가는 방향을 물었다.

사두는 그가 찾아갈 수 있도록 자세하게 위치도 가르쳐 주었다. "마드라스로 가는 기차를 타세요. 마드라스에 도착하면 에그모어 역으로 가세요. 거기서 기차를 타고 빌루푸람으로 가세요. 거기서는 기차를 갈아타야 합니다. 거기에서 티루반나말라이로 가는 기차를 타세요."

그는 다소 복잡한 기분이 들었지만 인도에서 자신에게 신을 보여줄 한 사람이 있다는 사실을 알고 행복해했다. 그는 아버지에게 또 한 명의 스와미를 만나기 위해 남쪽으로 떠나야 하겠다고 말했다. 아버지는 분노를 터뜨렸다. "아내와 자식들은 다 어떻게 하고…… 군대를 그만둔 것도 부족해서…… 영적인 모험에 미쳐 인도의 끝으로 달려가야만 하는가……"

얼마 안 되어 그는 우연히 신문에서 마치 자신을 위해 있기라도 하듯 마드라스에서 전직 장교를 구한다는 광고를 보게 되었다. 그는 채용되었다. 마드라스로 가는 차비뿐만 아니라 한 달간의 시간적 여유도 가지게 되었다. 마하리쉬를 만나러가기 위한 돈과 그의 곁에서 지낼 기회를 갖게 된 것이다. 푼자의 나이 31세, 1944년이었다. 그는 사두가 일러준 대로 기차를 타고 티루반나말라이로 갔다. 거기서 약 3km 정도를 소가 끄는 마차를 타고 아쉬람에 도착했다. 이어 그는 그에게 신을 보여 줄 수 있다는 그 남자를 찾았다. 그런데 건물의 창문을 통해서 보니 펀잡의 집에 왔던 그 사두가 소파에 앉아 있는 것이 아닌가! 그는 혐오감이 치밀었다.

"이 남자는 사기꾼이다. 펀잡의 우리 집에 나타나서 나에게 티루반나말라이에 가라고 말한 뒤, 기차를 타고 먼저 와서 여기에 있는 것이 아닌가."

"당신은 북쪽에서 오지 않았소? 당신은 북부 사람처럼 보입니다."

"예, 그렇습니다."라고 그가 말했다. 푼자가 지금 떠나려 한다는 것을 알고 그가 말했다.

"당신은 방금 도착하지 않았습니까? 한 이틀쯤 머물다 가시지요."

그는 그동안 자신에게 일어난 일을 모두 이야기했다. 그리고는

"이 사람은 온 나라를 다니면서 자신을 선전했습니다. 나는 그를 보고 싶지 않습니다. 이 사람이 정말로 신을 보여줄 수 있다면, 나를 만나러 왔던 펀잡에서 왜 신을 보여 주지 않았습니까? 나는 이런 사람을 보는데 흥미가 없습니다."

"아닙니다. 당신이 잘못 아셨습니다. 라마나 마하리쉬는 48년 동안 이

읍을 떠나지 않았습니다. 당신이 사람을 잘못 보았거나 아니면 라마나님이 자신의 힘을 통해 몸은 여전히 여기에 있으면서 펀잡에 자신을 나타내셨을 겁니다. 미국에서 온 한 여인도 여기 와서 비슷한 이야기를 하였습니다. 당신은 실수하지 않았다고 장담할 수 있습니까?"

푼자는 미심쩍기도 하였지만 호기심이 생겨서 그의 제안을 받아들이고는 그를 따라 들어갔다. 그는 마하리쉬를 만나 펀잡의 그의 집에서 생긴 일에 대해 물어볼 생각이었다. 아쉬람에서 점심을 먹은 후, 그는 건물 안으로 따라 들어갔다. 혼란스러운 상태에서 그는 마하리쉬에게 물었다.

"당신은 펀잡의 제 집에 저를 보러 온 분이 아닙니까?" 마하리쉬는 말 없이 조용히 있었다.
"당신은 저희 집에 와서 제가 여기에 오도록 하지 않았습니까? 저를 여기로 오게 한 사람이 맞습니까?"

마하리쉬는 그의 어떤 질문들에도 대답하지 않으려 했다. 그래서 그는 아쉬람을 방문하게 된 주된 목적을 말했다.

"당신은 신을 본 적이 있습니까? 만약 당신이 신을 보았다면, 저에게 신을 보여 줄 수 있습니까? 그렇게 하신다면 저의 모든 것을 드리겠습니다."

"아니오. 나는 당신에게 신을 보여 주거나 볼 수 있도록 해줄 수 없습니다. 신은 보일 수 있는 대상이 아니기 때문입니다. 신은 주체요, '보는 자'입니다. 보일 수 있는 대상에 관심을 가지지 마십시오. '보는 자'가 누구인지 발견하십시오. 당신이 바로 신입니다."

마하리쉬의 말은 마치 자신으로부터 멀리 떨어져 있는 별개의 신을 밖에서 찾고 있는 그를 책망하는 것처럼 들렸다. 마하리쉬의 말은 그에게 감명을 주지 못했다. 만일 마하리쉬가 그에게 "당신이 바로 당신이 보기를 원하는 신입니다."라는 말을 한 직후에 일어난 다음과 같은 일련의 체험이 없었더라면 그는 마하리쉬의 말을 무시했을 것이다.

그는 마하리쉬의 현존 아래 매우 강력한 경험을 하긴 하였지만,

"그대가 바로 신입니다. 보는 자가 누구인지 발견하십시오."라는 마하리쉬의 충고는 강하게 와 닿지 않았다. 바깥에 있는 신을 찾아내려는 그의 경향성은 마하리쉬의 말이나 그와 더불어 가졌던 이런 경험만으로는 사라지지 않았다. 그는 생각했다. "초콜릿이 되는 것은 좋지 않다. 나는 초콜릿을 맛보고 싶다." 그는 신과 별개의 존재로 남아서 신과 결합하는 희열을 누리려고 하였다.

그날 오후, 아쉬람에 헌신자들이 왔을 때, 광적인 크리슈나 박타인 그

의 눈은 편견으로 가득 차 있었다. 그의 눈으로 보았을 때, 그들은 그냥 고요히 앉아서 아무것도 하지 않고 있었다. 신에 대한 말도 하지 않았으며 신의 이름을 암송하거나 신에게 주의를 고정시키지도 않았다. 마하리쉬도 아무것도 하지 않고 그냥 앉아 있었다. 푼자는 영적으로 게으른 이런 사람들과 함께 아쉬람에 남아 있고 싶지 않았다. 그는 아루나찰라의 북쪽으로 길을 떠났다. 몇 킬로미터 떨어지지 않은 숲속에 아주 조용한 장소를 발견했다. 그는 거기에 앉아서 누구의 방해도 받지 않고 혼자 크리슈나의 이름을 암송했다.

약 일주일을 거기에 머물면서 그는 헌신의 수행에 몰입했다. 크리슈나가 자주 그 앞에 나타났으며 그와 더불어 많은 시간을 보냈다. 일주일이 다 되어 갈 때, 그는 새 직업을 준비하기 위해 마드라스로 떠나야겠다고 생각했다. 마을을 떠나면서 푼자는 마하리쉬에게 작별 인사도 하고 또 자신의 노력으로 신을 매일 볼 수 있었기 때문에 신을 보기 위해선 이제 그의 도움이 필요 없다는 것을 말하기 위해 아쉬람에 들렀다.

그를 보자, 마하리쉬가 물었다.

"어디에서 지냈습니까?"
"산 다른 쪽에 있었습니다."
"그러면 거기에서 무엇을 하고 있었습니까?"

"저의 크리슈나와 놀고 있었습니다."

"오, 그래요?"

"아주 좋습니다. 정말 굉장합니다. 당신은 지금도 그를 봅니까?"

"아닙니다, 제가 비전을 가질 때만 크리슈나를 봅니다."

"그러니까, 크리슈나가 와서 당신과 같이 놀고 그리곤 사라지는군요. 나타났다가 사라지는 신이 무슨 소용이 있겠습니까? 만약 그가 정말로 신이라면, 그는 당신과 늘 함께 해야만 합니다."

그의 비전 경험에 대해 마하리쉬가 관심을 보이지 않자 그는 다소 의기소침했다.

마하리쉬는 그에게 바깥에 있는 신을 찾지 말고, 신을 보고자 원했던 그 사람의 근원과 바탕을 찾으라고 하였다. 이것은 그가 받아들이기엔 아주 힘든 일이었다. 크리슈나에 대한 헌신으로 평생을 보낸 그에게 인격을 가진 신 대신에 다른 어떤 방식으로 영적 탐구를 한다는 것은 생각할 수 없는 일이었다.

마드라스로 돌아와 크리슈나에 대한 찬가를 하려고 했을 때, 그는 더이상 크리슈나의 이름을 반복할 수 없음을 알게 되었다. 어떤 이유에서 였는지 그의 마음은 협력하지 않았을 뿐더러 그는 더 이상 영적 도서들을 읽을 수도 없었다. 그의 마음은 생각으로부터 자유로웠으며, 고요한 그의 마음은 그 어떤 영적 대상들에 대한 집중이나 주의도 거부하였다. 약 25년 동안 신성한 이름이 노력을 하지 않는데도 그의 마음을 통하여 흘러나왔었다. 이제 그는 그 이름을 단 한 번도 부를 수 없었다.

그는 다시 한 번 티루반나말라이에 있는 마하리쉬에게 생각이 갔다. '이 사람은 펀잡의 나의 집에 나타나서 티루반나말라이에 있는 그에게로 와서 만나라고 하지 않았던가. 나는 그와 함께 앉아 있을 때 좋은 경험을 했다. 이 사람은 분명히 나에게 충고를 해줄 수 있을 것이다. 그는 마드라스에 있는 나에게 나타나기도 하였다. 이렇게 두 번이나 나에게 나타난 것은 강한 연결이 있음을 의미한다. 나는 거기로 가서 그가 하는 말을 들어야겠다.'

그다음 주 토요일, 그는 기차를 타고 마하리쉬가 있는 아쉬람으로 갔다. 그때와 마찬가지로 점심 식사 후에 그는 마하리쉬를 만나러 들어갔다. 시중드는 사람이 마하리쉬가 쉴 시간이라며 나중에 오라고 하였지만, 이를 본 마하리쉬가 허락하였다. 그는 마하리쉬 앞에 앉아서 자신의 이야기를 하였다.

"25년 동안 저는 크리슈나의 이름을 되풀이해 부르며 보냈습니다. 더구나 최근엔 그의 이름을 하루에 50,000번이나 암송했습니다. 그때 라마, 시타, 락슈만 및 하누만이 제 앞에 나타났습니다. 그들이 떠난 이후로, 저는 더 이상 제 수행을 할 수 없었습니다. 더 이상 크리슈나의 이름을 암송할 수 없을 뿐더러, 책을 읽을 수도 없고 명상을 할 수도 없습니다. 그렇지만 내적으로는 큰 고요를 느끼고 있습니다. 염려스러운 것은 저 자신이 더 이상 신에 집중하고픈 욕구가 일어나지 않으며, 집중하려고 노력을 해도 집중이 되지 않는다는 것입니다. 제 마음은 신에 대한 생각들에 관여하기를 거절하고 있습니다. 저에게 무슨 일이 일어났으며 저는 어떻게 해야 합니까?"

"마드라스에서 여기까지 어떻게 왔습니까?"

"기차로 왔습니다."

"그러면 티루반나말라이 역에 도착한 뒤에는 무슨 일이 일어났습니까?"

"기차에서 내려 기차표를 건네주고, 소가 끄는 이동수단을 타고 여기 아쉬람까지 왔습니다."

"아쉬람에 도착하여 소가 끄는 마차꾼에게 돈을 지불하고 난 다음에, 소가 끄는 마차에 무슨 일이 일어났습니까?"

"그 소가 끄는 마차는 떠났습니다. 추측하건대 읍으로 돌아갔을 겁니다."

"그 기차는 당신을 목적지까지 데려다 주었습니다. 당신은 기차에서 내렸습니다. 왜냐하면 더 이상 당신에겐 기차가 필요 없었기 때문입니다. 기차는 당신이 원하는 곳까지 당신을 데려다 준 것입니다. 소가 끄는 마차도 이와 마찬가지입니다. 소가 끄는 마차가 그대를 라마나스라맘에 데려다주자 당신은 마차에서 내렸습니다. 당신은 더 이상 기차나 마차가 필요하지 않습니다. 그것들은 당신을 여기까지 데려오는 수단이었습니다. 지금 당신은 여기에 있고, 그것들은 더 이상 당신에겐 소용이 없습니다. 이것이 당신의 수행에서 일어난 일입니다. 당신의 암송, 독서, 명상은 당신을 영적 목적지까지 데려다주었습니다. 당신은 더 이상 이러한 것들이 필요하지 않습니다. 당신은 도착하였습니다."

그러고 나서 마하리쉬는 그를 깊이 바라보았다. 푼자는 자신의 몸과 마음이 순수의 물결로 씻기는 것을 느낄 수 있었다. 몸과 마음이 마하리쉬의 고요한 응시에 의해 정화되어 가고 있었다. 그는 마하리쉬가 그의 가슴속을 주의 깊게 바라보고 있음을 느꼈다. 그 황홀케 하는 응시로 옛 몸은 죽고 새로운 몸이 만들어지고 있었다. 그때 갑자기 그는 이해했다. 지금 그에게 말을 건네고 있는 이 사람이 그 자신이었으며, 늘 그 자신으로 있어 왔음을……. 나를 깨닫게 되자 갑작스러운 충격이 그에게 왔다. 이것은 그가 여덟 살 때 망고 음료가 가득한 컵을 받을 수 없었던 때와 같은 깊은 평화와 충만한 행복감이었다. 슈리 푼자는 일어나서 마하리쉬 앞에 깊은 감사를 느끼며 엎드려 절했다.

그는 마하리쉬의 가르침이 무엇인지를 마침내 이해하게 되었다. 마하리쉬는 그에게 정확히 통찰하여, 형상을 가진 어떤 인격적 신에게도 집착하지 말라고 한 것이다. 모든 형상들은 죽어 없어지기 때문이었다. 마하리쉬는 푼자에게 실재이며 영원한 것을 향해 가도록 첫 만남에서부터 노력하였으나, 오만하게도 푼자는 마하리쉬의 충고에 주의를 기울이지 않았던 것이다.

"나는 누구인가?" 이것은 그가 오래전에 물었어야 했던 단 하나의 질문이었다. 그는 여덟 살 때 나를 직접적으로 체험했으면서도 그곳으로 되돌아가기 위해 그의 나머지 생을 보낸 것이다. 그의 수많은 사두들과 스와미, 구루들을 만났지만 아무도 그에게 마하리쉬가 한 것처럼 간결하게 "신은 당신 안에 있습니다. 신은 당신과 떨어져 있지 않습니다. 당신이 바로 신입니다. 만약 당신이 '나는 누구인가?'라는 물음을 그대 자신에게 물어 자신의 마음의 근원을 발견한다면, 당신은 당신의 가슴속에 있는 나로서의 신을 경험하게 될 것입니다."라고 말하지 않았다. 만약 그가 좀 더 일찍 마하리쉬를 만나 마하리쉬의 가르침을 듣고 실천했더라면 그는 결실 없는 외적 추구는 아마 하지 않았을 것이다.

그러는 중에 슈리 푼자는 이상한 만남들을 통하여 가르침을 펼치기 시작한다. 1947년, 푼자가 육체적으로 마하리쉬를 떠나려 할 때, 마하리쉬는 그에게 말했다. "당신이 어디에 있든 나는 항상 당신과 함께 있습니다." 이것이 마하리쉬의 약속이었고, 푼자는 이것을 체험하고 있었다. 슈리 푼자라고 불리는 사람은 더 이상 남아 있지 않았다. 그가 있었던 곳에는 공만이 있었다. 그 공 안에는 빛나는 나, 나의 실재인 나, 나의 스승이신 나, 어디서든 항상 그와 함께 한다고 스승이 약속한 나가 빛나고 있었다. 그가 말할 때마다, 말하고 있는 자는 푼자가 아니라, 라마나 마하리쉬의 나, 모든 존재들의 가슴속에 있는 나가 말하고 있다.

마하리쉬의 한 번의 바라봄만으로 슈리 푼자의 윤회의 연속들이 파괴된 것이다. 그가 나를 깨닫게 되자, 그 즉시 시간, 세상, 그리고 그 속에 살고 있는 모든 생명들이 실재하지 않는 것이라는 것을 알게 되었다. 그는 "이제 어떤 것도 존재한 적이 없었다. 무엇도 일어난 적이 없었다. 변하지 않는, 형상 없는 나만이 오직 존재한다."고 말할 수 있게 되었다.

그는 보이지 않는 아쉬람을 갖고 있었으며, 전통적인 의미로 보았을 때 그는 보이지 않는 스승의 삶을 살았다. 그의 삿상에 참여한 구도자들은 그의 말과 친존에서 기쁨의 웃음을 터뜨렸으며, 햇살처럼 펼쳐지는 행복감에 깊이 잠겼다. 1997년 9월 6일, 슈리 푼자는 육신을 버리고 마하사마디에 들었다.

용어 풀이

갸나 Jnana   신성한 지식.

갸니 Jnani   갸나를 지닌 사람.

나라야나 Narayana   비슈누의 다른 이름. 모든 곳에 편재하고 있는 분이라는 뜻.

니르바나 Nirvana   비이원의 상태, 해방의 상태.

다르마 Dharma   올바름 혹은 정의.

달샨 Dharshan   신이나 위대한 존재의 친견.

데바 달샨 Deva darshan   신을 봄.

데비 Deivi   여신.

라마야나 Ramayana   라마의 일대기. 툴시다스가 씀.

라바나 Ravana   라마에 의해 죽은 악마.

라자스 Rajas   바쁜 활동의 성질을 가지는.

용어 풀이 **387**

릴라 Lila 실재 혹은 나가 유희로 이 세상으로 나타남.

마 Ma 여성 사두.

마니카 Manika 감각적 유혹의 화신.

마야 Maya 환영, 투사.

마하사마디 Mahasamadhi 성자의 임종.

말라 Malas 염주, 로자리.

멜라 Mela 축제.

목샤(샴) Moksha(m) 해방.

바바 Bhava 마음의 상태.

바사나 Vasana 마음에 내재하고 있는 경향성.

박타 Bhakta 신을 사랑하는 자.

박티 Bhakti 신에 대한 사랑.

비탈 Vittal 크리슈나의 다른 이름.

비차라 Vichara 나 탐구. 자신의 진정한 성품을 탐구하는 것.

빅샤 Biksha 보시.

빤 Paan 베텔 견과가 들어 있는 습관성 음식.

사다나 Sadhana 영적 수행.

사두 Sadhu 세상을 포기한 고행자.

사마디 Samadhi 보통의 의식을 초월한 상태.

삿트빅 Sattvic 평화와 조화의 성질을 가지고 있는.

사하스라라 차크라 Sahasrara Chakra 왕관 차크라.

사하자 바바 Sahaja Bhav 자연스러운 마음의 상태.

산야사 Sannyasa 세상을 포기한 사람인 산야신의 상태.

산야신 Sannyasin 고행자. 일시적인 것들에 대한 아무런 갈망이 없는 사람.

삼사라 Samsara 삶과 죽음의 윤회를 일어나게 하는 욕망들의 연속적인 흐름.

삿 칫 아난다 Sat chit ananda 진리 의식 희열.

삿구루 Satguru 진정한 구루. 나와 함께 하고 있는 구루.

삿상 Satsang 자신의 나나 진리와 함께 함. 혹은 진리와 함께 하고 있는 분과의 만남.

샤티 Shakti 원초적인 힘 혹은 에너지.

샨티 Shanti 평화.

아그나 차크라 Agna chakra 제3의 눈.

아드바이타 Advaita 불이의 상태.

아바라나 Avarana 가리는.

아트만 Atman 나.

야그나 Yagna 불을 봉헌하는 의식.

우파사나 Upasana 가르침, 수행.

지바 Jiva 개인의 영혼, 자아.

첼로 Chello 끝났다. 다음 주제로 가자는 의미.

카르마 Karma 행위자는 자신이 행한 행위들에 대한 대가를 치러야 하는 우주적 법칙.

고피 Gopi 크리슈나를 사랑한 브린다반의 여인들.

코함 Ko ham "나는 누구인가?"

쿰바 멜라 Kumbha Mela 프라약에서 시작된 고대의 축제.

타마스 Tamas 둔한 성질을 가지고 있는.

타파스 Tapas 고행, 참음.

투리야 Turiya 깨어 있음, 꿈 그리고 수면 너머에 있는 초월의 상태.

파담 Padam 발.

파두카 Paduka 나무로 만든 샌들.

파라마트마 Paramatma 나.

파르시 Parsi 조로아스터교인.

푸르니마 Purnima 보름.

푸자 Puja 의식을 하면서 드리는 숭배.

프라랍다 카르마 Prarabdha Karma 현생에 나타나고 있는 카르마.

프라사드 Prasad 신성한 음식. 신에게 바쳐진 음식.

프라크리티 Prakriti 근본적인 것의 나타남. 자연.

피르 Pir 수피 성자.

홀리 Holi 브린다반에서 시작된 크리슈나 축제.

슈리 푼자와의 삿상 3
그저 고요하라

개정판 1쇄 발행 2025년 5월 29일

지은이 슈리 푼자
편 집 프라산티
옮긴이 김병채

펴낸이 황정선
펴낸곳 슈리 크리슈나다스 아쉬람
출판등록 2003년 7월 7일 제62호
주소 경상남도 창원시 북면 신리길 35번길 12-12
대표전화 (055) 299-1399
팩시밀리 (055) 299-1373

전자우편 krishnadass@hanmail.net
카페 Cafe.daum.net/Krishnadass

ISBN 978-89-91596-82-5 (03270)

printed in Korea

* 책값은 뒤표지에 있습니다.
* 잘못 만들어진 책은 바꾸어 드립니다.